A São Paulo de Menotti del Picchia

Arquitetura, arte e cidade
nas crônicas de um modernista

A São Paulo de Menotti del Picchia

Arquitetura, arte e cidade nas crônicas de um modernista

Ana Claudia Veiga de Castro

alameda

Copyright © 2008 Ana Claudia Veiga de Castro

Edição: Joana Monteleone
Editora Assistente: Marília Chaves
Projeto gráfico: Gustavo Teruo Fujimoto
Diagramação e Capa: Christopher Franquelin
Imagem da Capa: Rua José Bonifácio, antiga Rua do Ouvidor, 1916
Revisão: Thiago Scarelli

CIP-BRASIL. CATALOGAÇÃO-NA-FONTE
SINDICATO NACIONAL DOS EDITORES DE LIVROS, RJ

C35s

Castro, Ana Claudia Veiga de
   A São Paulo de Menotti del Picchia / Ana Castro. - São Paulo : Alameda, 2008.
   288p. : il.

   Inclui bibliografia
   ISBN 978-85-98325-77-4

   1. Del Picchia, Menotti, 1897-1988. 2. São Paulo (Estado) - História. 3. São Paulo (Estado) - Política e governo. 4. Literatura e história - São Paulo (Estado). I. Título.

08-3021.   CDD: 981.61
                    CDU: 94(815.6)

21.07.08   23.07.08   007771

[2008]
Todos os direitos dessa edição reservados à
ALAMEDA CASA EDITORIAL
Rua Iperoig, 351 - Perdizes
CEP 05016-000 - São Paulo - SP
Tel. (11) 3862-0850
www.alamedaeditorial.com.br

Sumário

Apresentação	7
Introdução	11
Capítulo 1 Um cronista entre dois mundos	**21**
Das páginas impressas à "revolução modernista". Publicações, circulação e vanguarda	26
Republicanos e democráticos nas rodas dos jornais. Partidos, oligarquia e grande imprensa	68
Caderno de imagens	87
Capítulo 2 A cidade na crônica	**97**
Das rótulas e serenatas a São Paulo prática, elétrica e *yankeezada*. O crescimento urbano	113
Mais vale sê égua na capitar que coroné em Piquiri. A cidade como pólo de atração	131

Cinturinhas e melindrosas entre *bonds*, *fords* e aeroplanos. Surge uma nova sociabilidade **166**

Caderno de imagens **185**

Capítulo 3 O debate arquitetônico e a crônica **199**

Nada mais que *ingênuos otimistas*. A arquitetura da capital e o estilo nacional **207**

A vitória desta arte é irresistível. A arquitetura moderna e a cidade real **241**

Caderno de imagens **257**

Considerações Finais **265**

Bibliografia **269**

Agradecimentos **289**

Apresentação

O livro *A São Paulo de Menotti del Picchia: Arquitetura, arte e cidade nas crônicas de um modernista* é versão da dissertação de mestrado "Moderna, nacional, estrangeira. A imagem de São Paulo nas crônicas de Menotti del Picchia nos anos 1920" de Ana Claudia Veiga de Castro apresentada na Faculdade de Arquitetura e Urbanismo da USP em 2005.

O trabalho sistematizou cerca de 1700 crônicas produzidas por Menotti del Picchia e publicadas diariamente no jornal O *Correio Paulistano* ao longo da década de 1920. O escritor modernista as publicava com o pseudônimo Hélios em uma seção intitulada "Crônica Social".

Ana Castro realiza um trabalho de levantamento destas crônicas e de intenso diálogo com a bibliografia que tem como resultado a construção de imagens da cidade no contexto da modernização. Organiza o material em torno de cinco entradas que permitem analisar a forma como o autor apreendia a cidade. Ao enquadrar as crônicas nas categorias de: vida moderna; raça/política/nação; artes/arquitetura; literatura e anedotas, a autora privilegia aspectos centrais dos textos sabendo que os temas são intercambiantes e os recortes fragmentam conteúdos articulados. Mas é exatamente a construção destas portas de acesso à complexidade e dimensão do acervo trabalhado que permitirão olhar a cidade de São Paulo na década de 1920 a partir das imagens sobre

As imagens da cidade revelam conteúdos de tensões e conflitos. Considerando que eram textos dirigidos ao grande público, estas ambivalências ecoam em uma cidade que "surge, assim, maravilhosamente, da noite para o dia, como uma cidade de encantamento" (*CP*, 24 out 1921). O deslumbramento é parte da cidade que se articula com a multiplicidade de novos tipos urbanos e suas sociabilidades, com as novas formas arquitetônicas e com intensas divisões sociais. "Quem se pavoneia num 'Avenida', num 'Higienópolis', num 'Campos Elísios', parece ir mais ancho. A tripulação é fina, chusmado por gente galante, fidalgo, distinto, tem um ar de veículo aristocrata, empavezado de seda e casimira de padrão rebuscado... O bonde operário – 'Brás', 'Santo Amaro', 'Mooca', perde muito de sua compostura. Parece que não roda nos trilhos, ginga. Vai aos boleios, bulhento e capenga, aos tropeções e às guindas, tintinabulando, como um bêbado. Nos seus bancos, a multidão apinha-se, dependura-se no esteio e nas plataformas, cestas e fardos amontoam-se como em porões de navios, a carga" (*CP*, 15 dez 1919). No momento em que o debate acerca da cidade moderna toma corpo, as crônicas mostram justamente que mundos distintos conviviam lado a lado em São Paulo. Mundos que se revelam nos embates entre frações da classe dominante, na discussão do lugar dos imigrantes e também dos caipiras na metrópole nascente, nas discussões sobre uma arte (e uma arquitetura) nacional e paulista, contrapondo-se às oposições estritas entre antigo e novo, arcaico e moderno, tradicional e atual, nacional e estrangeiro, mostrando a convivência entre eles.

O trabalho realizado ultrapassa as dimensões de um inventário. No seu percurso de análise e reflexão a autora envereda-se por imprescindíveis caminhos multidisciplinares para enfrentar as questões afeitas ao próprio significado da crônica, "gênero híbrido", situado entre a literatura e o jornalismo, assim como os da trajetória pessoal e social de seu autor. Assim estruturam-se os capítulos do trabalho: a trajetória de Menotti, as crônicas e a cidade e sua arquitetura. Nesta ordenação, as chaves de análise elaboradas e os enquadramentos realizados nas crônicas são capazes de revelar um autor e seus vários mundos; uma cidade de contradições e ambivalências, fissuras e descompassos; e uma arquitetura da modernidade enlaçada com as questões de uma "raça paulista", fortemente marcada pela questão imigrante.

O texto final, de redação apurada, envolve o leitor remetendo-a a São Paulo dos anos 1920 e revelando imagens de uma cidade multifacetada onde Menotti trazia muitos dos desafios e impasses do seu tempo.

Ana Lúcia Duarte Lanna
São Paulo, Agosto de 2008

Introdução

Falar da cidade de São Paulo na década de 1920 não é tarefa fácil. A história da cidade nesse período foi tão explorada por pesquisas de diversos campos que a cada novo estudo sobre a capital paulista pode-se perguntar, afinal, o que mais pode ou precisa ser dito?

Este trabalho aborda a imagem da "cidade moderna" que surge na década de 1920 nas crônicas publicadas em um importante jornal paulista ao longo daquele decênio, escritas por uma figura a um só tempo característica e singular do período, o escritor Menotti del Picchia (1897-1988). A partir das crônicas publicadas diariamente no jornal *Correio Paulistano* entre 18 de setembro de 1919 e 24 de outubro de 1930, assinadas com o pseudônimo Helios sob a rubrica "Crônica Social"[1], tento articular um conjunto de questões buscando apreender as imagens da cidade que surgem ali para discutir a idéia de cidade moderna que parece aflorar nesse momento. Se é verdade que o país vive nos anos 1920 uma espécie de "aceleração da história" (Lorenzo & Costa, 1998, p. 8) – quando a emergência de novos atores políticos e de novas idéias trans-

---

1 Nesse período há algumas interrupções. Durante 1924, do dia 8 de fevereiro até 1º de abril, Helios é substituído pelo cronista Fabio. Do dia 6 de maio de 1927 até 23 de outubro de 1928, o cronista é substituído por Geno. Fabio e Geno são provavelmente pseudônimos de outros escritores/jornalistas. Mesmo assim, durante esses meses, há textos de Menotti del Picchia no jornal, além de algumas poucas crônicas de Helios intercaladas às de Fabio ou Geno.

formariam não apenas a situação social, mas também a experiência de vida da população – também parece certo pensar que a cidade de São Paulo confirma nessa década seu estatuto de modernidade, colhendo os frutos das transformações desencadeadas na segunda metade do século 19. Na análise das imagens de cidade que surgem no discurso do escritor Menotti del Picchia, busco refletir sobre o conteúdo da modernidade reivindicada pelo cronista e sobre a relação entre essa modernidade e o período em que as crônicas são redigidas – momento que é enfocado pela bibliografia como um tempo de indefinições e ambivalências, particulares justamente à modernização intensa que a cidade vivia.

O trabalho se insere em um campo multidisciplinar de pesquisa sobre o modernismo e a modernização brasileira que está se incrementando de modo amplo e abrangente em anos recentes. Por ter como eixo as crônicas de um escritor modernista, o estudo dialoga com a história da literatura e do modernismo literário, utilizando parte de suas fontes. Por outro lado, pelo fato de o cronista ser ligado ao Partido Republicano Paulista e suas crônicas serem publicadas no jornal porta-voz da oligarquia cafeeira, o trabalho se refere necessariamente à história política e econômica da Primeira República. Por fim, entendendo-se sobretudo como uma pesquisa no campo da história da cidade, busca interlocução junto aos estudos que pretendem apreender a cidade sob o prisma amplo das representações, pontos de vista e idéias construídas e expressas sobre a cidade, procurando contribuir para uma história intelectual de São Paulo.

Se no passado as crônicas tiveram a função de historiar[2], modernamente essa função se perde. Na trilha francesa, onde havia aparecido no início do século 19, as crônicas chegam ao Brasil sob a rubrica "Variedades",

---

2 Função que se ligava à própria etimologia da palavra: do grego *chroniká*, relativo ao tempo *(chrónos)*, passa a significar em latim *(chronica)* lista ou relação de acontecimentos ordenados segundo a marcha do tempo, isto

publicadas não apenas nos jornais, mas também em revistas de assuntos diversos (Meyer, 1992). Mesmo que não se trate mais de "fazer história", as crônicas trazem em si ainda hoje os conteúdos de seu tempo, constituindo assim um material de interesse para pensar a cidade[3].

No jornal *Correio Paulistano*, elas surgem sob a rubrica "Crônica Social" e são assinadas já antes de Menotti por Inês Souza Pinto. Além da crônica diária, a seção publica notas e notícias da sociedade paulistana, dando conta de quem estava na cidade e de quem partia, os aniversários, os casamentos, as mortes, as festas, as homenagens que eram feitas aos "próceres da República" e, durante alguns anos, seria ainda complementada pela seção "As Modas", de Marie Belmont, sempre com um clichê do último grito em Paris. Não tendo nunca uma página fixa – oscilou da página 2 à 11 – acaba saindo preferencialmente nas páginas 3 e 4, compartilhando o espaço com seções como "Fatos Diversos", "No país das sombras", "O café e o câmbio", "Crônica Religiosa", "Theatros", "Sport", "Registro de Arte", "Livros Novos", "Semana Literária", entre outras[4].

é, *cronologicamente*. Fazer a crônica era fazer história, até pelo menos o Renascimento, quando cede a vez ao termo História (Moisés, 1985, p. 245).

3   Para o crítico Davi Arrigucci, o vínculo com sua origem fez da crônica "uma forma do tempo e da memória, um meio de representação temporal dos eventos passados, um registro da vida escoada [...] um relato em permanente relação com o tempo, de onde tira, como memória escrita, sua matéria principal, o que fica do vivido – uma definição que se poderia aplicar igualmente ao discurso da História, a que um dia ela deu lugar" (Arrigucci, 2001, p. 51).

4   "Fatos Diversos" se ocupava de noticiar pequenos acontecimentos da cidade, uma espécie de embrião do caderno "Cidades": acidentes de trabalho, assaltos, atropelamentos, brigas etc; "No país das sombras" foi a coluna de cinema, que ocupava meia página do jornal, pelo menos, sempre com clichês dos artistas mais famosos; "O café e o câmbio", coluna econômica que trazia as

O jornal *Correio Paulistano* disputava àqueles anos a preferência dos leitores com o oposicionista *O Estado de S. Paulo*. Como porta-voz oficial do Partido Republicano Paulista, a principal força política do período, pode-se supor que o diário era lido por parcela expressiva da população letrada e que as crônicas de Menotti, de periodicidade praticamente diária, auxiliassem elas mesmas na construção de uma imagem de cidade que se queria moderna.

Para entender como isso ocorre, e qual ou quais imagens seriam essas, organizei o material da pesquisa a partir de alguns temas. Como já disse uma pesquisadora de crônicas de jornais:

> com certeza, os recortes, embora indispensáveis, significam empobrecimento, reduções. Não se pode esquecer que o isolamento exclusivo de assuntos mais diretamente afins à área de interesse específico que motivou a pesquisa ocasiona a perda da riqueza de dados em que se inserem e com os quais contracenam (Cury, 1998, p. 11).

Entretanto, o recorte e a escolha do material a ser trabalhado foram inevitáveis, na medida em que o universo pesquisado abarcou quase 1.700 textos. Sendo assim, a lado do trabalho com a fonte, valendo-me de uma literatura multidisciplinar – que passou pela discussão das frações de classe da oligarquia cafeeira e do modernismo literário e artístico dos anos 1920, bem como pela discussão da relação entre intelectuais e as instituições de poder e, obviamente, pela história da cidade desde fins do século 19 –, procurei estabelecer entradas que possibilitassem a discussão das

---

variações cambiais do principal produto de exportação brasileiro; "Crônica Religiosa", sobre os acontecimentos da comunidade católica em São Paulo e textos relacionados à fé cristã; "Registro de Arte" divulgava e recomendava as exposições; "Livros Novos" e "Semana Literária" (dominical) publicavam resenhas.

imagens da cidade nas crônicas, inseridas num contexto mais amplo da modernização da cidade[5].

O corte cronológico – a década de 1920 – que se auto-justificaria pelo próprio material de pesquisa, ganha dimensão concreta se essa década é entendida como um momento peculiar do processo de modernização desencadeado em meados do século 19, quando a modernidade parece de fato penetrar no tecido social, em diversos contextos e não apenas entre nós (Sarlo, 1996). Percebe-se assim a clara intenção do cronista na construção de uma imagem de "cidade moderna" – imagem que, como se verá, revela-se muitas vezes ambígua e contraditória. Neste trabalho, busco compreender tal imagem

---

[5] Com a leitura de uma década de crônicas diárias, iniciei um processo de definição de entradas possíveis para entender como as imagens da cidade eram construídas naqueles textos. Alguns pontos chamavam atenção pela sua recorrência e me ajudaram a pensar temas gerais que aglutinassem essas crônicas. Assim, separei os textos pesquisados em cinco categorias: a) "vida moderna" – englobando textos referentes a transporte, equipamentos urbanos, tipos urbanos e novas tecnologias; b) "raça, política, nação" – compreendendo textos sobre a situação política, sobre a discussão de uma "raça brasileira" e a construção da nação; c) "artes" – textos sobre as artes em geral, visuais, música, cinema, teatro e incluindo a discussão sobre arquitetura; d) "literatura" – que acabou por ganhar uma categoria separada das artes pelo enorme número de textos dedicados a ela; e finalmente e) "anedotas" – categoria que englobava todas as crônicas sobre caipiras e outros tipos que povoavam a cidade, vistos sob um prisma cômico. Com essa divisão em temas – claro está que muitas crônicas poderiam ser lidas em categorias diversas, dependendo do que se quisesse extrair delas –, pude organizar entradas que deixavam a crônica falar da cidade. Esses agrupamentos, que surgiram do próprio trato com a fonte, de uma certa forma auxiliaram a compor as várias facetas da cidade, desde a sua materialidade, aos modos de vida, à política, enfim, um espectro que tentou dar conta da cidade em vários níveis.

dentro de um processo mais amplo de modernização do país – ele mesmo, conflitante e contraditório – partindo dos múltiplos laços que prendem Menotti à cidade e aos anos 1920.

As crônicas – gênero híbrido entre a literatura e o jornalismo, fato moderno elas mesmas (Arrigucci, 2001) – são tomadas aqui como testemunha dos conflitos vividos naqueles anos, índice desse tempo de ambivalências. Lidas hoje, as crônicas de Menotti podem revelar a tensa convivência entre o "tradicional" e o "moderno" que se dava com vigor naquela década, permitindo discuti-la, ao matizar ambos os pólos. Indagando sobre os significados atribuídos à modernidade e à modernização por um protagonista e intérprete desse processo, procurei compreender esses significados à luz daquele presente. Se a cidade é o "*locus* da modernidade" (Bradbury, 1989), nota-se que o processo de modernização que ali ocorre não pode se dar sem contradições, fazendo dela o cenário das mudanças por excelência. As crônicas, com suas particularidades e potencialidades, são tomadas então como uma espécie de diário da metrópole nascente.

A pergunta que norteou a leitura das crônicas foi como a cidade apareceu nesses textos e como a imagem de cidade moderna era construída. Busco chamar atenção para o fato de, ao mesmo tempo em que uma determinada imagem era afirmada e reafirmada, outras imagens surgiam, ainda que involuntariamente. Muitas vezes, imagens de uma cidade "ainda em outro tempo", de uma vida "ainda em outro ritmo", e mostras de uma modernização não uniforme que deixava marcas e provocava fissuras, parecendo depender justamente desse desenvolvimento desigual.

O trabalho se divide em três capítulos. No primeiro, uma espécie de biografia do cronista, tento percorrer um caminho que, partindo de dados de seu perfil e de sua trajetória, segue os vários mundos que o intelectual fez parte. Tomando como eixo a figura de Menotti, busco compor um panorama dos diversos mundos em ebulição na década de 1920 a fim de compreender o universo das crônicas: da ligação do escritor com o mundo rural, a despeito de Menotti ser filho de um imigrante urbano, à sua aproximação do grupo modernista nos primeiros anos da década de 1920, enfocando em particular sua relação com segmentos da elite; da filiação do escritor ao Partido Republicano Paulista e de seu trabalho cotidiano no jornal desse partido à sua posterior ligação com a intelectualidade e o ideário político de direita. Ainda que entendendo o escritor como um representante de segmentos da elite ligados ao partido dominante – cronista no jornal porta-voz daquele grupo – que responde a questões e interesses bem definidos, procurei ter sempre em mente a advertência feita por Antonio Candido prefaciando um conhecido livro do sociólogo Sergio Miceli. Depois de afirmar que "os intelectuais correspondem a expectativas ditadas pelo interesse do poder e das classes dirigentes", o crítico alerta que "não se pode deixar de tomar cuidado com o perigo de se misturar desde o começo do raciocínio a instância da verificação com a instância da avaliação. [Ainda que] o papel social, a situação de classe, a dependência burocrática, a tonalidade política, entr[e]m de modo decisivo na constituição do ato e do texto de um intelectual, [...] nem por isso valem como critério absoluto para os avaliar. A avaliação é uma segunda etapa e não pode decorrer mecanicamente da primeira" (Candido apud Miceli, 1979). Assim, quero crer ter guardado distância desse automatismo na leitura das crônicas, sem esquecer, no entanto, quem era e de onde falava o cronista. Menotti del Picchia é tomado como um personagem exemplar desta década e sua trajetória é trabalhada como uma espécie de fio condutor capaz de revelar os distintos mundos que conviviam àqueles anos, expressos de alguma forma nos textos escritos para o *Correio*.

O capítulo 2 abre para o universo das crônicas, a partir de três entradas estabelecidas durante a pesquisa que, a meu ver, armam um espectro de questões relativas à modernização em São Paulo e às imagens da mesma: a questão do crescimento urbano, em evidência nesse decênio, compreendendo imagens da "cidade americana" e da "cidade ciclópica"; a questão da cidade como um pólo de atração, vista a partir dos novos personagens que a ela acorriam em busca da "vida moderna"; e, a questão das novas sociabilidades advindas com a incorporação de novas tecnologias – de um lado, personagens que passam a fazer parte da cidade e se tornam os usuários privilegiados dos novos equipamentos e dos novos meios de transporte e, de outro, personagens que parecem não se encaixar neste novo mundo, tendendo a desaparecer, ao menos do ponto de vista do cronista. Ao analisá-las, busco atentar para contradições e ambivalências que se fazem presentes, sinalizando que a imagem monolítica da cidade moderna compreendia fissuras, reveladoras de descompassos que não seriam superados por essa mesma modernização que a ensejava.

O capítulo 3 se concentra na discussão da imagem da cidade através de sua materialidade: a arquitetura. Compreendendo um número mais restrito de crônicas, o conjunto mostra que as questões de interesse para o cronista nesses anos, também na arquitetura, parecem ser as mesmas que animam as outras discussões. A imagem da cidade moderna vista sob o prisma da sua arquitetura passaria então pela discussão de uma "raça paulista", do lugar de São Paulo e do lugar do imigrante em seu interior, em uma palavra, pela discussão da nação, antecipando um tema que ganha força no decênio seguinte. Entendendo essas questões na perspectiva de um debate, elas ganham em interesse, na medida em que revelam aos nossos olhos posições e enfoques de um momento importante da história da arquitetura brasileira – a constituição de uma arquitetura moderna.

Essa divisão buscou organizar o amplo material da pesquisa para retirar dele os elementos fundamentais para a discussão da imagem da cidade. A intenção foi perceber, em meio à diversidade da vida social narrada, o que era eleito para se mostrar, o que era enfatizado, notando como certas tensões próprias da época eram experimentadas e traduzidas pelo cronista (Andrade, 2004), para daí se extrair elementos que pudessem contribuir à discussão sobre a cidade moderna que desponta nos anos 1920.

Cumpre fazer ainda um último esclarecimento. Neste trabalho, optei por atualizar a grafia dos vocábulos, para trazer os textos para mais perto de nós. Assim, palavras como *memmoria, indusctrial, synergetico, ethnographico, tybio, typo, definictivo, autochtone, cousa, phenomeno*, entre outras, foram grafadas segundo a norma atual. Assim também em relação aos nomes dos periódicos e seções, como *Jornal do Commercio, Illustração Brazileira, Chronica de Arte*, entre outros[6]. No entanto, palavras como *bonds, yankee, bungalow, chic, klaxon, chauffeur, flirt, bluff, charmeurs, villinos, willis, booknotes, footing, jazz-band* e algumas outras, ou seja, palavras estrangeiras que ainda não haviam sido aportuguesadas, foram deixadas como apareceram, dando conta da ligação daquela sociedade com a Europa, sobretudo com a França, e posteriormente com os Estados Unidos. O procedimento me parece justificável como índice de que o cronista – que lamentava a necessidade nacional de se falar, pensar e até sentir em outras línguas – não conseguia, ele mesmo, fugir do mundo em que vivia, em tudo referenciado ao estrangeiro. Optei por deixar estas palavras como apareceram nos textos, geralmente entre aspas, às vezes em itálico, nem sempre com a mesma grafia.

---

6 Prática corrente nos trabalhos que lidam com textos de época (Cf. Chalmers, 1974; Alencar, 2004; Lopez, 2004, entre outros).

Capítulo 1

> Nenhum homem pensa a cidade completamente isolado; ele forma uma imagem dela a partir de impressões herdadas de sua cultura e transformadas por sua experiência. Dessa forma, investigar o pensamento dos intelectuais a respeito da cidade invariavelmente nos leva para além de suas fronteiras, até a inúmeros conceitos e valores sobre a natureza do homem, da sociedade e da cultura.
>
> Carl Schorske, *A cidade segundo o pensamento europeu, de Voltaire a Spengler*

Um cronista entre dois mundos

Ao se acompanhar a trajetória de Menotti del Picchia (1892-1988) ao longo da década de 1920, pode-se entender um pouco mais como a cidade de São Paulo se revela nas crônicas escritas para o jornal *Correio Paulistano* (*CP*)[1]. A trajetória do escritor permite qualificar as transformações vividas pela cidade nesses anos e, ainda que não se trate de construir aqui uma biografia exaustiva, entender o lugar que ele ocupou e o papel que desempenhou nessa década pode nos ajudar a revelar os caminhos e descaminhos da cidade nesses anos.

Como se sabe, o processo de modernização econômica, política e social vivido por São Paulo nos anos 1920 havia sido deflagrado nas últimas décadas do século 19 pela expansão da lavoura cafeeira, abolição da escravatura, imigração e proclamação da República, coincidindo, não por acaso, com o fenômeno de urbanização e intenso crescimento da cidade (Costa, 1999, pp. 233-69). Centro econômico do capital agroexportador e um dos primeiros focos da industrialização no país, São Paulo teve sua população praticamente multiplicada por oito em menos de trinta anos, tendo sido palco de extensas e profundas mudanças, a ponto de terem sobrevivido poucos vestígios da vila colonial que atravessara quase incólume os quatro séculos anteriores (Dean, 1971; Morse, 1970; Campos, 2002).

---

1   Daqui para frente, usarei a abreviatura *CP* ao me referir a esse jornal.

Transformações semelhantes ocorreram em diversas cidades da América Latina no período compreendido, *grosso modo*, entre 1870 e 1930, modificando não só a estrutura social, mas também a fisionomia dessas cidades, como se nota a partir das observações do historiador argentino José Luis Romero sobre as cidades latino-americanas, permitindo inserir a história de São Paulo num processo mais amplo:

> A sua população [das cidades latino-americanas] cresceu e se diversificou, multiplicou-se a sua atividade, modificou-se a paisagem urbana e foram alterados os tradicionais costumes e as formas de pensar dos diversos grupos das sociedades urbanas. Elas mesmas tiveram a sensação da magnitude da mudança que causavam, embriagadas pela vertigem daquilo que se chamava progresso, e os viajantes europeus surpreendiam-se com essas transformações que tornavam irreconhecível uma cidade em vinte anos. Foi isso precisamente que, ao começar o novo século, emprestou à imagem da América Latina um ar de irreprimível e ilimitada aventura. (Romero, 2004, p. 283)

As mudanças, ligadas a uma transformação na estrutura econômica de quase todos os países latino-americanos, tiveram ressonância sobretudo nas capitais, nas cidades portuárias e nas cidades que "concentravam e orientavam a produção de alguns produtos muito solicitados no mercado mundial". Ali se estimulou a concentração de "uma crescente e variada população", acelerando-se "as tendências que procurariam apagar o passado colonial para instaurar as formas da vida moderna" (Romero, 2004, p. 283).

O impacto desses processos socioeconômicos alterou não apenas a face material das cidades, mas o conjunto de experiências de seus habitantes. Dessa forma, pode-se dizer de São Paulo o mesmo que afirma a crítica Beatriz Sarlo em relação a Buenos Aires da década de 1920: neste momento a cidade passa a interessar como "espaço físico" e como "mito cultural", na medida em que "cidade e modernidade se pressupõem", tornando-se o cenário das mudanças por excelência, por exibi-las "de maneira ostensiva, às vezes brutal, difundindo-as e generalizando-as" (Sarlo, 1996, p.183).

Meu intuito neste capítulo é entender de que modo a trajetória de Menotti del Picchia é atravessada pelas determinações de seu tempo: a migração, a oposição campo-cidade, o crescimento e a transformação da cidade. Nesse conjunto, a expansão da imprensa e de seu público em curso nesses anos também merece destaque, pois se percebe através desse fenômeno a transformação da circulação literária e de sua recepção. Por sua posição de jornalista de prestígio no diário porta-voz do partido político dominante no momento, Menotti incorpora a função de ideólogo, seja das elites do Partido Republicano Paulista (PRP), seja das elites intelectuais do período, conduzindo deste posto uma proposta de atualização das artes nacionais, ainda que partindo de um passado tradicional idealizado. Suas reflexões, entretanto, caminham para uma formulação que pleiteava a incorporação dos imigrantes na construção da nova cidade e da nova sociedade. Entender o modo como isso se deu me parece fundamental para compreender a imagem da cidade que emerge de suas crônicas.

Transitando entre diversas áreas, atuando em grupos distintos, afirmando ideais de uma classe e, ao mesmo tempo, imaginando a incorporação da população como um todo num sonho de progresso e civilização, Menotti parece ter condensado ambivalências e particularidades de um momento preciso na história de São Paulo. Se é certo pensar essas ambivalências como próprias do período de modernização, também é certo que elas integram a imagem de "cidade moderna" construída pelo cronista.

Como escritor, é justamente nos anos 1920 que Menotti se afirma como integrante do movimento modernista, declarando seu desejo de independência em relação às propostas estéticas anteriores. Tal opção não parece ter significado, no entanto, uma ruptura decisiva com os mestres do passado. Figura essencial na campanha de renovação literária e artística que ocorre no início dessa década, o escritor conquista leitores principalmente em uma classe média apartada da onda de renovação cultural levada a cabo pelo modernismo (Bosi, 1977). Além disso, se atua intensamente na construção de uma imagem de cidade moderna afinada com a valorização da cultura urbana, Menotti não rompe os laços com o mundo rural, como se nota em seus artigos e, sobretudo, em suas crônicas. Por outro lado, se em seus textos o cronista trabalha para a incorporação do estrangeiro na vida e na cultura paulistas, isso não o impede de se identificar com o "mito bandeirante" criado por uma intelectualidade ciosa em firmar a especificidade de São Paulo em função de uma suposta antigüidade e tradição, ainda que procurasse dar ao imigrante o *status* do "novo bandeirante".

Transitando com desenvoltura entre a literatura e o jornalismo, sem deixar de fazer política, Menotti del Picchia combina em um percurso único os diversos mundos que pareciam entrar em conflito na década de 1920. Esboçar em linhas gerais essa cena e os lugares que esse intelectual ocupa em seu interior é o objetivo central deste capítulo.

Das páginas impressas à "revolução modernista"
Publicações, circulação e vanguarda

Bacharel e poeta como muitos dos escritores brasileiros até então, o contato de Menotti com as letras deu-se inicialmente através do pai, Luiz del Picchia. Esse italiano da região da Toscana viera para o país não para trabalhar na lavoura de café como a maioria de seus contemporâneos, mas para atuar nas cidades que se urbanizavam e demandavam mão-de-obra especializada nas novas construções. Espécie de arquiteto sem diploma, construtor e mestre-de-obras, o pai participa da construção do Teatro Municipal de São Paulo, mudando-se em seguida para o interior em busca de novas oportunidades de trabalho[2]. O velho del Picchia assinava revistas estrangeiras, indicava leituras ao filho e acaba por inseri-lo em um meio de artistas e artesãos. Foi nas rodas de amigos do pai que o futuro poeta tomou gosto pelas artes, tornando-se, além de escritor, pintor e escultor bissexto (Picchia, 1970; Reale, 1988; Miceli, 2004)[3].

Vivendo parte da sua infância em cidades do interior, conforme variavam as encomendas ao pai empreiteiro, Menotti retorna à capital para cursar a famosa Academia de Direito do Largo São Francisco, onde se formaria em 1913. Um ano antes, casara-se com uma namorada de infância, Francisca Avelina Cunha Sales, filha de uma tradicional família de Itapira. Assume o comando da fazenda que recebera como dote do sogro, tornando-se fazendeiro de café,

---

[2] Quando Menotti tem 6 anos, a família se muda para Itapira (SP), cidade cafeeira da Mogiana. Aos 10, Menotti é mandado para um colégio interno em Campinas (SP), o célebre Ginásio Culto à Ciência, e um ano depois para o Ginásio Diocesano São José em Pouso Alegre (MG), onde permanece até completar 17 anos. Nessa escola, funda o jornalzinho *Mandu*, índice da sua vocação jornalística e onde aparecem suas primeiras produções literárias (Reale, 1988, pp. 16-9).

[3] Seu pai era um dos *capo-mastri* de que fala Carlos Lemos em seu trabalho sobre a arquitetura feita nos primeiros anos da República (Lemos, 1999). Annateresa Fabris chama atenção para origem italiana de quase todos esses profissionais – arquitetos, empreiteiros, mestres-de-obras, artesãos, pedreiros, os verdadeiros responsáveis pela nova feição que a cidade adquire àqueles anos (Cf. Fabris, 1987, p. 285) – figuras com as quais Menotti se relacionaria desde pequeno. A transformação da fisionomia da cidade é tratada especificamente no capítulo 3, a partir das crônicas de Menotti no *CP*.

e passa a colaborar regularmente no jornal *Cidade de Itapira*, fundando posteriormente *O Grito*, um diário de oposição – jornais nos quais publicaria seus poemas. Nesse período, chega a manter um escritório de advocacia na pequena cidade (Picchia, 1970; Reale, 1988). A vida na província e o contato com o homem da terra marcam sua produção posterior, como nota o sociólogo Sérgio Miceli, afetando

> suas preferências em matéria estética, a extensão e a variedade de seus recursos em termos de repertórios e linguagens, suas orientações e filiações políticas, doutrinárias e partidárias, estendendo-se inclusive à seleção dos temas e personagens de seu universo de criação literária ou artística (Miceli, 2004, p. 169).

Em 1918, após perder a safra de café da fazenda com uma "chuva de pedra"[4], Menotti deixa para trás a vida de fazendeiro e advogado para mergulhar de vez no jornalismo; primeiro em Santos, onde dirige o jornal *A Tribuna*, e em seguida na capital, no *Correio Paulistano*[5]. Em São Paulo, exerce primeiramente a função de diretor de redação do jornal *A Gazeta* (no qual também publica algumas crônicas, sob o pseudônimo Aristophanes) e em setembro de 1919 assume a chamada "Crônica Social" do *CP*[6]. Ali Menotti publicaria

---

4 Título de um livro de poemas lançado por Menotti em 1925.

5 Ainda vivendo em Itapira, Menotti enviara ao *CP*, a pedido de Antonio Carlos da Fonseca (então secretário de redação do jornal), o artigo "A professora", publicado na página 2. Algum tempo depois, Fonseca o convida a assumir a chefia de redação do diário paulista, mas, por um desentendimento com dirigentes do jornal, o escritor acaba indo para Santos. Somente em 1920 o jornalista se transfere definitivamente para São Paulo, embora já colaborasse ocasionalmente para a "Crônica Social" (Picchia, 1970).

6 Na capital, escreve ainda dez textos avulsos para o *Jornal do Comércio*, entre 1920 e 22 (Barreirinhas, 1983, p. 21).

textos praticamente diários ao longo de toda a década de 1920, assinados com o pseudônimo Helios[7]. Esse tipo de "coluna de variedades", presente na imprensa desde o final do século 19, havia sido importado da França e fazia enorme sucesso no país, por tratar com leveza assuntos cotidianos, misturando resenhas, críticas e anedotas políticas, sob a rubrica "Variedades", não apenas nos jornais, mas também em revistas de assuntos diversos (Meyer, 1992)[8]. No *CP* não

---

[7] Assinar com pseudônimo parece ter sido prática comum entre os escritores do período. Mario de Andrade(1893-1945), por exemplo, só na revista *Papel e Tinta* assinaria com quatro nomes diferentes: Pedro de Alencar, Antonio Cabral, Sacy Pererê e Ivan (Cf. Lopez, 2004, p. 18). O poeta Carlos Drummond de Andrade (1902-1987) também se camuflaria na imprensa sob diversos pseudônimos – o mais famoso deles, Antonio Crispin, atuou no *Diário de Minas* na década de 1920 (Cf. Cury, 1998, p. 90; Andrade, 2004). Antes disso, João do Rio teve inúmeras identidades jornalísticas: Joe, Paulo José, Simeão, Claude, José Antonio José – além do próprio nome João do Rio, imagem pública do escritor carioca Paulo Barreto (1881-1921) (Cf. Schapochnik, 2004, p. 13) Também com pseudônimos escreveram alguns dos "cronistas macarrônicos" estudados por Elias Saliba, dentre os quais Hilário Tácito, codinome do engenheiro José Maria de Toledo Malta (1855-1951), autor de *Madame Pommery*; José Agudo, pseudônimo de José da Costa Sampaio) e, talvez o mais famoso deles, Juó Bananére (pseudônimo do também engenheiro Alexandre Marcordes Machado (1892-1933), (Cf. Saliba, 2002).

[8] Segundo a pesquisadora Marlyse Meyer, o que aparece na França do início do século 19, surgindo como folhetim (*le feuilleton*) é inicialmente um espaço preciso no jornal, o rés-do-chão (*rés-de-chaussé*), o pé da página, o rodapé, geralmente na primeira página, onde eram publicadas matérias destinadas ao entretenimento. O espaço desde a origem é "deliberadamente frívolo, oferecido como chamariz aos leitores afugentados pela modorra cinza a que obrigava a forte censura napoleônica" na qual vivia a França daqueles anos. Com o tempo, o abrangente nome *folhetim* (que,

seria diferente: a "Coluna Social" tinha o papel de dar uma folga ao leitor do sisudo jornal, porta-voz do Partido Republicano Paulista (PRP).

Se a experiência de Menotti na imprensa não se inicia com sua participação no *CP*, tampouco sua fama como escritor tem início com a coluna diária. No mesmo ano em que se formava bacharel em Direito, Menotti estrearia na poesia, lançando o livro *Poemas do Vício e da Virtude*. Como ocorreu com muitos escritores do período – conhecidos hoje sobretudo como "modernistas" –, o primeiro livro não destoava nada da estética parnasiana então vigente. Segundo Miceli, a linguagem não lograva tirar o livro da média da época, o "tema do amor parecia não vingar", fazendo com que a obra passasse sem qualquer repercussão na crítica local (Miceli, 2004, pp. 175-9)[9].

> frise-se, designava aquele espaço em que se aceitava de tudo, de piadas a crimes, de charadas a receitas, das críticas de teatro ou resenhas às narrativas mais longas publicadas em série) passa gradativamente a se diferenciar e alguns conteúdos se rotinizam, especializando-se: o *feuilleton dramatique* (crítica de teatro), o *littéraire* (resenhas), o de *variétés* (crônicas), etc. Com o desenvolvimento da imprensa, essas seções se transformam também em periódicos especializados, dando origem aos *magasins illustrées*. Mais tarde, o chamado folhetim-romance se transforma no folhetim *tout court* e será o grande chamariz dos jornais. E a crônica e as outras *variétés* se estabelecem como as conhecemos, deslocadas para rodapés internos, sob a rubrica "Variedades", abrigando de resenhas a crônicas anônimas, tratando com leveza os assuntos cotidianos (Meyer, 1992, pp. 93-133).

9 Em artigo sobre as obras de estréia dos escritores da primeira geração modernista, o sociólogo afirma que não apenas Menotti, mas quase todos os escritores dessa geração estrearam com um livro de poesia que buscava "ombrear-se aos maiores nomes da escola parnasiana e simbolista" (Miceli, 2004, p. 172).

Em poucos anos, entretanto, essa mesma crítica se voltaria para o jovem autor de *Juca Mulato*, o terceiro livro de poemas de Menotti. Lançado em 1917, o livro obteve enorme sucesso: financiada pelo autor com uma tiragem de 500 exemplares, a primeira edição se esgotou rapidamente e o poema passou a ser divulgado em jornais por todo país, tendo sido o livro reeditado inúmeras vezes. Poesia de cunho "regionalista"[10] – cuja linguagem acessível e sentimental a tornaria aceita e louvada até "pelos medalhões da época" (Picchia, 1972, pp. 17-21) – o livro é citado pela crítica como um exemplo bem acabado do tipo de literatura que passava a ser consumido no país por esses anos (Bosi, 1997; Brito, 1974).

O próprio Menotti conta que Coelho Neto (1864-1934) – ao lado de Olavo Bilac (1865-1918), um dos mais prestigiosos poetas da época – considerou o poema um "marco renovador", onde "se abriam as cores da alvorada da arte brasileira". Afrânio Peixoto (1876-1947), importante crítico do período, via no livro "uma pausa de frescura e de brasilidade". Outro crítico, Mario de Alencar (1872-1925), falava da "pura arte tocada de vigoroso colorido brasileiro" e o baiano Carlos Chiacchio veria o poema como "o maior do regionalismo moderno". Posteriormente Menotti avalia que, Euclides da Cunha (1866-1909) e Monteiro Lobato (1882-1948) já haviam lançado na prosa obras "brasileiras", mas a poesia ainda vivia inspirada pela "Musa francesa", de modo que sua obra era "pioneira" dessa renovação (Picchia, 1977, pp. 17-20).

---

10 O regionalismo foi uma tendência das letras paulistas que conviveu com o parnasianismo e os romances naturalistas do início do século. Segundo o crítico Antonio Candido, seria uma espécie de afirmação localista que tratava o "homem rural do ângulo pitoresco, sentimental e jocoso, favorecendo a seu respeito idéias-feitas perigosas tanto do ponto de vista social quanto, sobretudo, estético" (Cf. Candido, 2000, p. 114).

Segundo Mario da Silva Brito, historiador do modernismo, *Juca Mulato* teria sido "um livro afortunado". Para comprová-lo, lista uma infinidade de críticos e intelectuais atuantes naquele momento – dentre os quais Afrânio Peixoto(1876-1947), Oliveira Lima (1867-1928), Rodrigo Otávio (1866-1944), Clóvis Bevilácqua (1859-1944), Vicente de Carvalho (1866-1924), Pedro Lessa (1859-1921) e Luís Guimarães Filho (1878-1940) – que teriam "se entusiasmado" verdadeiramente com o poema. Brito lembra, além disso, a repercussão que o livro teria não apenas no Brasil, mas também na Argentina e em Portugal. Para esse historiador, o clima nacionalista da época teria sido propício à temática abordada no poema, que não apelava mais aos mitos helênicos, como era moda, pretendendo antes ser a "expressão do gênio triste da nossa gente". E, se não rompia totalmente com os cânones aceitos, traria, ao menos no título, "uma ponta de atrevimento que choca[va] o seu tempo: a palavra *mulato*" (Brito, 1974, pp. 82-5 e 157). O poema repercutiu também entre escritores mais jovens e em 1922, após a realização da Semana de Arte Moderna, ainda seria lembrado. Quando o poeta pernambucano Joaquim Inojosa (1902-1987) vem a São Paulo conhecer os modernistas, refere-se ao poema na descrição da sua primeira impressão na capital paulista: "Quando saltei na cidade paradisíaca – 19 horas e o frio me dava sensação nunca experimentada – recitava baixinho os versos de *Juca Mulato*..." seguindo da estação da Luz, onde chegara, para a redação do *CP*, para se encontrar com Menotti e Oswald de Andrade (Inojosa apud Amaral, 2003, p. 71).

A recepção da obra e seu sucesso são de fato sintomáticos do momento em que ela é escrita. Misturando a exaltação da raça nativa com uma linguagem simples, o escritor conseguiu atingir um público amplo, proveniente sobretudo das camadas médias que emergiam com a urbanização. A aproximação entre Menotti e

Oswald de Andrade[11] pode ser tomada como exemplo do fenômeno *Juca Mulato*. A normalista Dayse, namorada de Oswald à época, teria se encantado com o livro e, querendo conhecer o autor do poema, pede a Oswald que o procure. A partir daí os escritores se tornam amigos e Menotti passa a freqüentar a *garçonnière* de Oswald onde Dayse reinava como musa. Ali o cronista entraria em contato com intelectuais como o poeta Guilherme de Almeida (1890-1969) e o escritor Monteiro Lobato – futuro editor de Menotti –, bem como com outros escritores modernistas (Picchia, 1972; Andrade, 1974)[12]. Ainda em 1920, o cronista funda com Oswald a revista quinzenal *Papel e Tinta* (Boaventura, 1995, pp. 76-7), vista hoje como o primeiro esforço de divulgação de uma estética inovadora

---

11 José Oswald de Souza Andrade (1890-1954) estréia como escritor em 1916, com duas peças escritas em francês junto com Guilherme de Almeida, a comédia *Mon Coeur Balance* e o drama *Leur Âme* (publicadas num só volume pela Tipografia Asbahr com projeto gráfico de Wasth Rodrigues), mas já atuava como jornalista desde 1909 no *Diário Popular*. Em 1911, funda e dirige o semanário *O Pirralho*, que o tornaria conhecido no meio intelectual paulistano. Somente em 1922 publicaria seu primeiro romance, *Os Condenados*, pela casa editorial de Monteiro Lobato, com capa de Anita Malfatti, e do qual lê trechos na Semana de Arte Moderna, junto a fragmentos inéditos de *A estrela do absinto* (volumes 1 e 2 da *Trilogia do Exílio*). Ao longo dos anos anteriores a 1922 publicou em diversas revistas trechos do romance *Memórias Sentimentais de João Miramar*, que sairia em 1924, pela Editora Independência, com capa de Tarsila do Amaral (Andrade, 1990).

12 O episódio é relatado nas memórias de ambos os escritores. Oswald já publicara em 1913 uma resenha (nada favorável) ao livro de estréia de Menotti, mas apenas no fim da década trava contato pessoal com o autor. A crítica anterior não impediu a amizade de ambos, que se inicia no apartamento da Rua Líbero Badaró e continuaria por alguns anos (Picchia, 1972; Andrade, 1974). Sobre Lobato editor dos modernistas, ver Azevedo et alii., 1997, pp.169-85.

anterior a 1922, e que, segundo Telê Ancona Lopez, teria tido em Menotti sua "principal alavanca" (Lopez, 2003, p. 15-6)[13].

Considerado hoje um escritor menor do modernismo brasileiro, Menotti del Picchia foi, ao que tudo indica, peça-chave da "campanha futurista" deflagrada por jovens intelectuais paulistas no início dos anos 1920, tendo se empenhado, sobretudo através de sua atuação na imprensa, na defesa da renovação literária e artística[14]. Desse modo a compreensão de seu papel no movimento modernista ajuda a situar a atuação do escritor nessa década e a entender o alcance de suas idéias no período. Na avaliação do crítico Alfredo Bosi, Menotti teria sido um

---

13 A revista é lançada em maio de 1920 com um editorial em tom ufanista, pregando a união dos povos sul-americanos e se apresentando como a publicação que traduziria "o incontido progresso de São Paulo no setor das artes e das letras". Com o objetivo de "quebrar os diques angustiados do regionalismo", *Papel e Tinta* pretendia difundir "o moderno pensamento brasileiro" e "confraternizá-lo com os povos sul-americanos" (Cf. Brito, 1974, pp. 146-7). Já no *CP*, Menotti escreve uma crônica saudando o nascimento da revista, "ao lado de três ou quatro belas publicações dignas de sua cultura" e de "centenas de revistas que veiculam para seus ocasionais leitores o vagido anônimo de todas as musas insontes e as garatujas mefistotélicas de todos os lápis incipientes", em uma cidade como "o S. Paulo industrial e febril, das chaminés fumegantes e das ruas tumultuárias de povo" que estaria em condição de "desenvolver uma publicação que lhe espelhe a vida estuante e admirável" (Helios, "Papel e Tinta", *CP*, 23 abr 1920, p. 4). O periódico, fundado por Oswald, Menotti e um espanhol que a história não guardou o nome, duraria até 1921 (Picchia, 1977, p. 72).

14 "Campanha futurista" é o nome pelo qual ficam conhecidos os anos iniciais do modernismo em São Paulo, nos quais jovens intelectuais, ligados principalmente às letras, se uniram em torno de um projeto de renovação artística (Cf. Brito, 1974; Fabris, 1994). Na seqüência do capítulo enfoco a relação de Menotti com esse termo.

tenaz divulgador das novas tendências estéticas, constru[indo] uma obra singular no contexto modernista, no sentido de uma descida de tom (um maldoso diria: de nível) que lhe permitiu aproximar-se do leitor médio e roçar pela cultura de massa que hoje ocupa mais de um ideólogo perplexo. (Bosi, 1997, p. 415)

O crítico aponta justamente o *Juca Mulato* ("um poemeto sertanista muito brilhante [...] [que teria] caído no gosto de toda casta de leitores") como um primeiro "sinal de uma comunicabilidade fácil e vigorosa", que não seria desmentida em seus livros posteriores, *Moisés* (1917) e *As máscaras* (1920) (Bosi, 1997, p. 415). O que para alguns parecia o problema de Menotti – a sugerida "descida de tom" de seus escritos – Alfredo Bosi aponta justamente como o motivo para seu sucesso: o talento de comunicabilidade já notado em *Juca Mulato* e que viria a ser uma marca de sua literatura posterior, garantindo-lhe um reconhecimento imediato que não se repetiria com outros modernistas da primeira geração, cuja consagração veio apenas com o passar dos anos:

> Os caminhos "fáceis" do autor da *República 3000* [1928] responderam às expectativas de um público de fato divorciado do Modernismo de [19]22, enquanto este não soube, ou não pôde, refletir as tendências e os gostos de uma classe média em crescimento, incapaz de maior refinamento artístico. Classe de onde saíram os leitores de Menotti del Picchia e que viriam a ser, logo depois, os leitores de Jorge Amado e de Érico Veríssimo. (Bosi, 1997, p. 417)

A análise de Bosi é clara e, concordando-se com ela, parece ter sido menos como representante da literatura vanguardista (defendida com tanto empenho a partir de 1920) e mais dentro de uma estética voltada para a comunicação direta com um público-leitor amplo que o jovem poeta angariaria leitores, firmando-se como escritor de sucesso. Pode-se dizer que seus poemas, publicados em diversos jornais e revistas, vieram ao encontro de uma parcela do gosto e das aspirações do tempo, emplacando-o como poeta promissor e grande comunicador dos sentimentos nacionais. Também com essa característica Menotti encontra seu público no *CP*.

O imbricamento entre autor, obra e público sugerido aqui, que auxilia na compreensão do lugar de onde fala o cronista e do leitor ao qual ele se dirige, foi tematizado por Antonio Candido em 1954, em um panorama da literatura produzida na cidade de São Paulo. Candido identificava nos decênios anteriores a 1920 um período de "institucionalização da literatura" no qual esta teria sido absorvida pela sociedade, formando-se um público leitor para além da pequena elite letrada que costumava consumi-la[15]. A literatura teria se tornado nesse período manifestação da "nova burguesia, recém-formada, que refinava os costumes segundo o modelo europeu, envernizada de academismo, decadentismo e *art-nouveau*". Manifestada em revistas, jornais e salões, esse tipo

---

[15] O crítico uruguaio Angel Rama descreve processo semelhante ao tratar do processo de modernização nas letras que ocorria na América Latina durante os anos de 1870-1910, destacando o papel do "ensino público universal" no crescimento do público letrado e leitor nesses países (Rama, 1985, pp. 82-116). No Brasil, como se sabe, esse público sempre foi contido. Entretanto, o país parece inserir-se no movimento mais geral de aumento da produção literária e editorial durante esses anos. Deve-se mencionar que uma parte da população imigrante era alfabetizada e que durante o governo de Washington Luís na presidência do Estado de São Paulo (1920-24) iniciou-se um programa de abertura de escolas, inclusive rurais, pelo Estado – esse, aliás, o tema dos primeiros artigos encomendados à Menotti pelo próprio Washington Luís, para publicação no *CP*.

de literatura teria se ajustado como uma luva ao momento em que essa nova classe emergente passava a ditar os padrões da produção, contribuindo com "essa difusão [...], pelos seus cânones de comunicabilidade e consciência formal". Segundo o crítico, essa absorção da literatura pela sociedade teria contado com "um certo aristocratismo intelectual, certo refinamento de superfície, tão do agrado da burguesia, que nele encontra[ria] atmosfera confortável e lisonjeira". Colocando de lado o tom crítico de Candido, o fato a ser extraído de sua análise é que "talvez nunca tenha havido em São Paulo uma coincidência tão grande entre a inspiração dos criadores, o gosto do público, a aprovação das elites" (Candido, 2000, pp. 157-60). Teria ocorrido entre as décadas de 1890 e 1910 uma espécie de "rotinização da literatura", que significou não só o aumento da circulação e do consumo da produção literária, mas também uma maior variedade dos temas abarcados pela mesma, alcançando um público muito maior e mais diversificado que anteriormente – processo que apenas se completaria, ainda na avaliação do crítico, com o incremento do número de instituições culturais colocado em marcha no decênio de 1930[16].

Ainda que os padrões fossem ditados pela burguesia, com seus gostos europeizados, importa deixar claro que a literatura passava

---

16 Esse ensaio, "A literatura na evolução de uma comunidade", publicado pela primeira vez no jornal *o Estado de S.Paulo* em 1954, e mais tarde no livro *Literatura e Sociedade* (1965), relaciona os diferentes momentos literários e a cidade de São Paulo, apontando a conjunção entre as formas da urbanização e as formas da literatura produzida (Cf. Candido, 2000, pp. 139-67), ajudando a entender por onde se moviam os escritores nos anos 1920, entre um parnasianismo ao gosto de segmentos da elite e uma nova estética que parecia começar a se mostrar, desembocando na literatura modernista.

a atingir a população letrada em seu conjunto[17]. Seguindo o raciocínio de Candido, o modernismo representaria um momento posterior a esse, justamente na década de 1920, quando se observa uma espécie de luta entre a "literatura oficial" ajustada à ordem burguesa tradicional e uma "vanguarda renovadora" que procurava exprimir "valores profundos" – luta travada por meio do conjunto de jornais, salões e academias característicos do período (Candido, 2000)[18].

---

17 Sobre o papel da literatura e do periodismo na vida das camadas populares paulistanas é interessante o testemunho de Jacob Penteado, jovem operário de uma vidraria no Belenzinho nos anos 1910 Segundo seu relato, a leitura fazia parte do cotidiano desses trabalhadores, que se reuniam às noites e nos fins-de-semana para leituras em voz alta nas casas de conterrâneos, onde os que não liam ouviam os letrados. Havia uma intensa troca de livros entre operários e filhos de operários, que ia de uma literatura de romances e folhetins até obras anarquistas, muitas vezes na língua original (Penteado, 2003).

18 Para Candido, se os anos anteriores viram uma relativa democratização do acesso à literatura, o modernismo iria provocar uma espécie de "democratização dos temas", fazendo que as obras passassem a falar do Brasil como um todo, sem folclorizá-lo. Nas suas palavras, "embora os escritores de [19]22 não manifestassem a princípio nenhum caráter revolucionário, no sentido político, e não pusessem em dúvida os fundamentos da ordem vigente, a sua atitude, analisada em profundidade, representa um esforço para retirar à literatura o caráter de classe, transformando-a em bem comum a todos. Daí o seu populismo – que foi a maneira por que retomaram o nacionalismo dos românticos. Mergulharam no folclore, na herança africana e ameríndia, na arte popular, no caboclo, no proletário. Um veemente desrecalque, por meio do qual as componentes cuidadosamente abafadas, ou laboriosamente deformadas (é o caso da 'literatura sertaneja') pela ideologia tradicional, foram trazidas à tona da consciência artística" (Candido, 2000, pp. 163-4).

Pode-se dizer então que, apesar de Menotti participar intensamente do programa de renovação artística modernista na década de 1920 – e de ser ele mesmo uma espécie de ponta de lança do movimento – sua linguagem era ainda muito mais próxima da literatura "*belle époque*" característica de um momento literário, não apenas temporal, mas esteticamente precedente. Com esse público amplo conquistado nos decênios anteriores, Menotti pode ser visto – considerado o valor estético de sua obra e seu papel no sistema literário da época – como um escritor que transita entre os dois momentos do esquema proposto por Candido[19]. Dois mundos que se cruzam, não por acaso, no decênio de 1920.

Dono de um estilo que alcançou reconhecimento imediato junto a um público ampliado e, ao mesmo tempo, defensor das propostas de uma vanguarda que buscava pensar o país de forma inovadora, Menotti explicita o momento de expansão da esfera cultural que a cidade vivia, caracterizado não apenas pelo aumento das casas editoras e pelo crescimento da população consumidora de livros e

---

19 É necessário enfatizar que, em seu ensaio, Candido traçava um panorama da literatura local, definindo um movimento geral nas letras paulistas, em tudo distinto de uma divisão estanque em períodos, datas e características. Tratava-se de apontar tendências preponderantes de grupos representativos em momentos precisos da história da cidade. Isso posto, deve-se dizer que há uma série de estudos, na historiografia e na crítica literária, que se propõem, desde meados dos anos 1980, não apenas a identificar "precursores do modernismo", mas a conceituar o chamado "pré-modernismo", apontando expressões de modernidade literária, já a partir do início do século, em escritores tão distintos como João do Rio (1881-1921), Lima Barreto (1881-1922) ou mesmo Euclides da Cunha(1866-1909). Ver a esse respeito os artigos escritos para o seminário sobre o pré-modernismo na literatura organizado pela Casa de Rui Barbosa (Fundação, 1988). Para essa discussão no campo das artes, ver Fabris, 1994b e Chiarelli, 1995.

periódicos[20], mas também pelo ofuscamento de antigas fronteiras de público e gosto. Através de sua experiência como escritor "pós-parnasiano" que participa da formação de um grupo de vanguarda e de sua colaboração profícua em inúmeras publicações, Menotti é expressão privilegiada desse momento. Não é por acaso que o seu apreço pelo modernismo tenha sido temperado pelo apego às formas literárias anteriores, que afinal haviam moldado sua mente e sensibilidade – traço que o escritor compartilharia com outros intelectuais nascidos no final do século 19 e atuantes nos primórdios do modernismo. Espécie de crítico impressionista das novas realizações literárias e artísticas e, ao mesmo tempo, identificado com o espírito do jornalismo, Menotti produziria menos análises profundas que crônicas curiosas e bem-humoradas, contribuindo a seu modo para renovar a literatura do seu tempo e para chamar atenção de um público diversificado – atraído por sua veia cômica e polemista – para as mudanças em curso no período. Criticando a literatura de salão que até então era feita, o escritor soube angariar leitores e aplausos também entre os defensores da mesma[21].

---

20 Conforme uma reportagem do período, em 1920 São Paulo contava "com vinte casas editoras entre as de maior e menor importância". Desse total, quinze lançaram obras de vários gêneros no ano citado, atingindo uma tiragem de 901 mil exemplares, dois terços dos quais livros didáticos e cerca de 100 mil exemplares correspondentes a livros de literatura (Cf. "Movimento Editorial", *Revista do Brasil*, n. 63, março de 1921, p. 278, apud Brito, 1974, p. 156). Ainda que o número da população iletrada fosse alto – segundo o Censo de 1920, o número de analfabetos em São Paulo era de 72%, enquanto na capital se reduzia para 42% (Fabris, 1994, p. 27) –, essas cifras apontam para uma possibilidade maior de acesso ao estudo na capital paulista em relação ao resto do país.

21 A convivência entre os artistas "passadistas" e "modernistas" faz parte desse momento. Os modernistas se reuniam e se confraternizavam em saraus

Teria sua percepção dos anseios por "temas nacionalistas" tornado Menotti um escritor de sucesso? Ou seria sua sabedoria em separar o "joio do trigo", reservando elogios àqueles que considerava mestres, mesmo que agora vistos como "passadistas"? Figura peculiar, que propagava o futurismo, o elogio à máquina e à indústria, mas que se valia de mitos greco-romanos e de referências eruditas; que elogiava os novos por serem ousados e recriminava os velhos por serem passadistas; que gritava contra a inspiração francesa, mas era capaz de aplaudir todo e qualquer feito de uma elite afrancesada, afeita a escolhas artísticas bem pouco "modernas", Menotti condensa em si as ambigüidades desse período[22]. A fim de entender melhor sua inserção no campo cultural da capital paulista, vale retomar alguns dados sobre o nascimento da campanha modernista, na qual Menotti tem participação intensa, sobretudo através de suas crônicas diárias escritas para o *CP*.

---

literários que aglutinavam não apenas os "jovens rebeldes", mas também expoentes do academismo. Em seu ateliê, Tarsila do Amaral, por exemplo, reunia o Grupo dos Cinco (Tarsila, Oswald de Andrade, Mario de Andrade, Anita Malfatti e Menotti) e convidava um poeta como Jacques d'Avray (pseudônimo do Senador Freitas Valle), descrito por Helios/Menotti como "o poeta estranho das Baladas" (Cf. "Corações em êxtasis...", *CP*, 1 set 1922, p. 5). E, claro, os salões do Senador também receberiam esses jovens, ao lado de nomes consagrados, para seus ciclos de conferências e saraus (Camargos, 2001, pp. 181-7). A mecenas Olívia Guedes Penteado, por sua vez, passa a receber os modernistas em seu tradicional salão a partir de 1923, mas em um novo ambiente, mais condizente aos novos ares, construído especialmente para esses encontros (Homem, 1996, p. 182).

22 São inúmeras as crônicas de Menotti que oscilam entre esses pares, não cabendo aqui nomeá-las. Vale ressaltar que essa foi uma característica permanente de seus textos, como se notará a partir das análises dos mesmos.

Entre a campanha modernista e a afirmação paulista

É em meio a uma crise social e política – facções dissidentes dentro do grupo de poder, insurreições lideradas pelos militares e movimentos reivindicativos de trabalhadores – que se desenvolve o campo cultural paulista. Nos primeiros decênios do século, esse campo estava em expansão, mas era ainda bastante restrito, o que possibilitou que Menotti, após conhecer Oswald, também se aproximasse de Mario de Andrade (1893-1945)[23], apresentado pelo primeiro na redação da revista *O Eco*, publicação da Casa Edison na qual Mario escrevia esporadicamente (Lopez, 2004, p. 12). Informados sobre os movimentos de renovação artística em curso na Europa, Menotti e os dois Andrade – que nessa época também escreviam crônicas em jornais paulistas – seriam responsáveis por lançar as bases do movimento modernista através de suas atuações na imprensa.

Segundo Davi Arrigucci, naquele momento a crônica no jornal era um "campo de experimentação de uma linguagem mais desataviada, flexível e livre" e atingia "também a consciência do grande público dos jornais" (Arrigucci, 2001, p. 62). Mais que isso, o crítico situa a crônica entre dois campos, apontando-a como uma forma de comunicação precisa para este momento pleno de ambivalências da década de 1920:

---

23 Mario Raul de Moraes Andrade, professor de piano do Conservatório Dramático e Musical de São Paulo, estreara na poesia em 1917 – ano do lançamento de *Juca Mulato* – com o livro *Há uma gota de sangue em cada poema*, espécie de poema religioso e pacifista, assinando Mario Sobral e pagando a edição do seu bolso. Na imprensa, Mario estreara dois anos antes, no *Jornal do Comércio*, com um artigo sobre o Conservatório, mas em 1918 inicia uma colaboração mais constante como crítico musical e cronista em *A Gazeta*, onde permanece até 1921. Publica *Pauliceia Desvairada* em 1922, quando é reconhecido líder do movimento modernista (Lopez, 2004).

provinciana e moderna a uma só vez, a crônica modernista revela uma tensão contínua entre tempos diversos e espaços heterogêneos, fundindo numa liga complexa componentes discrepantes, provenientes de formas de vida distintas, mas mescladas (Arrigucci, 2001, p. 63).

Com efeito, a crônica parece ter sido um instrumento fundamental a esses jovens escritores, e muitos foram os modernistas a se valer dela para se comunicar com seus leitores.

Oswald de Andrade, que se iniciara na imprensa em 1911, como redator da coluna teatral "Teatros e Salões" do *Diário Popular*, a partir de 1921 passaria a publicar textos e crônicas no *Jornal do Comércio* (*JC*) e no *CP*, até pelo menos 1924 (Chalmers, 1974). Mais tarde, entre 1926 e 27, assinaria a coluna "Feira das Quintas" (Chalmers, 1976, p. 17). Oswald se torna um importante interlocutor de Menotti ao longo da década, no início compartilhando idéias e opiniões e, a partir de 1924, atuando em campo oposto, quando muitas das crônicas de Menotti surgem como resposta às posições escritor e ao recém criado Movimento Pau-Brasil[24].

---

24 A primeira crônica assinada por Helios que localizei a respeito da polêmica entre os escritores foi "Manifesto anti-Pau Brasil", publicada no *CP* em 13 de abril de 1924. A partir daí, Menotti publica uma série de crônicas que discutem com Oswald: Helios, "Tenhamos coragem", *CP*, 20 abr 1924, p. 4; "Meu credo", *CP*, 12 jun 1924, p. 3; "Guerra literária", *CP*, 2 out 1925, p. 4; "Time pesado", *CP*, 3 out 1925, p. 6; "Mais um depoimento", *CP*, 6 out, 1925, p. 4; "Pela cruzada!", CP, 19 out 1925, p. 6; "Academia dá azar!", *CP*, 8 nov 1925, p. 5; "Profissão de fé", *CP*, 13 nov 1925, p. 4; "Tatuismo", *CP*, 21 dez 1925, p. 2; "Academia verdeamarelo", *CP*, 13 ago 1926, p. 4; "Uma epístola", *CP*, 4 set 1926, p. 4; "Carta ao Damy", *CP*, 30 set 1926, p. 7; "Ruy Barbosa X verdamarelo", *CP*, 31 out 1926, p. 9; Menotti del Picchia, "Tudo pelo Brasil", *CP*, 2 nov 1926, p. 3; "Penumbrista ",*CP*, 4 nov 1926, p. 4; "Balbúrdia literária", *CP*, 5 nov 1926, p. 4; "Pela tribo", *CP*, 7 nov 1926, p. 4; "Eleição", *CP*, 10 nov 1926,

Também Mario de Andrade, ativo participante da campanha "futurista", se inicia na crônica em 1920, tornando-se "cronista-correspondente" da *Ilustração Brasileira* ao enviar para a capital da República notícias da sua cidade, publicadas na coluna "De São Paulo" (Lopez, 2004). Entre 1920 e 23, publicaria a "Crônica de arte" na *Revista do Brasil* e ainda crônicas e artigos esparsos no *Jornal de Debates*, bem como as "Crônicas de Malazarte" na *América Brasileira* (1923-24). A partir de 1927, Mario passa a ter uma coluna fixa no *Diário Nacional* (*DN*), primeiramente sob o título "Arte" (de crítica), transformada posteriormente na coluna "Táxi" (propriamente de crônicas sociais), saindo em seguida sem cabeçalho fixo. Nesse período, envia para o mesmo jornal crônicas de sua viagem ao Nordeste, publicadas sob a rubrica "Turista Aprendiz". Sua colaboração como cronista no *DN* duraria até 1932, quando o próprio jornal acaba fechando (Lopez, 1976).

Nota-se ainda outros escritores e intelectuais envolvidos em atividades na imprensa durante esses anos. O poeta Carlos Drummond de Andrade (1902-1987), ao lado de outros modernistas mineiros, publicou poemas, críticas, ensaios e crônicas no jornal *Diário de Minas* (Cury, 1998). O sociólogo Gilberto Freyre (1900-1987) publi-

---

p. 8; "Cacetes!", 21 nov 1926, p. 6; "Declaração necessária", *CP*, 3 dez 1926, p. 7; "Nem Rui nem Jeca Tatu", *CP*, 8 jan 1927, p. 3. Oswald contra-ataca na Feira das Quintas, entre outras, com a crônica-gozação "Antologia" (*JC*, 24 fev 1927) – utilizando palavras iniciadas ou terminadas com *anta*, dado que o grupo a que Menotti pertencia no momento elegera a "anta" como símbolo, como veremos à frente, respondida por Menotti em "Antagonismo antal", *CP*, 25 fev 1927, p. 6, bem como em "A anta contra a loba", *CP*, 11 jan 1927, p. 3; "Crise verdamarela", *CP*, 12 jan 1927, p. 6; "Soluções para a crise", *CP*, 14 jan 1927, p. 4; "Coisas verdamarelas", *CP*, 17 jan 1927, p. 6; "Caapóra", *CP*, 12 fev 1927, p. 7; "Pau no Andrade", *CP*, 1 abr 1927, p. 7; "Congraçamento", *CP*, 7 abr 1927, p. 5; "Verdeamarelismo", *CP*, 6 jul 1930, p. 5.

cou crônicas no *Diário de Pernambuco* ao longo de toda a década de 1920 e ainda colaborou, entre 1928 e 1930, com crônicas no diário *A Província* (Lira, 2005). Em 1925, o jovem Alcântara Machado (1901-1935) enviou da Europa crônicas para substituir a crítica teatral que fazia semanalmente no *JC* desde 1923 (Lara, 1982)[25]. O poeta Manuel Bandeira (1886-1968) colaborou, já no fim da década, para o *Diário Nacional* de São Paulo, enviando do Rio de Janeiro as crônicas que mais tarde seriam reunidas no volume *Crônicas da Província do Brasil* (Bandeira, 1984). Esses exemplos, entre outros que poderiam ser citados, deixam clara a ligação entre a crônica, o modernismo e a década de 1920, pois parece ter sido esse o gênero preferencial de propagação das idéias desses jovens intelectuais na divulgação e na experimentação de uma nova estética[26]. Davi Arrigucci lembra que

> na maioria desses autores dos primeiros tempos, a crônica t[inha] um ar de aprendizado de uma matéria literária nova e complicada, pelo grau de heterogeneidade e discrepância de seus componentes, exigindo também novos meios lingüísticos de penetração e organização artística: é que nela afloravam em meio ao material do passado, herança persistente da sociedade tradicional, as novidades burguesas trazidas pelo processo de modernização do país, de que o jornal era um dos instrumentos. (Arrigucci, 2001, p. 57)

---

25   Crônicas reunidas e editadas em 1926 pela Editorial Helios, com ilustrações de Paim e prefácio de Oswald de Andrade no volume *Pathé-Baby*, tornando-se seu livro de estréia (Lara, 1982).

26   Isso não quer dizer que a crônica não se desenvolvesse antes no Brasil. Os escritores nacionais já tinham se apossado do gênero desde o Romantismo. Ao que consta, foi Francisco Otaviano (1825-1889) o introdutor da crônica no país, no *Jornal do Comércio* do Rio de Janeiro, em dezembro de 1852 (Martins, 1986, p. 11). O gênero ganharia relevo com o jovem José de Alencar

Assim, o próprio cronista estava "metido num processo histórico cuja dimensão geral era extremamente complexa e difícil de apreender, tendendo a escapar-lhe, mas cujos resultados muitas vezes discordantes se impunham à sua observação, pedindo tratamento artístico novo" e, nessa tarefa, "chamado a se situar diante de fatos tão discrepantes, dá início à impressão de tateio sobre a matéria moderna do jornal, feita de novidades fugitivas, como se estivesse experimentando a mão" (Arrigucci, 2001, p. 57). Dessa forma, esses jovens mergulhavam no cotidiano, atuando na imprensa e na vida da cidade, buscando o novo.

Um episódio revelador desse ímpeto de renovação e da forma de atuação desses intelectuais-cronistas foi a campanha em torno do escultor Victor Brecheret (1894-1955), "descoberto" em 1920 quase por acaso pelos jovens modernistas. Recém chegado da Itália, onde cursara a Academia de Roma, Brecheret monta seu ateliê numa sala do ainda em obras Palácio das Indústrias, a convite do arquiteto Ramos

(1829-1877), que aos domingos escrevia na "Revista da Semana", rodapé na primeira página do *Correio Mercantil* do Rio de Janeiro, textos mais tarde reunidos sob o título *Ao Correr da Pena* (Alencar, 2004). Segundo os estudiosos do gênero, com o jovem Machado de Assis (1839-1908) a crônica alcança o apogeu no Brasil. Machado as publicaria em inúmeros jornais e periódicos, trazendo dos círculos sociais a matéria para seus textos, comentando as reuniões da vida mundana, o teatro, o parlamento. Sobre as crônicas de Machado, ver Sonia Brayner, Beatriz Rezende e Marlyse Meyer em *A Crônica* (1988). Ver também Granja, 2000. Já no século 20, os críticos reconhecem em João do Rio o cronista por excelência – o "cronista da modernidade". Segundo a crítica Sylvia Jorge de A. Martins "Paulo Barreto, o popular João do Rio, iniciou no Brasil a crônica social moderna. Discípulo de Oscar Wilde, como ele próprio afirmava, buscou elevar a crônica à categoria de história social, dizendo que esse gênero podia ser o 'espelho capaz de guardar imagens para o historiador do futuro'" (1980, p. 13). O cronista parece inaugurar um tipo de crônica que seria retomado pelos escritores modernistas.

de Azevedo (1851-1928), seu antigo professor no Liceu de Artes e Ofícios. Ao visitarem a exposição de maquetes do concurso para um monumento que seria construído em frente ao Museu Paulista[27], os amigos Menotti e Oswald, acompanhados dos pintores Di Cavalcanti (1897-1976) e Helios Seelinger (1878-1965), encontram o escultor trabalhando em uma das salas do edifício. Maravilhados com as obras que encontram, os dois primeiros iniciam imediatamente uma "cruzada pró-Brecheret" através da imprensa local. Menotti foi o baluarte da campanha, com suas crônicas e artigos, acompanhado de perto por Oswald, que abriu espaço para Brecheret em sua coluna no *JC* e na revista *Papel e Tinta*. Nessa revista sairiam também artigos de Mario de Andrade pró-Brecheret (Lopez, 2003, pp. 15-9). A partir daí, os escritores buscariam convencer o governo do Estado a financiar um outro monumento, agora dedicado às bandeiras, convidando Brecheret para criá-lo. Com isso, acreditavam inserir a cidade no circuito mundial de renovação artística: "impor Brecheret era impor a arte nova, vitoriosa em todo o mundo civilizado" (Helios, "Arte nova", *CP*, 29 jul 1920, p. 3).

Segundo historiador Mario da Silva Brito, a descoberta de Brecheret foi decisiva para a formação do grupo modernista, na medida em que reuniu pela primeira vez esses jovens em torno de um "tema único"

---

27 A exposição se referia aos projetos apresentados ao concurso para o Monumento à Independência, promovido pelo governo do Estado em 1919 como parte dos preparativos para as comemorações do centenário da Independência (assim como a própria construção do Palácio das Indústrias na Várzea do Carmo) e vencido pelo escultor italiano radicado em São Paulo Ettore Ximenes (1855-1926). Brecheret não havia participado do concurso por estar estudando na Europa. Sobre o concurso ver Ferreira, 2001, pp. 273-4. Sobre os monumentos que são erigidos na cidade pelas comemorações do centenário, ver Sevcenko, 1992, pp. 98-102.

(Brito, 1974, pp. 104-34). Em uma de suas inúmeras crônicas sobre Brecheret, Menotti afirma que o escultor "é a grande vitória do 'futurismo' [...] a consagração do *grupo novo*" significando a "morte da velharia, do arcaísmo, do mau gosto" e mostrando "o triunfo da mocidade de Piratininga, que é a mais bela e a mais forte da nossa querida Pátria!" (Helios, "A vitória de um patrício", *CP*, 10 nov 1921, grifo meu)[28].

As realizações de Brecheret seriam comentadas também por Monteiro Lobato no jornal *O Estado de S. Paulo*[29], que dedicaria

---

28 Mario da Silva Brito diz que Menotti teria chegado a redigir como *ghost writer* o memorial do Monumento às Bandeiras de Brecheret, tamanha a sua empolgação e identificação com o artista (Brito, 1974, pp. 119-22). A respeito dos motivos da grande admiração que Menotti nutria por Brecheret, pode-se especular sobre a origem italiana comum a ambos os imigrantes. Note-se que outros "nomes" modernistas eram quase todos "brasileiros", sobretudo nas letras. O fato é que, ao longo da década, Menotti dedica muitas crônicas e artigos a Brecheret, valendo-se por inúmeras vezes de seu nome para valorizar a "arte nova". (Cf. Helios, "Brecheret", *CP*, 15 jan 1920, p. 4; Menotti del Picchia, "Brecheret", *CP*, 26 fev 1920, p. 1; "Monumento às Bandeiras", *CP*, 27 jul 1920, p. 1; "Arte Nova", *CP*, 29 jul 1920, p. 3; "Monumento dos Andradas", *CP*, 13 set 1920, p. 3; "Ainda Brecheret...", *CP*, 21 abr 1921, p. 3; Menotti del Picchia, "Palestra das Segundas: Um pouco de arte. Quirós e Di Cavalcanti. Uma virtuose-menina. A *Eva* de Brecheret e o crepúsculo dos zoilos. Anita Malfatti, a negada. Monteiro Lobato comete um crime, eu faço a penitência...", *CP*, 14 nov 1921, p. 3; "O Pintor J. Prado", *CP*, 11 abr 1923, p. 4; "Pela glória dos novos", *CP*, 12 jul 1923, p. 3; "Uma obra prima", *CP*, 10 nov 1923, p. 3; Menotti del Picchia, "Vitória de Brecheret", *CP*, 22 nov 1923, p. 3; "Brecheret", *CP*, 29 jul 1926, p. 7; 'Porteuse de parfum'", *CP*, 6 dez 1929, p. 5; "A fonte de Prado Jr.", *CP*, 7 dez 1926, p. 4; "Pela nossa cultura", *CP*, 8 dez 1926, p. 9; "Um 'suelto' e a municipalidade", *CP*, 17 dez 1926, p. 4; "Com a municipalidade", *CP*, 10 jan 1927, p. 6; "A voz do Brasil", *CP*, 13 mai 1929, p. 6.

29 Doravante *O Estado de S. Paulo* será citado como *OESP*.

algumas notas a esse "jovem talento". Ao receber críticas favoráveis também de Lobato, Brecheret uniu em torno de si os "dois lados da intelectualidade paulista"[30], tornando-se o "primeiro cartão de visitas" do "grupo futurista" (Fabris, 1994, p. 51)[31]. O sucesso de Brecheret no exterior – o artista ganhara o primeiro prêmio de escultura do "Salão dos Novos", realizado em 1921 em Paris – serviu de estímulo à campanha, que dali pode se expandir para a literatura e outras artes.

30 Chamo de "dois lados da intelectualidade paulista" os jovens ligados ao *CP*, que se dedicam a campanha futurista, e os intelectuais ligados a família Mesquita e ao *OESP*, como Lobato – questão explorada mais à frente neste capítulo. Telê Ancona Lopez também verifica esse "empenho multiplicado de reconhecer o valor de Brecheret", por parte de intelectuais variados, dos modernistas Oswald, Di Cavalcanti e Menotti, até artistas ou intelectuais pouco identificados com a nova estética, como Raul Polilo e o próprio Lobato (Lopez, 2004, p. 21).

31 Para Fabris, diferentemente dos modernistas, que ainda seriam ambíguos em suas escolhas, Lobato teria sido claro e coerente ao privilegiar as obras mais tradicionais do jovem escultor em seus elogios nas críticas de arte do *OESP* (Fabris 1994, p. 53). Não custa lembrar que o mesmo Lobato escrevera anos antes uma crítica à primeira exposição de Anita Malfatti em São Paulo na qual condenava a "estética forçada [da pintora] no sentido das extravagâncias de Picasso & Cia." (Lobato, "A propósito da exposição Malfatti", *OESP*, 20 dez 1917; republicada como "Paranóia ou mistificação? A propósito da exposição Malfatti" em Lobato, 1956, pp. 59-66) e que na historiografia do modernismo esse texto torna-se responsável pelo "afastamento" de Lobato dos modernistas. Menotti comenta a posição de Lobato frente à arte de Anita Malfatti em Menotti del Picchia, "Palestra das Segundas: Um pouco de arte. Quirós e Di Cavalcanti. Uma virtuose-menina. A *Eva* de Brecheret e o crepúsculo dos zoilos. Anita Malfatti, a negada. Monteiro Lobato comete um crime, eu faço a penitência...", *CP*, 14 nov 1921, p. 3 e Helios, "Uma palestra de arte", *CP*, 29 nov 1920, p. 4.

Annatereza Fabris afirma que não há dúvida de que o escultor representava "uma novidade no ambiente artístico brasileiro", mas ressalta que as obras que atraíram a atenção dos modernistas seriam justamente as que a crítica classifica hoje como "peças de mediação". Isso teria permitido àqueles jovens defenderem formas expressivas novas sem chocar demais o público local e, portanto, sem obrigá-los a qualquer rompimento drástico com os "mestres" do passado (Fabris, 1994, pp. 51-2) – procedimento que, no caso de Menotti, correspondia a uma atitude também marcante no campo literário.

Segundo Mario da Silva Brito, o "consumo da palavra futurismo" já era grande na São Paulo do início dos anos 1920. Seja contra ou a favor, o rótulo era aplicado a qualquer artista destoante do padrão acadêmico até então vigente, inundando os jornais com o termo (Brito, 1974, p. 161-2). Para Menotti, com efeito, não apenas Brecheret era um "futurista" (Helios, "Arte Nova", *CP*, 29 jun 1920, p. 3), mas também o pintor Di Cavalcanti – "milagre de talento que glorificava a arte brasileira" (Menotti del Picchia, "Palestra das Segundas. Um pouco de arte, Quirós e Di Cavalcanti...", *CP*, 14 nov 1921, p.3), ou ainda Guilherme de Almeida, Oswald e Mario – futuristas "não no sentido escolástico, dogmático", mas no "largo sentido reacionário, atual, ousado" (Helios, "O futurismo paulista", *CP*, 8 nov 1921, p. 5). Da mesma forma, também seriam assim caracterizados pela crítica da época Anita Malfatti (1896-1964), que voltava a expor na cidade em 1920; John Graz (1891-1980), pintor suíço recém-chegado do Rio de Janeiro; e ainda Vicente do Rêgo Monteiro (1899-1970) – três dos artistas que em fevereiro de 1922 estariam no Teatro Municipal exibindo seus trabalhos na Semana de Arte Moderna (Brito, 1974, p. 163). No final de 1920, na crônica "Futurismo", Menotti discorre sobre o conceito italiano apropriado pelos paulistas. Se o termo parecia "um nome pavoroso, que arrepia[va] a pele ao conservador pacífico", um "bolchevismo estético, agressivo e iconoclasta", visto de perto, "este apocalíptico grito de guerra contra a rotina, não [seria] tão feio como se pinta[va]". Para o cronista, o futurismo nada mais era que "uma corrente inovadora, bela e forte, atual e audaciosa, desfraldando uma bandeira que drapeja ao sopro de um ideal libertário em arte, tocado levemente desse respeito pelo passado que a princípio repelia". Menotti revelava na mesma crônica que chegara a sentir "ânsias" ao ouvir o nome de Marinetti, mas depois serenara. E assim, "sem admitir-lhe as loucuras, sem aplaudir-lhe as aberrações", soubera "admirar-lhe as belezas" (Helios, "Futurismo", *CP*, 6 dez 1920, p. 3).

Na avaliação de Fabris, o futurismo de Menotti seria "um futurismo muito particular [...] despido de seus intentos iconoclastas, reduzido a uma '*cousa séria, racionada, honesta*'" – palavras que a historiadora empresta do próprio poeta (Fabris, 1994, p. 53). Se Menotti realiza, como quer a autora, uma espécie de "domesticação" do movimento, retirando seus aspectos mais agressivos e reorganizando-o de acordo com seus intuitos, isso com certeza ajudou o cronista a se tornar uma ponte entre os jovens vanguardistas e o público-leitor de jornais. Pode-se dizer, como aponta Fabris, que o conceito de futurismo era ampliado por Menotti para acolher os "inovadores de todos os tempos", dando espaço também aos "mestres do passado" (Fabris, 1994, p. 73-4)[32]. Além de ter se tornado àquela altura um "nome nacional", Menotti passa a ser, nas palavras de Mario da Silva Brito, o "porta-voz público dos vaivens em que se encontra[va]m os

---

32 Ainda que a avaliação de Fabris sobre o "futurismo" de Menotti seja pertinente em vários pontos, terei oportunidade de mostrar na análise das suas crônicas que o escritor por vezes aponta também em direção oposta, sugerindo efetivamente o esquecimento desses "mestres", por exemplo um Gonçalves Dias(1823-1864) ou um Aleijadinho(1730-1814), num impulso

modernistas", fazendo com que o termo "futurista" fosse aceito para "marcar a diferença entre os novos e os conservadores" (Brito, 1974, p. 167), ainda que isso não significasse, como já foi dito, um efetivo esquecimento do passado. Reforçando essa tese, Fabris reconhece que a tomada de posição a favor do futurismo por parte de um dos membros mais influentes do grupo vanguardista de São Paulo foi fundamental para o movimento, dado que Menotti gozava então de um "prestígio que seus companheiros não tinham", podendo adequar o movimento italiano a um objetivo específico (Fabris, 1994, p. 74)[33]. De fato, do início de 1920 até a Semana de 1922, Menotti dedicaria inúmeros artigos e crônicas à discussão e defesa de uma nova estética, numa campanha intensa levada a cabo no *CP* e em outros diários e revistas nos quais também colaborava[34]. Além do cronista e dos dois Andrade, aderem à campanha os escritores Guilherme de Almeida(1890-1969), Sergio Milliet (1898-1966), Rubens Borba de Morais (1899-1986) e Cândido Mota Filho (1897-1960), fazendo da redação do *Correio* o ponto de encontro do novo grupo.

Isso posto, deve-se notar que a defesa de uma "arte nova" também pode ser vista, ao menos no caso de Menotti, por outro ângu-

---

absolutamente "futurista" de morte ao passado (Cf. Menotti del Picchia, "Matemos Peri", *JC*, 23 jan 1921, p. 3). Com isso quero dizer que o discurso do cronista é mais diverso do que sugere a autora, não permitindo um enquadramento inequívoco, mas apenas a identificação de tendências gerais. Assim, Fabris tem razão ao ressaltar a capacidade do escritor em incorporar o passado na propaganda do "novo", mas, em meio a seus textos, podem surgir idéias que desmentem o que parecia consolidado. No capitulo 3 há algumas hipóteses para entender essas "variações".

33 Fabris analisa o porquê da escolha do futurismo pelo grupo de vanguarda paulista em *O futurismo paulista* (Cf. Fabris, 1994, pp. 65-134).

34 A respeito dos textos de Menotti que se relacionam com o modernismo, publicados nos jornais neste período (1920-22), ver Barreirinhas, 1983.

lo: como luta por uma "arte paulista"[35]. Como se sabe, um ímpeto de "paulistanidade" aflorara em parcela da intelectualidade paulista às vésperas das comemorações do centenário da Independência, acompanhando o sentimento nacionalista predominante na elite política do período[36]. Mostra clara nesse sentido é o filme enviado por São Paulo às comemorações do Centenário da Independência – uma grande exposição, nos moldes das "exposições universais" e das feiras de arte e indústria – sediadas no Rio de Janeiro, em 1922. Encomendado, ao que tudo indica, pelo governo do Estado e produzido por Menotti e seu irmão José, sócios na empresa cinematográfica Independência Film (constituída com esse intuito), o filme seria exibido no pavilhão de São Paulo como propaganda do desenvolvimento material e cultural da capital e do interior paulistas. Por meio da "nova arte cinematográfica" confirmava-se o papel de vanguarda e protagonismo que caberia ao Estado[37].

---

35 Devo ao historiador André Mota esse "alerta".

36 A esse respeito, ver Saliba, 2004; Ferreira, 1991, entre outros.

37 Menotti comentaria esse episódio em suas memórias, ressaltando ter sido junto de seu irmão José, e da dupla Carrara e Rossi, um pioneiro na nova indústria. Para esse filme, sete "cinematografistas" filmaram cidades, grandes fazendas e indústrias por todo São Paulo (Picchia, 1977, pp. 100-1). Infelizmente não encontrei maiores informações a respeito das atividades da empresa. Apenas algumas de suas crônicas trataram de cinema, sobretudo reconhecendo nos Estados Unidos um país que soubera entender a importância dessa arte/arma para a educação de seu povo (Cf. Helios, "O cinema e o centenário", *CP*, 5 abr 1922, p. 4; "Fitas... ", *CP*, 26 jan 1922, p. 3; "As sombras que vivem... ", *CP*, 25 nov 1922, p. 7, onde afirma ser o cinema "o grande veículo de propaganda nacional" e discute a possibilidade de uma cinematografia nacional, "Tarde brasileira", *CP*, 25 jun 1925, p. 4; "Fauna truculenta", *CP*, 2 6 1926, p. 4; "Metropolis", *CP*, 19 dez 1928, p. 9; "Cinema falado", *CP*, 5 nov 1929, p. 8).

A iniciativa paulista não era sem precedentes. Desde o final do século 19, as elites do Estado vinham patrocinando instituições que visavam emparelhar a cidade à capital da República, colocando São Paulo no mapa cultural brasileiro, sendo exemplos disso o Museu Paulista (1893), o Instituto Histórico e Geográfico de São Paulo (1894) e a Pinacoteca do Estado (1905). Pretendendo constituir uma narrativa histórica da cidade e do Estado, essas instituições teriam um papel fundamental como suporte da chamada "identidade paulista". Segundo o historiador Elias Thomé Saliba, essa identidade era criada a partir da fusão de elementos do passado, do qual seriam selecionadas imagens idealizadas, a mais importante delas, a do bandeirante[38]. Ainda segundo o historiador, é justamente nesse momento que *bandeirante* passa a ser sinônimo de *paulista*. Saliba esclarece como tal identificação se articulava com as narrativas fundadoras da própria identidade brasileira, nas quais o paulista passava a figurar como protagonista, num papel de vanguarda e superioridade, fazendo com que São Paulo surgisse como "centro hegemônico da história brasileira" (Saliba, 2004, pp. 569-77)[39].

As crônicas de Menotti ganham relevo nesse contexto, na medida em que operam a junção entre o elogio da "tradição bandeirante" e o elogio do progresso e da modernização da cidade – representada agora pelo imigrante. O intelectual atua como uma

---

[38] Sobre a imagem do bandeirante como mito paulista, remeto ao trabalho *A epopéia bandeirante: letrados, instituições, invenção histórica, 1870-1940* (Ferreira, 2001), que faz uma interessante exposição das várias facetas dessa construção no mundo letrado e político paulista. Para um breve histórico do "bandeirante" como elemento aglutinador na história de São Paulo, ver Abud, 1999.

[39] A esse respeito, ver também De Luca, 1999.

espécie de mediador entre a estratégia de afirmação hegemônica da elite paulista e a incorporação de elementos novos na vida cultural da cidade. Assim, ainda que escrevendo no jornal mais tradicional da elite paulistana àquele momento, ao lado de intelectuais zelosos de uma "tradição paulista", o cronista começava a identificar no imigrante o elemento novo e decisivo que surgia na capital, defendendo, por meio do conceito de "novo bandeirante", a necessidade da sua incorporação[40].

A figura do bandeirante não era nova nas letras locais. No já citado artigo de Antonio Candido, a respeito das relações entre literatura e cidade de São Paulo, o crítico mostra que desde o século 18 se operava a construção de uma identidade literária regional baseada na idéia do "orgulho ancestral", de onde saíra "a primeira visão intelectual coerente" da empresa bandeirante. Segundo Candido, alguns escritores teriam se encarregado de acentuar "a lealdade, a magnanimidade, a nobreza dos aventureiros de Piratininga, traçando-lhes o perfil convencional que passou à posteridade", contrapondo-se assim ao juízo – em geral, pouco elogioso – que jesuítas e reinóis tinham sobre os paulistas naquele momento:

---

40   O historiador Antonio Ferreira nota como é apenas nos anos 1920 que se começa a processar a incorporação de estrangeiros no Instituto Histórico e Geográfico de São Paulo(IHGSP), a instituição do orgulho paulista por excelência. Segundo Ferreira, a entrada desses estrangeiros se resume aos bem-sucedidos economicamente, numa tentativa por parte do IHGSP de acompanhar, "com muita relutância, uma leitura que procurou assimilá-los à tradição paulista, na condição de novos mamelucos. Essa recente interpretação era realizada tanto pelos modernistas como por grupos políticos da situação, interessados em ampliar sua base de apoio" (Ferreira, 2001, pp. 105-6). Menotti parece ter sido um dos primeiros intelectuais a trabalhar para isso, cotidianamente em suas crônicas.

o "paulistanismo" aparece ideologicamente configurado, norteando a obra desses [...] escritores e nutrindo as suas relações, além de adquirir nelas as tonalidades características, que serviriam para *definir a consciência do paulista moderno, e que operariam como poderosa arma de sentimento de classe, de um lado, e de assimilação dos forasteiros, de outro*. (Candido, 2000, p. 146, grifo meu)

Ora, a construção da imagem do bravo paulista bandeirante gestada no século 18 caía como uma luva nesse início de século 20, momento em que a identidade da cidade, inundada por imigrações e transformações intensas, parecia se perder. Via-se aflorar, como que em resposta às transformações em curso, um forte sentimento de ancestralidade e pertencimento, que se valia da imagem do bandeirante na medida em que esta permitiria incorporar traços singulares e elementos distintos para lidar com o diferente.

O intelectual Menotti del Picchia é figura fundamental dessa construção, ele mesmo filho de imigrante totalmente incorporado aos ideais e anseios da elite paulista. Torna-se peça-chave na criação da imagem de um "novo paulista": o imigrante amalgamado com os da terra, que auxiliava a construir a riqueza da cidade com sua herança cultural européia e sua propensão ao trabalho. Ressaltando em seus textos que o país se tornava "um xadrez de nacionalidades, onde os elementos étnicos se fundem, amalgamam, entrelaçam", o cronista apontava o surgimento do "verdadeiro brasileiro": um "tipo humano novo, temperado pelo clima e pela nossa ambiência física", fazendo questão de frisar que o cosmopolitismo paulista "se fixava definitivamente" a partir da nacionalização do estrangeiro. E condenava o caboclo da terra a tornar-se uma "ficção literária", concluindo que "o caboclo de hoje é uma colcha de retalhos de nacionalidades". Esse é motivo para que houvesse "caiçaras, morfológica e psiquicamente caiçaras, oriundos de alemães, de italianos, de espanhóis e até de turcos!" (Helios, "A nossa raça...", *CP*, 12 mar 1920, p. 3). Sendo assim, havia

> caboclos-italianos que, quer pela tez, quer pela fala, podem ser tomados pelos curiosos como expoentes mais expressivos do nosso tipo racial. O clima, os hábitos, a configuração geológica da região, os métodos de trabalho e de luta é que plasmam o tipo humano. O interesse à terra e o amor ao berço enquistam-no ao solo e dão-lhe a idéia de pátria. Essa mescla heteróclita e tumultuária é, pois, o que devemos chamar atualmente nossa raça. [...] Nem por isso o Brasil deixará de ser cada vez mais brasileiro; talvez nunca o fosse tanto como agora que começa a criar sua independência industrial e econômica ("A nossa raça...")[41].

Com seu "paulistanismo internacionalista" Menotti inovava, valendo-se de uma imagem cara ao paulista tradicionalista, a do bandeirante – que, como se viu, historicamente já dera margem a assimilações variadas – para trazer o imigrante para o centro da cena, justificando assim suas posições, suas escolhas e até mesmo o seu papel nessa cidade que se queria moderna.

Vanguardas e elites em busca de um caráter nacional

Como compreender que nos anos iniciais de preparação e lançamento da campanha modernista o movimento encontrasse abrigo justamente no *CP*, órgão oficial do Partido Republicano Paulista (PRP), tido como o segmento menos "ilustrado" da oligarquia cafeeira, ou mesmo como o mais conservador? Como a

---

[41] Um exemplo entre muitos nas crônicas e artigos de Menotti, onde o intelectual trata da incorporação do estrangeiro à sociedade brasileira.

questão tem destaque na bibliografia, cumpre aqui definir brevemente os seus termos[42].

Boa parte da crítica sobre o modernismo artístico e literário se detém sobre o aparente paradoxo de uma elite ligada sobretudo à cultura agrária apoiar a vanguarda de seu tempo, cuja estética seria tributária muito mais da sociedade industrial. A pergunta que se faz é: por que os jovens futuristas teriam encontrado espaço justamente no *CP*? Na tentativa de explicar essa ligação são apontados argumentos distintos. Neste trabalho, o interesse por essa questão tem a dimensão de seu objeto, limitando-se à figura de Menotti e a suas crônicas, sem se deter na discussão desse tópico no interior do movimento modernista como um todo. Busco obter mais elementos para a compreensão do papel do cronista na São Paulo dos anos 1920, na medida em que suas posições sobre a cidade e seus habitantes parecem atravessadas por suas variadas relações com as elites paulistas.

A crítica Maria Zilda Cury afirma que o que pareceria à primeira vista uma postura paradoxal, "um jornal conservador politicamente abrindo as portas ao grupo renovador", foi em verdade a marca característica do modernismo brasileiro: a aliança entre tradição e modernidade, possibilitando inclusive a "eclosão de uma geração através da permissividade literária do jornal" (Cury, 1998, pp. 17-8)[43]. Com

---

42 Ainda que haja uma vertente da bibliografia que tenda a chamar de "elite ilustrada" (Casalecchi, 1997, p. 245) ou "burguesia ilustrada" (Prado, 1982) os segmentos da elite ligados ao jornal *OESP* e ao Partido Democrático (PD), reforço aqui o interesse em perceber que a "vanguarda paulista" encontra abrigo no jornal *CP*, ligado ao PRP, e, portanto, no grupo geralmente classificado como mais conservador – e, por oposição, menos ilustrado.

43 Cury se refere nesse texto ao *Diário de Minas*, jornal de Belo Horizonte "correspondente" ao *CP*: porta-voz do Partido Republicano Mineiro e da oligarquia local, e abrigo das manifestações do grupo modernista do qual faz parte Carlos Drummond de Andrade nos anos 1920. A esse respeito, ver também Andrade, 2004.

efeito, se no *Correio* Menotti constrói a imagem de um "novo bandeirante", é também ali – em meio a anúncios de sabonetes para senhoras, meias para cavalheiros, a última novidade cinematográfica e a cotação do café no mercado internacional – que surgiria o tema da renovação artística e se divulgariam as propostas estéticas da nova geração.

Coube ao *CP* publicar durante os anos iniciais da década de 1920 artigos de Oswald de Andrade, Mario de Andrade, Candido Motta Filho (1897-1960), Ribeiro Couto (1898-1963), Cassiano Ricardo (1895-1974), Plínio Salgado (1895-1975), entre outros. Através principalmente da "Crônica Social" de Menotti e da página dominical "A Semana Literária", fica-se sabendo por onde iam as novidades artísticas da cidade. Ali seriam vivamente recomendadas ao público as exposições de Anita Malfatti, Tarsila do Amaral (1886-1973), Victor Brecheret, Lasar Segall (1891-1957), Di Cavalcanti, entre outras, e saudadas com entusiasmo audições de Villa-Lobos (1887-1959), Antonieta Rudge (1885-1974), Souza Lima (1898-1982) e de outros músicos da nova geração. Acompanhando essas páginas ao longo da década de 1920, nota-se que o jornal circunscreveu a cena moderna da cidade, fazendo uma campanha sistemática a favor dos artistas que seriam conhecidos depois desse período como "os modernistas". Foi também no *CP* que circularam, enviadas do Rio de Janeiro, as primeiras críticas do jovem Sergio Buarque de Holanda (1902-1982) – então com apenas dezoito anos –, afinadas com a nova estética que se anunciava (Prado apud Holanda, 1996, p. 21)[44].

Nessa inequívoca "campanha pró-modernista", Menotti tem papel destacado, como se depreende de depoimentos de contemporâ-

---

44 Isso não quer dizer que o jornal não tenha dado espaço a artistas estabelecidos e "tradicionais". Esses sempre tiveram lugar garantido e obras resenhadas e criticadas, inclusive pelo próprio Menotti.

neos[45]. O próprio escritor diria, anos mais tarde, ter sido o *CP* "o único jornal paulista que acolheu sem reservas o pensamento daqueles rapazes que tinham tanto de estabanados como de talentosos, embora a ele não aderisse" (Picchia apud Barreirinhas, 1980, p. 15). Em outra oportunidade, afirmava ter sido "o *Correio* o único reduto jornalístico com que contaram os heróis da Semana de Arte Moderna, os quais tiveram contra si todo resto da imprensa nacionalista" (Picchia, 1972, p. 63)[46].

De sua coluna, Menotti cuidou de divulgar os novos nomes, dedicando crônicas a jovens artistas nacionais e estrangeiros, repisando os pontos básicos do programa modernista. Dali deflagrou polêmicas literárias e artísticas, comentou lançamentos da prosa e da

---

45 Nas memórias dos contemporâneos é sempre ressaltado o seu papel como deflagrador da campanha modernista no *CP* e como responsável pelo jornal ter dado espaço aos jovens. A esse respeito, ver Andrade, 1974; Ricardo, 1970; Prado, 1976. Também em depoimentos de contemporâneos para estudiosos do modernismo, como Rubens Borba de Moraes à Aracy Amaral (apud Amaral, 2003, pp. 84-5), entre outros.

46 Refere-se provavelmente à imprensa ligada à família Mesquita, que pouco espaço deu à campanha futurista. O livro *22 por 22. A Semana de Arte Moderna vista por seus contemporâneos* traz todos os artigos veiculados na imprensa sobre a Semana durante o ano de 1922, de onde se sabe que foi noticiada, além do *CP*, na *Gazeta* e no *JC*, bem como em notas no *Il Picollo, Fanfulla, La Rivista Coloniale, Messager de São Paulo* e *Deutsche Zeitung*. O jornal *OESP* dá duas notas pequenas e críticas, desprezando o acontecimento. Oswald deflagra a campanha a partir de seu posto no *JC*, enquanto Menotti faz eco em sua coluna no *CP* – tendo sido sem dúvida os dois intelectuais mais atuantes nesse momento, trabalhando sistematicamente para divulgar os movimentos estrangeiros de renovação artística. Mario publica mais esporadicamente em alguns jornais, sobretudo em *A Gazeta* (Cf. Boaventura, 2000).

poesia, criticou as peças de teatro, óperas e concertos com que eram brindados os habitantes da Paulicéia, divulgou e defendeu a arte cinematográfica, além de contar, como se verá adiante, "causos" e anedotas sobre os tipos que povoam a cidade. Daquele canto de página, pôs-se a filosofar sobre o mundo, a comentar a política cotidiana e a elogiar as ações políticas de perrepistas, defendendo, sempre com empenho, o partido do governo.

Também foi esse o jornal que deu destaque ao evento que oficializou a campanha futurista na cidade, significativamente, uma homenagem a Menotti, considerado pela crítica como o "momento deflagrador da campanha modernista" (Barreirinhas, 1983, p. 20). Em janeiro de 1921, durante um banquete no aristocrático endereço do Trianon[47], como parte das comemorações do lançamento da edição de luxo do livro de poesias de Menotti *As Máscaras*[48] – evento que contaria com a presença de toda a intelectualidade paulista, além do meio político local –, Oswald de Andrade faz um discurso que foi tomado como uma espécie de manifesto inicial do grupo modernista (Andrade, "Na maré das reformas", *CP*, 10 jan 1921, p. 3). Nele, o jovem Oswald colocava-se frente aos mais velhos dizendo a que vinha a nova geração: após elogiar o homenageado, afirma que a renovação das artes nacionais era o desafio a ser enfrentado

---

47   Conjunto situado na Avenida Paulista, formado por um belvedere e um edifício de dois andares, reunindo bar, restaurante, salão de chá e de baile. Segundo Telê Ancona Lopez, o endereço acolhia então banquetes chiques e distintivos, como o da homenagem a Menotti (Lopez, 2004, p. 101).

48   Na ocasião, foi oferecida ao escritor uma máscara feita por Brecheret. Dias antes Menotti recebera o exemplar número 1 do livro ilustrado por Paim (1895-1988), em um encontro literário no salão da Villa Kyrial, o palacete do Senador Freitas Valle (Cf. "Na Villa Kyrial: uma festa de arte em homenagem aos autores de *As Máscaras*", *CP*, 3 jan 1921, p. 1).

pelos jovens artistas ali presentes[49]. A esse discurso, seguiram-se os de personalidade da época(Lellis Vieira, Jacintho Silva, Bruno Puteri e Cyro Costa) –, publicados junto ao agradecimento do homenageado (Helios, "O almoço de ontem no Trianon", *CP*, 10 jan 1921, p. 3). Pode-se aferir pelo evento a dimensão do prestígio de Menotti no meio político e intelectual da época. Alguns meses após esse banquete, Oswald de Andrade publica em sua coluna no *JC* versos de Mario de Andrade, parte do livro *Paulicéia desvairada* de 1922. Na crônica, Oswald inflava os ânimos do meio letrado paulista, elevando a figura de Mario à liderança intelectual do movimento (Andrade, "O meu poeta futurista", *JC*, 27 mai 1921, apud Brito, 1974, pp. 228-9).

Aparentemente desconectados, esses episódios interessam por matizar aos olhos do leitor de hoje o papel desempenhado na época por cada um dos jovens escritores da primeira geração modernista. Mario de Andrade, por exemplo, tido indiscutivelmente como a principal figura do movimento, era então professor de música no Conservatório Dramático e Musical de São Paulo e vê os pais de suas alunas retirarem as filhas de suas aulas após o artigo do amigo. Para remediar a situação, publicaria um artigo-resposta em que tentava nuançar as palavras de Oswald afirmando não ser "futurista", antes "católico", "amar os clássicos e não se prender a nenhuma escola". Por essas razões, inclusive, repudiava "o futurismo funambulesco das Europas, como repudia[va] o futurismo vago do Brasil" (Andrade, "Futurista?!", *JC*, 27 jun 1921, apud Brito, 1974, pp. 252-33).

Assim, para colocar em perspectiva não apenas a posição de cada um modernistas no campo cultural da época, mas os diferentes laços

---

49   Nas palavras de Oswald, Menotti seria "sem contestação, uma das figuras mais representativas da atual mentalidade paulista", escritor "incansável e multifário, perfeito no verso, impecável na prosa, cintilante na crônica ligeira, temível na sátira" (Andrade apud Brito, 1974, pp. 180-3).

que os ligavam às elites intelectuais e políticas do período, é necessário investigar a situação e a produção concreta de cada um desses autores e o que os diferenciava no interior desse conjunto. Uma investigação que, nos capítulos seguintes, se concentrou nas crônicas de Menotti del Picchia. Antes disso, porém, cabe retomar algumas hipóteses gerais sobre o tema levantadas pela bibliografia recente.

Ao tratar do apoio de segmentos da elite ao movimento de 1922, o crítico João Luiz Lafetá afirmava, no início dos anos 1980, que a fração da burguesia rural "educada na Europa, culturalmente refinada, adepta aos padrões e estilos da vida moderna" aceitaria e assumiria a arte moderna contra a estética passadista. Segundo Lafetá, com seu caráter "localista" ao lado de seu "cosmopolitismo", o modernismo teria conseguido unir o culto da modernidade internacional à prática da tradição brasileira, justificando a essa burguesia sua "origem senhorial de proprietária de terras [...], numa tradição característica, marcante e distintiva – um verdadeiro caráter nacional que ela representava em seu máximo refinamento" (Lafetá, 2000, pp. 19-25). O crítico sublinha a ligação fundamental entre a vanguarda artística e parte da elite cafeeira para analisar, através da crítica contemporânea à renovação modernista, a passagem do que denominou "projeto estético" dos anos 1920 para o "projeto ideológico" a partir de 1930. A convergência de ambos os projetos no primeiro momento modernista estaria contida na "fórmula" sintetizada por Antonio Candido em "desrecalque localista e assimilação da vanguarda européia" (Cf. Lafetá, 2000, pp. 7-38)[50].

---

50 Claro está que esses não seriam momentos estanques, mas se combinariam, ora tendendo a um ponto, ora ao outro. O "projeto estético" estaria diretamente ligado às modificações operadas na linguagem, enquanto o "projeto ideológico" seria preso ao pensamento, ou a visão de mundo de sua época. No entanto, o crítico alerta para o fato do projeto estético conter em si os germes do projeto ideológico.

Em um trabalho que pretendia rever pontos da "história oficial" do movimento, escrito nos anos 1990, o crítico Tadeu Chiarelli explica a ligação da "burguesia rural paulistana à arte de vanguarda", representada pela Semana de 1922, por circunstâncias bem concretas: o patrocínio de eventos culturais, modernistas ou não, como prática corrente da burguesia paulista desde sempre; e, aliado a isso, o fato da Semana contar com nomes consagrados das artes nacionais, como Graça Aranha (1868-1931) e Guiomar Novaes (1895-1979), não configurando, pois, nada de subversivo ou arriscado a essa classe (Chiarelli, 1995, pp. 45-6). Assim, se Lafetá via uma elite que se juntava aos novos porque estes lhes garantiam certa sofisticação e cosmopolitismo, a Chiarelli isso aparecia como uma prática antiga, em nada diferente dos patrocínios anteriores[51].

Perseguindo a ligação entre modernidade e cidade na América Latina – vínculo que interessa de perto para a análise das crônicas de Menotti –, o arquiteto argentino Adrián Gorelik afirma que as vanguardas latino-americanas em geral "desmentiram", em nome da necessidade de se construir uma cultura, uma sociedade e uma eco-

---

51 Sobre essa questão se detiveram ainda Amaral, 2003, p. 86; Boaventura, 2000, p. 21; Sodré, 1999, p. 362, esboçando explicações e análises sobre a ligação entre elites e vanguardas modernistas, para desenvolverem suas argumentações. A historiadora Márcia Camargos, estudando justamente um representante importante dessa "elite ilustrada e cosmopolita", patrocinadora de eventos – o já citado Senador Freitas Valle, membro do PRP e "diretor" do Pensionato Artístico (espécie de bolsa de estudos no exterior oferecida pelo Estado aos jovens artistas) –, insiste que a elite paulistana, "na ausência de órgãos oficiais atuantes no setor", desde o século 19 assumira a tarefa de incrementar eventos artísticos e culturais, e que seu auxílio no patrocínio da Semana tinha por objetivo "trazer o foco dos debates para São Paulo, num momento [...] de disputa com o Rio de Janeiro pela hegemonia cultural no país" (Camargos, 2001, pp. 184-5).

nomia *nacionais*, dois dos postulados clássicos das vanguardas européias: o "combate à tradição" e o "internacionalismo". Nesse sentido, as vanguardas latinas teriam interesses próximos às suas elites (Gorelik, 1999, p. 64)[52]. O arquiteto de certa forma inverte a argumentação precedente, localizando *nas* vanguardas interesses comuns às elites, aproximando-se todavia do raciocínio de Lafetá, para quem elite e vanguarda paulistas se uniram na busca de um caráter nacional.

Se notarmos ainda, como esclarece o ensaísta Vinícius Dantas, que a formação do modernismo em São Paulo se deu "no círculo de uma cultura provinciana, na órbita oficialista de redações dos principais diários, gabinetes políticos, alguns raros salões e grupamentos de novos artistas, boêmios e intelectuais" (Dantas, 2000, pp.9-10) – ou seja, no precedente de um sistema construído pela literatura anterior à do modernismo, conforme a explicação de Antonio Candido exposta anteriormente –, percebe-se como a nova estética, mesmo que de vanguarda, nasce de fato imbricada numa sociedade provinciana, ainda que com anseios cosmopolitas – e que seus expoentes não poderiam fugir a essa condição.

Essas avaliações ajudam a clarificar a produção do escritor Menotti del Picchia nestes anos na medida em que a inserem em um contexto

---

[52] Gorelik afirma que "as vanguardas se impõem na América Latina porque se fazem capazes de disputar a autoridade para representar o passado, mais do que eficazes para adequar-se às transformações técnicas" – e por isso, talvez, a construção de uma língua nacional tenha sido uma luta comum a essas vanguardas. Ora, se não havia um passado para se aproveitar, mas um vazio a se preencher, isso explicava o salto sem mediações aos mitos de origem, para se inventar um passado para uma "comunidade nacional" (Gorelik, 1999, p. 67). Nesse sentido, vanguarda e elites se "unem" num esforço comum, mesmo que com instrumentos diferentes. E essa ligação também justificaria o mito de países do futuro, que perpassaria o imaginário das nações latino-americanas.

de transformação sem rupturas, mostrando as ambivalências presentes em Menotti como parte de um movimento mais geral. Ressaltando que "em termos estéticos, o modernismo foi muito além dos limites do evento ocorrido em 1922", o historiador Elias Thomé Saliba interveio neste debate notando que "a opção pela renovação estética conectada às vanguardas européias [foi] uma estratégia paulista na busca de uma hegemonia nacional". Assim sendo,

> tal resposta estética não poderia, obviamente, ser elaborada através da linguagem artística do naturalismo, do simbolismo ou das afetações estilísticas parnasianas – exatamente porque apenas reforçaria a tradição estética fixada e controlada em escala nacional, pela preeminência do Rio de Janeiro. (Saliba, 2004, p. 575)

Daí o apelo às vanguardas européias como fonte de renovação. O historiador, tomando o modernismo "como [um] movimento cultural [que] nasceu na esteira daquela busca de hegemonia pelas elites paulistas", vê a Semana de Arte Moderna como parte das "celebrações hegemônicas que o poder paulista incentivava desde a derrota política de 1910" (Saliba, 2004, p. 575)[53]. É importante destacar no raciocínio de Saliba a ressalva de não se limitar as opções estéticas do modernismo e o resultado artístico das mesmas ao projeto de hegemonia nacional das elites paulistanas, dado que um termo não se traduziria diretamente no outro, ainda que houvesse ligação entre ambos. Ainda assim, o traço paradoxal que caracte-

---

53 Saliba refere-se à derrota de Ruy Barbosa, candidato dos "paulistas", para o marechal Hermes da Fonseca, candidato da oligarquia mineira, apoiado pelos gaúchos e pelos militares, na eleição presidencial de 1910. Barbosa teria procurado atrair o voto das classes médias urbanas, dando à campanha um tom de reação à intervenção do exército na política (Cf. Fausto, 2000, p. 271).

rizaria o modernismo paulista é resumido pelo historiador da seguinte forma: "identificado com as vanguardas artísticas européias, [o modernismo] foi, em muitos aspectos, jungido aos rumos mais conservadores do paulistinismo nacionalista das elites bandeirantes" (Saliba, 2004, p. 575). Esse traço permite avaliar melhor o papel de Menotti no que diz respeito à incorporação dos anseios de parte das elites paulistas e sua tradução nos textos do cronista. Volta-se aqui, com efeito, à argumentação de Antonio Candido, segundo a qual o mito bandeirista – que também para Saliba permitiria "justificar, de forma flexível ou plástica, a fusão com as populações nativas ou, com aquilo que sobrou delas depois do perverso processo de metropolização" (Saliba, 2004, p. 575) – teria sido incorporado pelos intelectuais interessados na construção de uma nova sociedade, agora, entretanto, a partir do advento da imigração.

A partir desses olhares, esse momento fundamental na renovação do panorama artístico e cultural e de afirmação da nacionalidade surge como um período pleno de ambivalências e tensionamentos, que se fazem visíveis também nas imagens da cidade. Como esclarece a socióloga Luciana Andrade, "a constatação dessas ambivalências acrescenta um complicador à imagem mais monolítica e oposicionista do modernismo, que se baseia principalmente nas idéias de ruptura com a tradição e o passado e de defesa dos valores da modernidade" (Andrade, 2004, p. 18). A trajetória de Menotti e também sua obra podem sintetizar e exibir os lados e versões conflitantes desse momento, escapando-se da idéia de antagonismos e rupturas. Se o "moderno" e o "modernismo" se valeram do "novo" e de uma "forma nova" para falar do Brasil, nota-se também que se apoiaram e se nutriram de idéias e questões caras ao século 19, justamente contra o qual lutavam[54]. Para compreender o papel de Menotti na afirmação

---

54   Agradeço à antropóloga Fernanda Arêas Peixoto o esclarecimento desse ponto.

da cidade moderna, partindo de sua atuação na imprensa – também contribuiu para a divulgação e cristalização da imagem de uma elite que então oscilava entre as formas de sociabilidade essencialmente urbanas e o apego a uma suposta tradição aristocrática –, vale retomar a inserção do escritor nos meios políticos e a relação destes com a imprensa paulista daqueles anos.

Republicanos e democráticos nas rodas dos jornais
Partidos, oligarquia e grande imprensa

O contato mais próximo de Menotti del Picchia com os dirigentes do PRP se deu a propósito de uma série de artigos escritos a convite de Washington Luís (1869-1957), para expor o projeto de educação do governo paulista, publicados no *CP* na forma de editoriais em 1920. Com a repercussão dos textos, Menotti foi alçado a uma posição de destaque no meio político local. Indicado pelo presidente do Estado para o cargo de redator político do jornal, tornou-se o responsável pelos boletins oficias do PRP – espécie de editoriais publicados diariamente (Picchia, 1972, pp. 77-83; Barreirinhas, 1983). Em suas memórias, Menotti descreveria seu cotidiano durante a década de 1920: pela manhã, leitura de todos os jornais importantes, quando anotava os tópicos sobre os atos do governo e as manobras políticas em curso; em seguida, ida aos Campos Elíseos, a residência oficial do presidente do Estado, onde lia suas anotações para Washington Luís – posteriormente, faria o mesmo para Carlos de Campos (?-1928) e Julio Prestes (1882-1946), próximos presidentes do Estado –, para saber qual o assunto e o tom correto da nota oficial do governo àquele dia. Redigindo-a, à tarde retornaria para lê-la ao presidente, antes de mandá-la para a composição (Picchia, 1977, pp. 85-7). No final da década, o escritor chegou a ser eleito deputado estadual por São Paulo por duas legislaturas, confirmando sua ligação estreita com o partido da situação[55].

Se, como afirma Sergio Miceli, é

> necessário admitir que a maioria dos escritores modernistas, em quase todas as etapas de sua carreira intelectual, esteve diretamente envolvida em atividades políticas relevantes, de profundo impacto sobre suas vidas e de funda repercussão sobre os grupos concorrentes nos confrontos culturais e políticos do tempo (Miceli, 2004, p. 173),

isso é particularmente verdadeiro no caso de Menotti, permitindo inserir suas escolhas em um movimento geral de incorporação de intelectuais pelo sistema político-partidário em curso naqueles anos. Desde que assumira a chefia de redação do diário, o escritor passava a publicar também artigos na primeira página do jornal – onde já escreviam Affonso d'Escragnolly Taunay (1876-1958), Oliveira Vianna (1883-1957), Alfredo Ellis Júnior (1896-1974), João do Norte (pseudônimo de Gustavo Barroso, 1888-1959), Fernando de Azevedo (1894-1974), entre outros. Por esse conjunto de nomes pode-se notar que, à exceção de Menotti, o *CP* não publicaria em sua primeira página os "jovens modernistas", mas sim os nomes ligados às instituições tradicionais da intelectualidade paulistana e nacional.

Nos artigos escritos por Menotti para esse espaço percebe-se a voz do perrepista, comentando o sucesso do estado de São Paulo em todas as frentes, mas também a voz do intelectual em busca de uma arte nacional[56]. Como articulista, assinaria ainda artigos sem periodi-

---

55 É eleito em 12 de julho de 1926 e depois em 28 de fevereiro de 1928 (Picchia, 1977, p. 203).

56 Nesses textos, Menotti muitas vezes criava uma espécie de "série" sob um único título, explorando aspectos diversos da mesma questão, como por exemplo em "Os operários da beleza" (5 artigos em 1919); "Palestra das

cidade fixa, ora complementando os argumentos expostos na "Coluna Social", em comentários de atualidade ou da vida cultural local, ora polemizando com um ou outro jornalista. Nessa atividade intensa na imprensa diária e periódica, o jornalista se tornaria o que se chama de um "formador de opinião". Todavia, é nas crônicas que se pode observar melhor essa faceta: em sua atividade cotidiana como cronista, vê-se a construção incessante de uma imagem particular da cidade de São Paulo, baseada na defesa de valores caros aos grupos dos quais faz parte, seja a elite ligada ao PRP, seja o grupo modernista.

Deixando a cidade surgir nos mais variados temas, as crônicas de Menotti acabam por compor um panorama extremamente rico das transformações em curso àqueles anos. O escritor – que ganhava prestígio no meio artístico-intelectual pela defesa das propostas modernistas – tornava-se conhecido também de um público avesso à maior parte dessas propostas[57]. Defendendo os ideais de uma elite que se via cada vez mais ameaçada – por dissidências internas, pelo avanço da chamada "questão social" graças ao crescimento da classe operária e pelas vozes descontentes que começavam a se fazer ouvir a partir de uma camada média em crescimento constante –, Menotti consegue durante uma década de atividade como cronista diário mediar mundos distintos que pareciam colidir, como de fato colidiriam na década seguinte, sobretudo no que diz respeito à he-

---

Segundas" (7 artigos em 1921); "Cousas Brasileiras" (3 artigos em 1923), "De São Paulo à Botucatu" (5 artigos em 1927-28), ou comentava e debatia os artigos dos colegas.

57 Atestando o sucesso das crônicas Menotti no *CP*, o escritor lança dois livros reunindo algumas delas, ainda no início da década de 1920: *O pão de Moloch: crônicas e fantasias* (Tipographia Piratininga, 1921) e *Nariz de Cleópatra: fantasias e crônicas,* editado por Monteiro Lobato em 1923. Além disso, na "Página Feminina" (seção dominical dedicada à leitora do jornal) há por vezes crônicas suas, donde se nota o alcance de seus textos.

gemonia política perrepista. Para entender essa mediação, é preciso também dimensionar a força política do PRP àqueles anos.

A cisão da oligarquia cafeeira nos anos 1920

Logo após a proclamação da República, a elite paulista deixaria de lado suas diferenças para se unir em torno de um partido único, o Partido Republicano Paulista (PRP). Ao lado do Partido Republicano Mineiro (PRM), o PRP dominou a cena política durante toda a República Velha (Fausto, 2000, pp. 243-328). O historiador José Ênio Casalecchi explica em seu estudo sobre a história desse partido paulista que tal poder decorreu do fato da oligarquia "empenha[r]-se no domínio do poder federal, sem descuidar de açambarcar a política do Estado". Ou seja, através de uma forte organização partidária apoiada nos chefes locais, conhecidos como "coronéis"; com um "eleitorado restrito e submisso"; e recorrendo-se freqüentemente às fraudes eleitorais, esse grupo montou "um edifício civil e formalmente democrático, que mal escondia a argamassa autoritária" e estabeleceu "um regime que ao ser republicano era oligárquico e uma sociedade liberal e ao mesmo tempo discricionária". Segundo o historiador, a explicação para o sucesso dessa estrutura pode ser encontrada "no acentuado despreparo do povo, na sua conseqüente marginalização como sujeito político [e] na persistência do autoritarismo delegando às elites e ao Estado a capacidade de modelar o social" (Casalecchi, 1987, p. 183-4)[58].

---

58 Em *Formação Econômica do Brasil*, o economista Celso Furtado já alertava para a especificidade da dominação da oligarquia cafeeira, apoiada num projeto implícito sustentado pelo PRP. A nova classe dirigente teria se formado "numa luta que se estende[u] numa frente ampla: aquisição de terras, recrutamento de mão-de-obra, organização e direção da produção, transporte

Essa oligarquia, que se via projetada na construção de um futuro de progresso permanente sem ter enfrentado grandes temores até aquele momento, começa a conviver durante a década de 1920 com oposições e com divergências cada vez mais freqüentes também dentro de seu próprio grupo. Para Casalecchi, enquanto a burguesia "pôde conviver com a crescente diferenciação da vida social, que impunha demandas de participação e reivindicações específicas", a política oligárquica não enfrentou grandes problemas. Entretanto, a partir do desenvolvimento material e das crescentes pressões dessa sociedade, a burguesia cafeeira teria se visto em uma crise imposta "por uma sociedade que ela mesma contribuíra para desenvolver" (Casalecchi, 1987, p. 13). Assim, a década de 1920 – não por acaso, a última da República Velha – se configuraria como um momento delicado para as elites ligadas ao PRP[59].

---

    interno, comercialização nos portos, contatos oficiais, interferência na política financeira e econômica. Essa tendência à subordinação do instrumento político aos interesses de um grupo econômico alcançará sua plenitude com a conquista da autonomia estadual, ao proclamar-se a República". Mas para Furtado, não seria o controle do governo e a particularidade dessa oligarquia, e "sim que hajam utilizado esse controle para alcançar objetivos perfeitamente definidos de uma política. É por essa consciência clara de seus próprios interesses que eles se diferenciam de outros grupos dominantes anteriores ou contemporâneos" (Furtado, 1959, p. 139-40).

59 Vale lembrar que se o principal ciclo de greves foi durante o período 1917-20, na década de 1920 as elites perrepistas ainda enfrentariam a fundação do Partido Comunista Brasileiro em 1922 e, no mesmo ano, a Revolta do Forte de Copacabana na capital da República – levante que desembocaria na Revolução de 1924 em São Paulo, quando a cidade é sitiada pelos militares revoltosos, ficando sem governo oficial de 5 a 27 de julho. Depois dessa data, os líderes revoltosos fogem para o interior do país, fundando a Coluna Prestes (Fausto, 2000, pp. 291-313).

A complexidade desse quadro, tanto do ponto de vista econômico quanto do político, é sugerida pelo historiador Renato Perissinoto ao investigar a elite paulista e analisar suas frações de classe autônomas: a lavoura, o grande capital agroexportador, a burguesia industrial e o capital estrangeiro. O historiador identifica o segundo grupo diretamente com a direção do PRP e esclarece nos seguintes termos os principais motivos das crescentes críticas à política governamental na década de 1920, marcado por lutas, oposições e crises no interior do próprio partido:

> Essa década iniciou-se com a crise da lavoura e com a violenta subida do custo de vida. A lavoura criticava as medidas de Washington Luís, cujo governo, em São Paulo, era visto como o responsável pelo aprofundamento do abismo já existente entre a política oficial e a cafeicultura. Os políticos do PRP eram acusados de se desvincularem dos interesses dos produtores e apoiarem a política do governo, quase sempre prejudicial aos cafeicultores. (Perissinoto, 1994, p. 109)[60]

---

60 Perissinoto mostra que na década de 1920 o PRP não pode ser identificado como partido "dos fazendeiros", sendo antes um partido que se liga cada vez mais aos interesses agro-exportadores de parte dos cafeicultores: "a lavoura estava longe de encarar o PRP como seu partido ideal. Desde a política econômica de Campos Salles [1898-1906], passando pelos esquemas valorizadores e chegando à defesa permanente, em que a lavoura reclamava da sua sub-representação no Instituto do Café, os membros dessa classe vinham exercendo oposição à Comissão Executiva do Partido, criticando as suas decisões políticas, principalmente aquelas concernentes à cafeicultura. Essa sistemática oposição constitui-se em prova de que o PRP não era controlado pelos fazendeiros" (Perissinoto, 1994, p. 109). O historiador nota ainda que, sobretudo a partir dessa década, o partido tende a se "autonomizar" numa espécie de classe burocrática com interesses próprios (Perissinoto, 1999). Sobre as frações de classe que dominam o poder na

Se as críticas se davam no interior do próprio PRP, os setores descontentes se manifestariam na imprensa principalmente através do jornal *OESP*. A insatisfação cada vez maior com os caminhos tomados pelo grupo que dominava o partido e o receio do avanço das classes trabalhadoras acabariam por rachar a oligarquia cafeeira, culminando na fundação do Partido Democrático (PD) em 1926. A historiadora Maria Lígia Coelho Prado explica em trabalho sobre a formação do PD que a agremiação teria sido "um projeto específico para fazer frente ao movimento social que avançava 'perigosamente'", sendo o primeiro partido político "a propor um projeto alternativo de dominação social"[61]. No entanto, não se pode esquecer que os membros do novo partido eram figuras próximas ao PRP, quase todos ex-expoentes deste partido, unidos por vínculos de parentesco e com interesses econômicos entrelaçados (Prado, 1986,

---

República Velha ver também Borges, 1979, que faz uma relação entre o comportamento da imprensa (*CP*, *OESP* e *DN*) e as elites.

61 O Partido se formou da junção de três grupos distintos: políticos ligado à Academia de Direito, como Francisco Morato e Waldemar Ferreira; o grupo do advogado Marrey Junior; e os intelectuais ligados ao jornal *OESP*, reunidos em torno de Julio de Mesquita, congregados pela figura de Antonio Prado (1840-1929). Conselheiro do Império e ex-monarquista, Prado foi um republicano que nunca se filiou ao PRP, mas que manteve sua influência na política paulista e nacional. Seu rompimento definitivo com o PRP, após um desentendimento com Washington Luís em 1922, o levaria ao PD. Não é demais lembrar que antes do PD algumas tentativas de contraposição ao partido dominante foram tentadas, sem grandes conseqüências: o Partido da Lavoura (tentativa de fundação de um partido ainda em 1889); o Manifesto de 7 de setembro de 1901, que lançaria o Partido Republicano Paulista Dissidente (a primeira cisão forte no seio da oligarquia cafeeira); o lançamento do Partido Republicano Conservador, em 1910. Todos contestavam a hegemonia do PRP entretanto, admitiam não ter conseguido grandes avanços nessa oposição (Casalecchi, 1987).

pp. 16-21)[62]. Como esclarece Miceli, o chamado "pacto oligárquico" das elites passava a ter interesses diversificados em seu interior, sem alterar essencialmente sua composição social – ocorria apenas um remanejamento desse pacto, através de estratégias diferenciadas por parte dos novos grupos. No entanto, ainda que as facções dissidentes pouco se diferenciassem da facção dominante, o PD seria visto como um passo no processo de diversificação de interesses dentro da classe dirigente (Miceli, 1979, p.7).

Por constituírem uma das principais instâncias da luta pelo poder, os jornais são lugar privilegiado para flagrar essas dissensões e embates no seio da oligarquia paulista. Em um estudo sobre os intelectuais e suas relações com o poder oligárquico, Miceli afirma que o jornal era "forçosamente porta-voz de grupos oligárquicos, seja

---

[62] A historiadora lança luz sobre o fato da oligarquia cafeeira ter interesses que foram se diversificando ao longo dos anos. O PD teria surgido a partir de uma divisão no interior do próprio grupo agroexportador, como dissidência do PRP, acabando por congregar também o "grupo da lavoura" que, descontente com a política central, enxergara o novo partido como a única forma viável de oposição ao PRP (leia-se: de manutenção do *status quo*). O PD teria abrigado ainda setores médios descontentes, como alguns intelectuais (Prado, 1986). A esse respeito, ver as crônicas de Mario de Andrade no *DN*, quando da fundação do PD (Cf. Andrade, 1976). Menotti comentaria a fundação do novo partido em alguns de seus artigos e crônicas no *CP* (Cf. Helios, "As castas suzannas", *CP*, 30 jul 1926, p. 4; Menotti del Picchia, "A entrevista do chefe democrático", *CP*, 8 set 1926, p. 3; Menotti del Picchia, "Algumas palavras aos moços da minha geração", *CP*, 18 nov 1926, p. 6; "Itapira e os Democráticos", *CP*, 5 jan 1927, p. 4; "Matemos Peri", *CP*, 4 mar 1927, p. 4; "Rapapés", *CP*, 1 out 1927, p. 4; "Um retrato do 'Diário Oficial Democrático'", *CP*, 29 set 1928, p. 4; os discursos proferidos pelo deputado Menotti del Picchia: "O que é o nacionalismo do PD" e "O que é o nacionalismo do PRP", *CP*, 29 set 1928, p. 4; "Carnaval e política", *CP*, 6 mar 193, p. 6).

daqueles que estavam no poder, seja daqueles que estavam momentaneamente excluídos do poder" (Miceli, 1977, p. 73). Dessa perspectiva, seria a partir do domínio de um ou mais jornais que os grupos políticos se manifestariam e defenderiam suas posições, cabendo aos intelectuais o papel fundamental de promover uma espécie de "celebração das oligarquias", cuja materialização se daria "através de toda uma série de rubricas, comentários políticos, notas apologéticas e biográficas sobre as grandes figuras da oligarquia, 'artigos de fundo', 'tópicos', 'ecos', e sobretudo, os 'editoriais'" (Miceli, 1977, pp. 14-5)[63].

O *Correio Paulistano*, segundo jornal diário criado em São Paulo e um dos maiores órgãos da imprensa brasileira no período, se liga definitivamente ao PRP já no fim de 1890, alternando-se numa posição de porta-voz oficial do partido (Duarte, 1977, pp. 14-5)[64]. A despeito de ter sido em suas páginas que circularam as novas propostas estéticas, na década de 1920 esse jornal tende a ser identificado politicamente como o representante da "velha

---

63 Alguns trabalhos se dedicaram a entender o papel de publicações e dos intelectuais ligados a elas no cenário paulista e nacional. A esse respeito, ver *O bravo matutino. Imprensa e ideologia: o jornal* O Estado de S. Paulo, estudo sobre a ação política do *OESP* entre 1927 e 1937, importante para a compreensão da diferenciação interna dos grupos dominantes ligados à cultura cafeeira (Capelato e Prado, 1980), e também *A Revista do Brasil. Um diagnóstico para a Nação,* que aborda uma certa intelectualidade paulista reunida em torno de Julio de Mesquita (e depois, de Monteiro Lobato), detentora de claro projeto político-cultural ancorado na fundação da revista (Cf. De Luca, 1998).

64 Considerado o iniciador da imprensa empresarial em São Paulo, ao ser fundado em 1854 pelo tipógrafo e jornalista Joaquim Roberto de Azevedo Marques, o *Correio* é vendido em 1882 para Antonio Prado (Duarte, 1977, pp. 14-5) e passa a divulgar a opinião do PRP oficialmente antes mesmo da proclamação da República (Casalecchi, 1997, p. 52).

oligarquia" graças ao crescimento e a diversificação da imprensa operados naqueles anos, passando a sofrer ataques cada vez mais constantes do *OESP*, seu principal concorrente (Casalecchi, 1997, p. 187)[65]. Ainda que menos lido que o *OESP* – que já se tornara o jornal de maior tiragem de São Paulo (Sodré, 1966) –, o *CP* preservava sua influência justamente por publicar a posição oficial do governo, exercendo durante toda a República Velha importante papel como divulgador das idéias de parcela da oligarquia cafeeira e expressando, de certo modo, a sua auto-imagem.

Fazendo frente ao *CP*, o *Estado* congrega parte da oposição ao PRP em torno da figura de Julio de Mesquita (1862-1927), jornalista respeitado por todo meio político e intelectual, por sua grande capacidade de análise política. Autoproclamando-se um jornal "politicamente neutro", o *OESP* buscava assumir uma "feição de independência frente aos governos e partidos", evitando vincular-se *oficialmente* a partidos políticos (Capelato e Prado, 1980, p. 23)[66]. Comandado à época por

---

[65] Através das memórias do crítico e jornalista Geraldo Ferraz (1905-1979), nota-se que o *CP* era visto por parcela da intelectualidade como um jornal muito conservador, cabendo ao *OESP* a imagem de renovação na imprensa paulista (Ferraz, 1983), a despeito das escolhas estéticas de seus críticos. Nota-se aqui como "moderno" e "atrasado" parecem ser conceitos fluidos, podendo o mesmo grupo ser tomado ora como moderno, ora como atrasado, conforme varie o que se quer analisar – confirmando assim uma espécie de "particularidade" da modernização brasileira, onde os dois conceitos, longe de serem opostos, aparecem muitas vezes como complementares (Cf. Oliveira, 2003).

[66] As autoras afirmam que o jornalista, mesmo enquanto membro ativo do PRP, jamais teria transformado o diário em órgão do partido. Mesmo quando da fundação do Partido Democrático, da qual Mesquita participara com empenho, de novo: embora o apoiasse abertamente, não consentiu que seu jornal se tornasse órgão oficial (Capelato e Prado, 1980).

Nestor Pestana e Julio de Mesquita Filho (1892-1969), a penetração do periódico foi significativa nas camadas médias, graças principalmente à oposição que manteve em relação à postura oficiosa do *CP*.

Numa cidade que concentrava todas as suas atividades comerciais e culturais num perímetro extremamente restrito, embora se espraiasse por uma extensão nunca antes imaginada, não se estranha que os diários fossem vizinhos. O escritório e as oficinas do *CP* ficavam na rua João Brícola, em frente à nova sede do *OESP*, que se mudara anos antes para o recém construído Edifício Martinico, na praça Antônio Prado. As redações eram verdadeiros escritórios políticos – de um lado, os pró-governistas, de outro, os oposicionistas[67]. Pela redação do *CP* passavam os políticos da vez, como Washington Luís, o general e deputado Ataliba Leonel (1875-1934), Carlos de Campos e Julio Prestes; jovens modernistas como Oswald de Andrade, Candido Motta Filho, Plínio Salgado e o próprio Menotti; e ainda alguns intelectuais ligados ao Instituto Histórico e Geográfico de São Paulo, como Affonso d'Escragnolle Taunay e Alfredo Ellis Jr.[68] – espectro considerável do meio político e intelectual paulista àquele momento.

---

67 O jornalista e educador Fernando de Azevedo conta nas suas memórias como a redação do *CP* era ponto de encontro dos políticos de PRP, que lá apareciam para discutir com os jornalistas – nem todos politicamente alinhados ao PRP. O jornalista foi redator do *CP* de 1917 a 1923, publicando textos sobre a Antigüidade romana em uma seção fixa semanal na primeira página. Em 1923, a convite de Julio de Mesquita Filho, torna-se crítico literário do *OESP* (Azevedo, 1971, pp. 61-74).

68 A historiadora Kátia Abud aponta Taunay e Ellis como dois intelectuais da década de 1920 fundamentais na construção da idéia da "raça paulista" descendente do bandeirante, ressaltada a "superioridade racial" e o "aspecto desbravador" daquele antepassado (Abud, 1999, pp. 76-9). Colegas de Menotti no jornal, suas idéias parecem alimentar os textos do cronista, de forma indireta, dado que Menotti se utilizaria desse "passado

Com a fundação do PD em 1926 os ataques ao PRP se ampliariam, passando a ser praticamente diários desde a criação do *Diário Nacional* (*DN*), fundado pelos democráticos para divulgar suas posições. O *DN* sobrevive poucos anos, de 1926 à Revolução Constitucionalista de 1932, quando tem suas oficinas invadidas, mas consegue se firmar, entre os intelectuais sob a direção do escritor e crítico Sérgio Milliet e tendo como redator-chefe o jornalista Paulo Duarte, ainda que por poucos anos. Proclamando-se defensor da liberdade e da democracia, em suas páginas apareceriam constantes denúncias de irregularidades do PRP (Miceli, 1979, p. 11).

A oposição se congregava em torno de um programa de moralização eleitoral (voto secreto, verificação de resultados eleitorais e outras medidas que visavam restringir a manipulação dos "coronéis") e a favor da implementação de um sistema de ensino gratuito mais abrangente, não pensando jamais em instituir qualquer sistema de representação política operária ou popular, deixando claro quais setores representava. Criticando fundamentalmente a ordem estabelecida durante a chamada República Velha – materializada no "monopartidarismo" e nos mandos e desmandos do PRP – essa oposição se apoiaria no mencionado programa de reformas para ascender ao poder. Como notam estudiosos do período, a dissidência se deu no interior da própria classe dominante – a oligarquia cafeeira – não prevendo rupturas mais amplas nem incorporação de setores. O que estava em curso era uma luta dentro do bloco do poder, entre o "grande capital agroexportador" e a "lavoura" e, mais tarde, também entre dissidências do próprio grupo agroexportador, reunindo todos

bandeirante"para incorporar o novo: os imigrantes. Desprezava assim a herança indígena no sangue paulista, louvada por aqueles intelectuais na sua braveza e saúde, que, segundo Menotti, em breve desapareceria totalmente por força da "nova mestiçagem".

os grupos descontentes no Partido Democrático (Casalecchi, 1987, p. 240; Miceli, 1979, pp. 6-7).

Para além da polarização entre os periódicos já citados, a capital abrigou ainda outros jornais. O PRP teve a simpatia dos diários *A Gazeta* e *A Platéia* e, eventualmente, do *Jornal do Comércio* (edição de São Paulo) e da *Folha da Noite*. A "oposição" contava, antes da fundação do *DN* e além da explícita simpatia do *OESP*, com o importante *Diário Popular* (*DP*), curiosamente chamado de "jornal das cozinheiras". Com forte repercussão na opinião pública e, sobretudo, nas classes populares, o *DP* era temido pelo governo (Sodré, 1966). Os imigrantes, parte significativa da população àquela altura, liam em seus próprios idiomas jornais como *La Fanfulla* (fundado em 1893), *Il Piccollo*, *Deutsche Zeitung*, *Le Messager de São Paulo*, entre outros (Boaventura, 2000). Isso sem falar na imprensa operária, pródiga em periódicos de oposição, ainda que de curta duração e, na maioria das vezes, censurados[69]. A essa grande quantidade de jornais se somavam magazines, almanaques e revistas que, há décadas, surgiam e se mantinham, alguns dos quais desempenhando papel relevante e completando o quadro da imprensa paulista[70]. Para se

---

69 Sobre a imprensa operária num período imediatamente anterior ver Ferreira, 1978. Sobre a imprensa operária censurada ver Carneiro e Kossoy, 2004.

70 Para uma história detalhada da imprensa no Brasil ver o clássico *História da Imprensa no Brasil* (Sodré, 1999). Paulo Duarte escreveu uma história da imprensa centrada na cidade de São Paulo (Duarte, 1977). Menotti del Picchia nas suas memórias também descreve o panorama da imprensa nessa década em São Paulo (Picchia, 1982, p. 58). Há ainda os levantamentos de Heloísa Cruz sobre imprensa cultural e de variedades (Cruz, 1997), que resultaram em um livro sobre a relação entre periodismo e vida urbana (Cruz, 2000) e o trabalho de Ana Luiza Martins, sobre revistas culturais entre 1890 e 1922 (Martins, 2001). Esses títulos dão uma idéia da riqueza da imprensa do período e de seu desenvolvimento.

ter uma idéia deste universo, o estudo de Heloísa Cruz (1997) sobre periodismo paulista identificou, só no campo da imprensa cultural e de variedades, 523 títulos, entre revistas, folhetos, periódicos e almanaques, versando sobre artes, variedades e cultura em geral, entre os anos 1870 e 1930. Se a imprensa ganha importância na disputa política e ideológica desses anos, os intelectuais se vêem justamente na posição de uma voz autorizada oferecer a ela.

Menotti escreveu em vários periódicos, complementando sua atuação no *CP*. Além da *Papel e Tinta* (Lopez, 2004), colabora eventualmente na *Revista do Brasil* quando esta é dirigida por Monteiro Lobato (De Luca, 1998); participa da criação da primeira revista do grupo modernista, *Klaxon* – que, "como todas as buzinas, vai despertar sustos e correrias!" (Helios, "Klaxon!", *CP*, 17 mai 1922, p. 4) – ; e ainda integra a segunda fase da revista *Novíssima*, criada por Cassiano Ricardo e Francisco Pati (Gelfi, 1987),

> a elegante revista que honra a tradição de outrora da S. Paulo. Tipograficamente impecável. Seu texto – onde há ainda alguma lírica passadista, pouca coisa aliás – é pujante e brilhante de clara modernidade. *Novíssima* integra-se afinal no seu nome. (Helios, "A Novíssima", *CP*, 7 dez 1924, p. 3)

Em 1924, com Ricardo e seu irmão José (o mesmo da mencionada Independência Film), Menotti fundaria a Editorial Helios, na qual pretendiam editar as obras do grupo Verdamarelo e outras afinadas aos ideais modernistas (Miceli, 2004)[71].

---

71 Menotti diz nas suas memórias que após ter fundado com Cassiano Ricardo, Plínio Salgado, Motta Filho, Guilherme de Almeida e Alfredo Ellis Jr. o Movimento Verdamarelo em 1924, houve a incorporação da Novíssima Editora (criada para publicar a *Novíssima* em fins de 1923) pela Editorial Helios Ltda.: "Esse movimento e essa editora tiveram papel marcante na história do Modernismo, pois representou o agrupamento polêmico ao

Mesmo notando que muitos destes jornais e periódicos não sobreviveram mais do que alguns poucos números, pode-se dizer que a imprensa fez parte do cotidiano da população letrada, assumindo um papel importante na vida intelectual paulista. Segundo Sergio Miceli, esta seria dominada nesse momento pela grande imprensa, a principal instância de produção cultural da época. Ainda que não custe relativizar as dimensões da "grande imprensa" nesses anos, tanto frente a seu desenvolvimento ulterior quanto à extensão da população iletrada, vale retomar as palavras do sociólogo, para quem os intelectuais se viam "obrigados a ajustar-se aos gêneros que vinham de ser importados da imprensa francesa". Assim,

---

da Antropofagia fundado por Oswald de Andrade" (Picchia, 1972, pp. 234-5). Cassiano Ricardo, nas suas memórias, contaria que a editora funcionou na rua Asdrúbal do Nascimento (mesmo endereço da Independência Film) e que chegou a ter boa aparelhagem de linotipos, máquinas de imprimir, encadernação etc. (Ricardo, 1970, p. 4). Para uma história do Movimento Verdamarelo, visto como a contribuição de intelectuais sintonizados com o ideário nacionalista de direita à questão nacional, não só artístico-literária, onde se encontrariam os "os germes totalitários da doutrina integralista", ver *Ideologia curupira*, do sociólogo Gilberto Felisberto Vasconcellos. O autor tenta elucidar por que essa corrente literária, "nascida sob a égide de um movimento do porte do modernismo [...] desembocou no limiar dos anos [19]30 numa doutrina política de inegável conteúdo totalitário" (Cf. Vasconcellos, 1979, sobretudo o capítulo "Programação literária modernista"). A esse respeito ver também *Itinerário de uma falsa vanguarda* de Arnoni Prado, para quem estes intelectuais que geralmente aparecem "travestidos de radicais intransigentes" dissimularam através de sua pretensa radicalidade e "vanguardice" seus inequívocos compromissos com a ideologia dos valores dominantes, apontando uma ligação entre o surgimento de uma vanguarda de direita (ou *modernistas da ordem*) e a crise política desencadeada pela quebra de hegemonia do PRP (Prado, 1983).

"a reportagem, a entrevista, o inquérito literário e, em especial, a crônica" (Miceli, 1979, p. 15) ganhavam importância nos jornais e consequentemente, na vida das pessoas.

Ademais, se os novos gêneros vinham ao encontro do gosto de uma população que crescia e se diversificava, nota-se que os intelectuais em geral – e os escritores em particular – tomam a frente desse sistema, tornando-se peças fundamentais do mesmo, ao formar uma espécie de elo de ligação entre as elites e o público leitor do período. Assim se pode entender o papel de Menotti na incorporação e na divulgação dos ideais do PRP, do modernismo e, sobretudo, na construção da imagem da cidade moderna. Portador de uma percepção ambivalente em relação à cidade, no que diz respeito aos novos valores e às formas de interação social que começavam a se difundir nos centros urbanos, Menotti se apresenta como um personagem exemplar do momento em que a imagem da cidade moderna se impõe, sendo intérprete e ao mesmo tempo protagonista desse processo através de sua produção na imprensa.

Para tanto, também é interessante abordar aqui a discussão do estatuto da crônica empreendida por dois dos principais críticos literários brasileiros. Gênero híbrido, entre o jornalismo e a literatura, a crônica tem sido desde os anos 1970 lembrada e apontada como uma literatura que ajuda a aproximar as pessoas e as coisas, além de trazer em si os conteúdos de seu tempo. Como notou Antonio Candido, a crônica, tradicionalmente considerada um "gênero menor", seria uma literatura mais próxima de nós e mais humanizada. Ao tratar dos assuntos cotidianos, dos fatos banais e não dos grandes temas, a crônica

> não tem pretensões a durar, uma vez que é filha do jornal e da era da máquina, onde tudo acaba tão depressa. Ela não é feita originalmente para o livro, mas para essa publicação efêmera que se compra num

dia e no dia seguinte é usada para embrulhar um par de sapatos ou forrar o chão da cozinha. (Candido, 1996, p. 24)[72]

Essa a condição que a torna um gênero mais acessível a um público amplo. Utilizando no mais das vezes o humor, elegendo os assuntos cotidianos como tema, as crônicas cumprem o papel de aproximar a literatura às pessoas, apresentando situações corriqueiras, contando anedotas, propondo polêmicas etc. – e, nesse sentido, podem acabar contribuindo também para construir a "imagem da cidade". A crônica, então, precisaria ser compreendida também em relação ao meio que a acolhe, o jornal, visto como veículo de informação e cultura, como este capítulo pretendeu ressaltar.

É necessário lembrar ainda que se por um lado o cronista pode interpretar o fato cotidiano, por contar com uma autonomia que o repórter ou jornalista não podem ter, por outro lado diferentemente da literatura, que não precisa ter nenhum compromisso com a realidade, à crônica não é dada tal liberdade. O cotidiano é seu combustível e com ele a crônica deve se embeber, condensando liberdade e realidade[73].

---

[72] Esse texto, escrito por Antonio Candido como apresentação do quinto volume da coleção "Para gostar de ler" (1981), que reúne crônicas dos mineiros Carlos Drummond, Paulo Mendes Campos, Otto Lara Resende e Fernando Sabino, trata de um outro momento da literatura, devedor da primeira geração modernista. Tornou-se um "clássico" sobre o gênero, tendo sido republicado a guisa de prefácio no volume "A Crônica", seminário sobre o gênero promovido pela Fundação Casa de Rui Barbosa (Fundação, 1988) e republicado no livro *Recortes* (Candido, 1996); além de ser citado por inúmeros pesquisadores e críticos literários que trabalham com cronistas. Trata-se de um ensaio que sintetiza as principais características do gênero.

[73] Sobre a crônica como um gênero híbrido oscilando entre a literatura e jornalismo, ver também Moisés, 1985.

Efêmeras, feitas para iluminar um único dia, o interesse em recuperá-las aqui existe pelo fato de serem entendidas como textos que trazem à tona os termos de um debate de época, contribuindo no caso deste trabalho para o estudo do modernismo, mas sobretudo apontando questões em relação a uma sociedade e a uma cidade específicas, que aparecem tematizadas em seu interior – algo como um vivo testemunho do novo panorama material e espiritual vivido em São Paulo naquele momento[74]. Se as crônicas são feitas para o consumo imediato, submetendo-se às transformações e à fugacidade da vida moderna – tornando-se elas mesmas um "fato moderno" –, é interessante pensar que elas podem ser vistas, como esclarece o crítico Davi Arrigucci, como uma forma de conhecimento dos "meandros sutis da nossa realidade e da nossa história", pois as crônicas

> parece[m] penetrar agudamente na substância íntima de seu tempo e esquivar-se da corrosão dos anos, como se nela[s] pudesse sempre se renovar, aos olhos do leitor atual, um teor de verdade íntima, humana e histórica, impresso na massa passageira dos fatos esfarelando-se na direção do passado. (Arrigucci, 2001, p. 51)

A esse atributo de revelação de uma "verdade íntima, humana e histórica", soma-se seu caráter de texto imbricado no mundo moderno. Se as crônicas têm essa espécie de "poder de revelação", a análise das mesmas pode auxiliar neste desvelamento. Ao vislumbrar, através das crônicas de Menotti del Picchia no *Correio Paulistano*, os temas de interesse na época e a maneira como eram abordados, procura-se estabelecer novos parâmetros de compreensão para aquela cidade.

---

74 A partir da sugestão do artigo de Vinícius Dantas, no qual é ressaltada a importância de se recuperar textos laterais ao modernismo ao se traçar esse panorama (Cf. Dantas, 2000).

Capítulo 1:
Caderno de imagens

Menotti del Picchia

1. Em Itapira, em 1917, na Fazenda Capim d'Angola, Menotti (ao centro) se prepara para uma caçada com fazendeiros e matutos da região: a convivência com os caboclos marcaria sua experiência de vida.

2. À esquerda, Menotti em 1917, ano da publicação do *Juca Mulato* e à direita, em 1922 – ano da Semana de Arte Moderna –, quando já fazia sucesso com as crônicas do *Correio Paulistano* e era um reconhecido escritor modernista.

3. Entre amigos na Praça da República (da esquerda para a direita, Brecheret, Di Cavalcanti, Menotti, Oswald de Andrade e Helios Seelinger), década de 1920.

4. Menotti (sentado, na extrema direita) em encontro literário na Villa Kyrial, o salão do senador do PRP Freitas Valle (ao centro), década de 1920.

Círculo modernista

5. Menotti discursa na segunda noite da Semana de Arte Moderna, no Teatro Municipal, em 1922. Abaixo, capa do programa da Semana, desenhada por Di Cavalcanti.

6. Companheiros de Menotti na "campanha futurista": Oswald de Andrade (em 1916, ano de sua estréia literária) e Mario de Andrade (entre alunas do Conservatório Musical, em 1917).

7. Salões de Olívia Guedes Penteado: o "salão modernista" decorado por Lasar Segall, na antiga cocheira do palacete e o salão principal, decorado em estilo Luís XV, conhecido por "Salão dourado".

8. Grupo dos Cinco no ateliê de Tarsila: Anita no sofá, Mario e Tarsila no piano; Oswald e Menotti no tapete (desenho de Tarsila do Amaral).

9. Os amigos Victor Brecheret e Menotti (à direita), no final da década de 1920.

Expansão das classes médias e aumento da circulação literária

10. As classes médias aumentavam sua participação no total geral da população, tornando-se um público potencialmente consumidor dos novos livros, revistas e periódicos que passavam a circular cada vez mais.

CASAMENTO do BETTARELLO

CASAMENTO do ALFREDO MUSSOLINI

12. Venda de livros "à prestação": anúncio no *Correio Paulistano*, 1923.

11. *Juca Mulato*, 1917 (capa desenhada pelo autor), livro que torna Menotti um poeta conhecido em todo o Brasil.

13. Revistas e jornais com temas variados atingiam uma população em constante crescimento, passando a fazer parte do seu cotidiano.

Aumento da circulação literária

14. Primeiras páginas do jornal *Correio Paulistano*, em 1919 e 1929: o tradicional diário não introduziria grandes modificações gráficas ao longo da década, como se vê também nas páginas da "Crônica Social" ao longo dos anos ("Uma obra prima", em 1923; "Brecheret", em 1926 e 'A cozinheira crítica", 1928).

15. A redação do *Correio Paulistano*, na rua João Brícola. Em frente ao *Correio*, o prédio do *Estado de S. Paulo* e, no fim da rua, a redação do jornal italiano *Fanfulla*, década de 1920.

16. Seções variadas publicadas nas páginas do Correio Paulistano e variações do cabeçalho da "Crônica Social" ao longo da década de 1920.

17. Revistas nas quais Menotti colaborou na década de 1920: *Papel e Tinta*, *Revista do Brasil*, *Klaxon* e *Novíssima*: espectro amplo e variado de publicações.

Capítulo 2

O cronista que narra os acontecimentos, sem distinguir entre os grandes e os pequenos, leva em conta a verdade de que nada que um dia aconteceu pode ser perdido para a história.

Walter Benjamin, *Teses da História*

Os primeiros bondes de operários passam
Um homem vende jornais no meio da praça
Gesticula entre as grandes folhas de papel que batem
[asas e executa uma espécie de balé sozinho
[acompanhando-se de gritos guturais...
STADO... ERCIO... EIO...
Buzinas lhes respondem
E os primeiros automóveis passam depressa

Blaise Cendrars, *A cidade acorda*

A cidade na crônica

A cidade não foi o único tema de Menotti del Picchia. No entanto, as transformações ocorridas em São Paulo alimentaram boa parte de suas crônicas, anedotas, paródias e críticas. Aqui e ali, em meio aos assuntos mais variados, despontam a modernização, o crescimento e o protagonismo de São Paulo no cenário brasileiro, além da disputa entre estilos arquitetônicos mais adequados às construções. Dessa perspectiva, a crônica de Menotti publicada durante a década de 1920 no jornal *Correio Paulistano* (*CP*) aparece como um material interessante para se pensar a cidade de São Paulo, justamente por compreender o conteúdo de modernidade, tal como conceituado por Beatriz Sarlo (1996), no qual todas as ambigüidades, tensões e embates vêm à tona, uma vez que denuncia não apenas a modernização que ocorria nas diversas esferas, mas também o que a ela resistia e tentava sobreviver.

Como ler essas crônicas hoje? Em lugar de pensá-las como produção marginal de um escritor menor e questionar seu valor para a história da literatura nacional, ou de lê-las apenas como escritos efêmeros sem maior compromisso, produtos de um jornalismo apressado mais que da reflexão crítica, este trabalho visa entender a colaboração de Menotti del Picchia no *CP* como resultante de uma prática sociocultural particular (Saliba, 2002, p. 179): a produção de textos curtos sobre os mais variados temas, num dos jornais mais importantes do período, por um intelectual comprometido com a renovação artística que se operava àqueles anos, empenhado na construção da imagem da cidade moderna e preocupado em agradar o público, um leitor burguês não exatamente iniciado no modernismo.

Nota-se um conjunto de práticas e eventos ali contidos, no qual o "espetáculo da modernidade", apresentado em "imagens do avanço técnico, do progresso e do brilho da cultura" ainda admitia revezes, produzindo imagens ambíguas e conflitantes, dando conta da situação indefinida de uma cidade que vivia entre "o nervosismo da metrópole burguesa e a persistência de toda uma série de traços coloniais e tradicionais" (Saliba, 2002). Ao ler as crônicas como testemunhos involuntários desses revezes, realçando as tensões que afloram nos textos, pretende-se contribuir para o entendimento desse momento específico da formação da cidade, menos unívoco e direto do que se pode imaginar.

Para que isso seja possível, algumas entradas foram eleitas para compreender como essa espécie de diário da cidade de São Paulo fala das transformações que estavam ocorrendo. Em meio aos assuntos mais variados abordados dia-a-dia, busquei elencar alguns temas – de certa forma, a partir de sua presença e recorrência – que pareciam brotar dos textos, para extrair deles os indícios que pudessem dar a dimensão dessa transformação. Paulatinamente ia se construindo uma imagem de "cidade moderna", onde o velho, o caipira, o provinciano, o *não-moderno* ganhava *status* de passado. Assim, alguns pontos merecem ser destacados.

O primeiro que chama a atenção é a questão do "crescimento urbano". Tematizado em inúmeras crônicas e sugerido através de imagens recorrentes, nota-se um quadro que sinalizava o aumento do tamanho da cidade, de sua população, e o seu desenvolvimento – contribuindo para a aceitação da idéia de uma cidade moderna que se estabelecia naqueles anos. Ora, numa cidade que via sua população crescer de forma tão impressionante em tão pouco tempo, é natural que as conseqüências dessas mudanças se refletissem de várias maneiras. Vale lembrar que a população, que em 1870 girava em torno dos 30 mil habitantes, sobe para 239 mil em 1900, 587 mil em 1920, alcança os 890 mil em 1930, chegando à cifra de 1 milhão e 300 mil habitantes em 1940 (Memória, 2001, p. 20)[1]. A imigração, sobretudo a italiana, seria em grande parte responsável pelo crescimento inicial.

Se a cidade realmente se ampliava, estendendo seus "tentáculos" por uma extensão inédita, Menotti, que tinha na memória a cidade quase vila, que quando pequeno pescava lambari no riacho do Anhangabaú (Picchia, 1970, pp.41-6), não poderia deixar de se impressionar com a velocidade e a força desse crescimento, notado e descrito entre espanto, admiração e orgulho em várias de suas crônicas.

Questão central que também aparece nas crônicas, decorrente do crescimento urbano vivenciado àquele tempo, é o poder de "atração" que a capital paulista parece exercer. Com efeito, não só o imigrante estrangeiro vinha para a cidade, atrás das novas possibilidades de trabalho e condições de vida surgidas com o desenvolvimento econômico. Também o caipira do interior, seduzido pelas "maravilhas da modernidade", o lazer, o divertimento e o acesso à "alta" cultura ou mesmo buscando a vida mais livre de preconceitos e o progresso material advindo com as novas tecnologias, incorporadas a cada dia na vida da capital.

---

1   Para se ter uma idéia mais relativa desse crescimento, o Rio de Janeiro, capital da jovem República, que em 1900 contava com 480 mil habitantes, atinge a cifra de 1 milhão e 150 mil habitantes já em 1920, contando com 1 milhão e 430 mil habitantes em 1930 (Cf. Pinheiro, 1975). A capital argentina, Buenos Aires, que passava por processos imigratórios semelhantes no período, tem em 1895 677 mil habitantes, em 1914 alcança 1 milhão e 576 mil, chegando a 2 milhões em 1930 (Cf. Sarlo, 1988; Romero, 2004).

Uma nova cidade surgia e era narrada *pari passu*, muitas vezes como potência que sugava o restante do país. A construção da cidade é acompanhada da construção de uma mitologia da modernidade em torno de si. É interessante notar que em muitas crônicas há uma quase indiferenciação entre a capital e o estado de São Paulo – fenômeno que, segundo o sociólogo José de Souza Martins, refletiria uma peculiaridade da elite paulista remanescente de uma época em que a vida se dividia entre a cidade e a fazenda, quando não se reconhecia diferença entre paulista e paulistano, sendo a cidade e sua província uma coisa única (Martins, 2004, p. 153)[2]. Logo, o progresso da cidade era entendido naturalmente como progresso do estado, e vice-versa. Ainda que a capital fosse o verdadeiro pólo de atração, freqüentemente o estado apareceria descrito no mesmo diapasão de progresso e civilidade.

Tema igualmente presente são as novas formas de sociabilidade surgidas a partir dos equipamentos e tecnologias urbanas: os meios de transportes, os restaurantes e cafés, o teatro e o cinema, propiciando encontros e novos modos de vida para o homem da cidade. Com efeito, aqueles anos viveram uma verdadeira mudança de referencial com a introdução e a rápida incorporação dos veículos movidos a energia elétrica. Os textos mostram este momento como ponto

---

[2] No artigo "O migrante brasileiro na São Paulo estrangeira", Martins trata do fenômeno da migração interna em São Paulo e ressalta que a migração da elite do Estado para a capital jamais foi vista como migração: "em termos culturais e históricos, migrante era a força-de-trabalho, braço da lavoura que trabalhava a terra alheia". A elite se reconhecia paulista e paulistana, mesmo sem residir na cidade. Nota o sociólogo que os adventícios seriam sempre os imigrantes, jamais um brasileiro vindo de outro lugar (Cf. Martins, 2004, pp. 153-4). Para um testemunho desse tempo dividido entre a fazenda e a casa da cidade, ver o interessante relato de D. Maria Paes de Barros, filha de uma família da elite paulista em *No tempo de Dantes* (Barros, 1998).

de inflexão para uma nova sociabilidade, a mudança da experiência mesma dos habitantes em relação à vida na cidade a partir da modernização (Sarlo, 1996). Essa mudança não passaria despercebida ao cronista, e é sobre essa nova experiência que Menotti se debruça em vários textos. Do deslocamento em velocidade ao contato entre as diversas classes sociais propiciados pelo bonde; do automóvel como distinção de classe aos problemas acarretados por uma tecnologia ainda não naturalizada; da possibilidade de inserção no "mundo civilizado" a restaurantes, clubes, cinemas ao se frequentar etc. ao estranhamento e dúvidas em relação a esses novos ambientes, tudo seria motivo às suas interpretações, opiniões, descrições e anedotas – revelando a um só tempo a cidade que se constituía naqueles anos e construindo através das mesmas crônicas uma imagem moderna para essa cidade que finalmente se "civilizava".

É da pena do cronista que experimenta essas novas sociabilidades que se vê surgir também tipos urbanos "novos" e "velhos", resultado da mudança de usos e costumes, de modas ou de choques culturais entre tempos sociais distintos colocados lado a lado. "Estar submetido a longos trajetos pelas ruas, a pé ou dentro dos meios de transporte coletivos" – explica a historiadora Maria Stella Bresciani sobre a nova forma de percepção da cidade – "impõe aos olhos a atividade de observar coisas e pessoas; a vida cotidiana assume a dimensão de um permanente espetáculo" (Brescianni, 1987, p. 11). Essa espécie de "espetáculo cotidiano" serviria de mote às crônicas de Menotti, revelando novos ritmos, modos e personagens da cidade ao lado dos antigos habitantes que teimavam em fazer parte da cena.

De modo oblíquo, a cidade também aparece nas crônicas em meio às discussões sobre as artes em geral e sobre literatura em particular (São Paulo estava se tornando nesse momento a "capital editorial do país"), em textos sobre a vida política paulista e nacional, na notícia das ações de caridade da elite paulista, no comentário de atualidades. Seja como matéria, seja como cenário, a cidade ocupa lugar de destaque nesses testemunhos, ao mesmo tempo em que eles compõem uma nova imagem, mais condizente com o momento, num movimento duplo de revelação, mas também de construção da cidade moderna – onde se reconhece quem fala e de onde fala: um cronista modernista no jornal oficial do Partido Republicano Paulista[3].

Transição e ambiguidade na década de 1920

Na década de 1920, a cidade parece não se conter mais sob a rubrica de "capital do café", que a caracterizava desde o final do século 19. A intensidade e a velocidade do crescimento patrocinado pelo sucesso da lavoura cafeeira desmontavam a própria estrutura que o engendrara, tornando o cenário europeizado construído nos espaços centrais há poucos anos já obsoleto diante do aumento dos problemas urbanos gerados pelo próprio crescimento. Notava-se a necessidade de intervenções urbanas em maior escala, processo que se combinaria com a ampliação das classes médias e o progressivo descontentamento de segmentos da população com a política oficial. Esse descontentamen-

---

3 Segundo a socióloga Luciana Andrade, "nas literaturas modernas e modernistas as imagens mais recorrentes e reveladoras da essência da cidade moderna e do homem urbano seriam a cidade como o lugar da artificialidade e da inautenticidade; das transformações aceleradas e da perda das referências físicas, sociais e afetivas; da homogeneidade, mas também da diversidade e heterogeneidade; dos contrastes; da percepção fragmentada, fugaz e subjetiva; das instituições culturais e artísticas" (Andrade, 2004, p. 48). De um modo geral, pode-se dizer que essas representações estão nas crônicas de Menotti sobre a capital paulista, como veremos, confirmando-se sua filiação ao campo modernista.

to seria visível sobretudo nos setores militares e no avanço da questão operária que aumentava em número e força concomitantemente ao desenvolvimento da industrialização, o que culminaria nos anos 1920 numa crise da dominação da oligarquia cafeeira nos moldes em que esta se estabelecera desde meados do século 19[4].

Com efeito, esses anos parecem intrigar os estudiosos por suas características ambivalentes. Quando o historiador Nicolau Sevcenko, em seu trabalho sobre a São Paulo dos anos 1920, a descreve como uma cidade que

> não era nem uma cidade de negros, nem de brancos e nem de mestiços; nem de estrangeiros, nem de brasileiros; nem americana, nem européia, nem nativa; nem era industrial, apesar do volume crescente das fábricas, nem entreposto agrícola, apesar da importância crucial do café; não era tropical, nem subtropical; não era ainda moderna, mas já não tinha mais passado. (Sevcenko, 1992, p. 31)

nota-se uma curiosa porém precisa definição para essa situação de transição: justamente a impossibilidade de se defini-la. Para o historiador,

> essa cidade que brotou súbita e inexplicavelmente, como um colossal cogumelo depois da chuva, era um enigma para seus próprios habitantes, [que] perplexos, tenta[vam] entendê-la como podiam, enquanto lutavam para não serem devorados. (Sevcenko, 1992, p. 31)

Sevcenko parte daí para mostrar, também através de textos de jornal, como essa indefinição tomava conta das representações da

---

4   Sobre o contexto de crise dos anos 1920, abordando diversos âmbitos, ver: Perissinoto, 1994; Fausto, 2000; Borges, 1979; Pinheiro, 1975; Miceli, 1979, dentre outros. Esse contexto é abordado no capítulo 1 deste livro.

cidade[5]. Ao apontar a construção de uma imagem, de ritmos vertiginosos colada na idéia de cidade moderna, mas aliada ao descompasso de uma modernização desigual e discricionária, o historiador sugere em dupla chave a construção de novas sociabilidades e o abandono de uma população indesejada. Esses dois movimentos são entendidos como uma mesma vontade civilizatória das elites, surgindo a cidade moderna justamente nessa troca, nos embates e tensões entre mundos opostos ainda que complementares.

A leitura e análise das crônicas de Menotti del Picchia visam contribuir para clarear o entendimento do momento tematizado por Sevcenko, quando São Paulo despontava como cidade moderna, trazendo novos elementos para o debate. De certo modo, pode-se afirmar que se nota nas crônicas de Menotti o que o historiador ressalta em seu estudo, certa ambivalência inerente à cidade moderna. No entanto, da parte de Menotti, vê-se o esforço de construção da imagem da cidade a partir do sucessivo apagamento de um passado que não mais interessa – ainda que esse mesmo passado possa surgir aqui e ali tematizado numa chave de nostalgia e a partir de referências a um futuro de grandeza e de progresso, baseado num presente de desenvolvimento intenso que se desfraldava diante de seus olhos, a partir da ação dos novos brasileiros (os imigrantes) que transformavam a cidade.

A década de 1920 pode ser tomada como ponto de inflexão nas mudanças por que passava a cidade e a sociedade paulistanas desde a segunda metade do século 19. As transformações haviam convertido

---

5 O estudo se vale das crônicas, colunas fixas e editoriais do jornal *OESP* entre os anos 1919 e 1923, para compor a imagem da cidade fragmentada e sem referencial que surgiria nos anos 1920, a partir da modernização propiciada pelo ingresso da cultura do café na economia mundial (Cf. Sevcenko, 1992, sobretudo os capítulos 1 e 2).

a pacata vila colonial em "capital do café" com ares europeus. Do ponto de vista urbano e arquitetônico, esse processo de modernização correspondeu justamente à transição, ou melhor, à substituição da edificação tradicional pelo ecletismo. Acompanhando a literatura, a respeito vê-se que esse processo foi seguido de uma verdadeira batalha simbólica, onde a edificação colonial, a taipa e a Monarquia eram claramente identificadas com o atraso e a dependência política; e o ecletismo, o tijolo e a República, com o progresso, a civilização e a Independência[6]. O desejo "de coadunar a face de São Paulo a seu desenvolvimento econômico" a partir de modelos europeus, apagando seu passado e reinventado seu presente, significou uma transformação radical na paisagem da cidade (Fabris, 1987, p. 283).

Construiu-se uma "capital do café" mais condizente com a nova situação do estado de São Paulo, que alterava seu status na Federação em função do sucesso da lavoura de café. Vê-se, dessa forma, o desejo de se ter uma capital digna da pujança econômica paulista somar-se à vontade de "civilizar o país, modernizá-lo, espelhar as potências industriais e democratizadas e inseri-lo, compulsória e firmemente, no trânsito de capitais, produtos e populações liberados pelo hemisfério norte" (Marins, 1998, pp. 133-4).

É interessante pensar que os membros da elite patrocinadora de tais mudanças, muitos deles vindos do interior para a capital, tornavam-se "de algum modo estrangeiros no modo de vida que

---

6   Há uma extensa bibliografia sobre as transformações por que passou a capital paulista no final do século 19 e início do 20, em seus diversos âmbitos. Ver, entre outros, Langenbruch, 1971; Morse, 1970; Prado, 1989; Reis Filho, 1994; Rolnik, 1991; Sampaio, 1994; Lemos, 1898; Campos, 2002. Entre os memorialistas, ver Americano, 1962a; Americano, 1962b, Bruno, 1977; Bruno, 1984 e no campo literário Tácito, 1989; Floreal, 2004; Andrade, 1971; Alcântara Machado, 1988, são alguns dos muitos títulos que contribuem para o entendimento desse processo.

adota[va]m", pelo consumo de produtos e estilos europeus, pelas viagens à Europa ou mesmo em virtude de uma eventual residência lá estabelecida. Como explica José de Souza Martins, a Europa estava presente em "vários nichos que a economia de exportação podia criar", do interior dos palacetes aos edifícios construídos para abrigar as novas sociabilidades mundanas e políticas. Assim, neste momento "a Europa e o europeísmo eram inevitáveis" (Martins, 2004, p. 157).

O argumento aponta que a Europa sofisticada era não somente copiada, mas adotada desde o final do século 19 como contraponto ao antigo lusitanismo caboclo: através dela o país se contrapunha a Portugal na construção de uma nacionalidade própria[7]. Entende-se dessa forma a relação das elites nacionais com os países industrializados para além da dependência econômica e cultural, como tentativa de integração ao "mundo civilizado", ainda que apenas pelo consumo de bens e de modas.

No decorrer dos anos finais do século 19, a cidade se transformara em função dessas novas necessidades de distinção da burguesia cafeeira, sobretudo através de intervenções urbanas que a alteravam segundo padrões vigentes nas capitais européias, dando assim "materialidade" à exibição pública das elites. A cidade "se torna não apenas um cenário

---

7   Idéia também discutida por Antonio Candido ao tratar da construção da literatura brasileira, no clássico *Formação da Literatura Brasileira* (1954). Notando um movimento semelhante em relação à literatura, que na sua oposição a Portugal previa a construção de uma literatura nacional, em verdade, Candido tratava da construção da nacionalidade. Não à toa seus estudos servem de base para inúmeros trabalhos fora do campo literário e seu livro é tomado como um dos ensaios fundamentais da compreensão do país (Cf. Arantes, 1997). Entender a literatura, no nosso caso, as crônicas, como parte do esforço de construção, seja da nação, seja da imagem da cidade (que se refletiria na sua identidade), é o que tentamos de algum modo empreender neste trabalho.

demográfico alterado pela numerosa presença de imigrantes, mas também o cenário de novos costumes e nova mentalidade profundamente europeizados" (Martins, 2004, p. 158)[8]. O foco das intervenções no "embelezamento" da cidade concentrara os chamados "melhoramentos" e "embelezamentos" urbanos na área central e nos bairros das elites[9], constituindo-se ali zonas diferenciadas com modos de vida particulares e sociabilidades específicas, diferenciando-se da nova classe operária nascente. A privacidade não se confundiria mais com domesticidade ou com os limites da casa, alcançando agora "uma dimensão que abarcava

---

[8] Maria Cecília Naclério Homem, em seu livro *O Palacete Paulistano*, faz um interessante panorama na mudança de hábitos da elite paulista em particular, onde mostra como os modos de vida europeus, para além da exibição pública nas intervenções urbanas – ou seja, do ponto de vista privado, na casa e nos modos de vida –, eram incorporados, na importação de objetos domésticos, nos hábitos alimentares e também graças aos imigrantes "urbanos" que se transformavam em padeiros, confeiteiros, cervejeiros, donos de restaurante, relojoeiros, boticários, etc., mão-de-obra necessária a essa mudança no consumo (Cf. Homem, 1996, pp. 49-51).

[9] Refiro-me às intervenções no "centro velho" (área compreendida na colina central entre o ribeirão do Anhagabaú e o rio Tamanduateí) e o centro novo (à oeste da colina), ligado àquele pelos viadutos do Chá e de Santa Ifigênia. Logo que o Triângulo perde sua função residencial primitiva, transforma-se num centro burocrático e comercial. O transporte urbano, o calçamento, a iluminação pública atingem preferencialmente, além desse centro, bairros contíguos onde as elites se instalam: Santa Ifigênia, Campos Elíseos, São Luís, Higienópolis, Avenida Paulista e posteriormente, os bairros-jardim América e Europa. Também bairros de "classe média" como Consolação, Santa Cecília, Vila Buarque, Liberdade, acabam entrando na esteira dos "melhoramentos" – por estarem no caminho das elites. Enquanto isso, bairros operários como Brás, Pari, Belém etc, não recebem investimentos públicos de maior monta (Cf. Campos, 1999; Rolnik, 1991; Sevcenko, 1992, pp. 109-10; Homem, 1996, pp. 183-205).

os convívios – os vizinhos, todos sujeitos a uma mesma gramática de comportamento" (Marins, 1998, p. 136). Dessa forma, a diferenciação se daria também pelo convívio entre iguais.

É interessante notar que esse processo provocou uma espécie de "postura dual" dos paulistas (e dos paulistanos) em relação aos "não-nativos". Segundo Martins, essa postura se manifestaria de duas formas distintas e até mesmo opostas:

> De um lado, prevenção e até repulsa em relação ao estrangeiro, seus costumes, sua língua incompreensível, sua dificuldade para falar e compreender o português fortemente caipira dos paulistas, sua presença barulhenta nas ruas da cidade. Mas essa *repulsa às pessoas estrangeiras* era contrabalançada pelo *enorme apreço que se difundia pelas coisas estrangeiras*, objetos, modos, casas, feição urbana da cidade. Desapreço pelo barato, que era o trabalho, ainda contaminado pela concepção escravista do trabalhar, e apreço pelo caro, pela coisa que o dinheiro podia comprar, especialmente os bens de ostentação, meios de afirmação de status, marcas de prestígio. Apreço pelos resultados e desapreço pelos meios. (Martins, 2004, p. 158, grifo meu)

Como explica a socióloga Maria Célia Paoli em um artigo sobre as imagens da São Paulo operária, tal processo, remanescente da sociedade escravista ainda próxima, fazia com que tudo o que fosse ligado ao trabalho ou ao trabalhador ficasse restrito ao espaço do trabalho. Dessa forma, surge uma imagem ambígua da cidade: "o fascínio pela modernidade fabril e urbana se fazia acompanhar do desgosto com um mundo invadido pela presença da condição proletária". A necessidade da elite em se diferenciar da classe operária cada vez mais numerosa se expressaria então primeiramente no aproveitamento topográfico da cidade, que ajudava a delimitar os espaços e a diferenciar as classes (Paoli, 1991). Assim, elites se mudaram para terrenos mais altos e salubres, em loteamentos exclusivos mantidos pelas posturas e leis municipais de edificação, enquanto trabalhadores se concentraram em novos bairros fabris próximos às indústrias, consolidando espécies de "núcleos étnicos" e redes de solidariedade que lhes possibilitaram a sobrevivência de modo mais ameno[10].

Martins comenta, a respeito desse momento, ter sido "na cidade de São Paulo, em particular, que a elite cafeeira teve condições de edificar uma ordem política de classes que era, ao mesmo tempo, uma ordem espacial segmentadora, apoiada em confinamentos invisíveis e ideológicos" (Martins, 2004, p. 186)[11]. Para o arquiteto Candido Malta,

> sob a égide da questão sanitária", ocorria em São Paulo na virada do século nada menos que "a segregação sócio-espacial requerida para completar a *requalificação* do centro urbano, expulsando usos e moradores menos privilegiados dos espaços eleitos para protagonizar as funções comerciais, institucionais e simbólicas sediadas na cidade. (Campos, 1999, p. 97)

---

10 Sobre a vida nestes "bairros étnicos", ver a reportagem feita para *OESP* em 1929 pelo poeta e jornalista Guilherme de Almeida sobre diversos bairros estrangeiros de São Paulo republicada no livro *Cosmópolis* (Almeida, 1962) e também Morse, 1970, pp. 332-7. Para um interessante testemunho da vida nos bairros operários do leste como Pari e Belenzinho e as comunidades italianas, ver Penteado, 2003. Para o cotidiano dos operários fora das fábricas na República Velha, ver Decca, 1989.

11 O sociólogo mostra como essa "ordem" que separava nativos e não-nativos em locais próprios pode ser percebida quando se recorre aos diários e memórias daquele anos, onde "o brasileiro compareça pouco ao discurso do estrangeiro, do mesmo modo que o estrangeiro pouco comparece na fala do brasileiro" (Martins, 2004, p. 186), confirmando-se essa separação entre diferentes, neste caso, entre imigrantes e nativos.

O processo, obviamente, não se deu apenas em São Paulo, surgindo, mesmo que com feições distintas, em muitos centros urbanos, em maior ou menor escala. De Londres e Paris a Santiago e Buenos Aires, sem esquecer do Rio de Janeiro, todas estas cidades e ainda outras viveriam processos similares desencadeados pela modernização advinda da revolução industrial[12].

Porém, a década de 1920 parece guardar alguma especificidade – ao menos nas cidades latinoamericanas. Segundo Beatriz Sarlo, é nessa década que

> os conceitos de modernidade, modernização e cidade aparecem misturados com noções descritivas, como valores, espaços físicos, e processos materiais e ideológicos. [Na medida em que] a cidade se altera diante dos olhos de seus habitantes, com uma aceleração que pertence ao ritmo das novas tecnologias de produção e transporte, [ela passa a ser] pensada como condensação simbólica e material da mudança. Assim ela [é] celebrada e também desta perspectiva, julgada. (Sarlo, 1996, p. 183)

É em vista dessa nova percepção que a literatura – no nosso caso, as crônicas – adquire papel fundamental. Elas aparecem ao mesmo tempo como produto e como chave de interpretação des-

---

12 Há uma extensa literatura sobre as transformações sociais, culturais e urbanas por que passaram as capitais no final do século 19 e início do 20. Para uma visão do contexto de crescimento excessivo nas duas capitais européias citadas e os problemas decorrentes que iriam provocar reformas, remeto a Bresciani, 1987; para as reformas urbanas após a Revolução industrial na Europa, ver Benévolo, 1995, pp. 175-206. Para uma síntese das transformações das capitais latino-americanas, ver Romero, 2004, sobretudo o capítulo "As cidades burguesas", e Rama, 1985. Sobre a capital argentina em particular, ver Vázquez-Rial, 1996 e Sarlo, 2003. Sobre a capital brasileira, ver, entre outros, Benchimol, 1990.

sa condição vital a que a cidade foi alçada. A década se configura, talvez como nenhuma outra, como um momento de mudanças intensas e profundas, quando a "modernidade" penetra de fato no tecido social, tomando um caminho irreversível no qual a própria estrutura que a possibilitara já não mais poderia sustentá-la, seja em seus projetos políticos, seja pela exacerbação dos conflitos na vida social (Sarlo, 1996, p. 183). Ao se trabalhar com as crônicas de Menotti dos anos 1920 aborda-se esse momento particular da história da cidade.

Das rótulas e serenatas a São Paulo
prática, elétrica e *yankeezada*
O crescimento urbano da cidade moderna

Na pena de Menotti, a cidade dos anos 1920 surge como uma cidade moderna, que se desenvolve, progride e se civiliza, inserindo o país no caminho das grandes potências do mundo. Menotti entendia o moderno como o atual, o que era criado a partir do momento vivido, tomando progresso e civilidade em sentidos similares[13]. Do ponto de vista material (edifícios, ruas, obras de engenharia urbana) é a imagem da cidade americana, e não mais a da capital européia, que aparece como parâmetro na maioria dos seus textos. Se a cultura oficial ainda se valia dos modelos franceses, se mesmo a escolha dos estilos para os edifícios públicos ainda recaía nos estilos históricos do final do século, a imagem da capital paulista que surge na fala do cronista é, em parte,

---

13 Nesse sentido, pode-se dizer que o intelectual ainda estava imbuído de uma mentalidade do final do século 19, que pensava modernidade – ou a ideologia do progresso – e civilização como sinônimos.

outra[14]. A transformação que Menotti notava era a do "burgo de estudantes" para a "cidade americana" (Helios, "As serenatas", *CP*, 9 dez 1919, p. 2), não pressupondo mais o modelo europeu como espelho, ao menos desse ponto de vista.

A cidade boêmia, "do romantismo e das estudantadas, das rótulas e das capas, das bebedeiras e das serenatas" cedia lugar a uma cidade "prática, elétrica, *yankeezada*". Através das obras de engenharia, punha "num cofre de pedra o Anhangabaú [...] como quem guarda uma relíquia". Ao mesmo tempo, "drena[va] pântanos" enquanto "dançava tango no Trianon" e se industrializava, ainda que apenas para fabricar "chinelos e salsichas" ("As serenatas"...). A cidade surge atualizada, nova, industrializada, em uma palavra: *moderna*. Para não deixar dúvidas, o cronista ilustrava suas considerações com um exemplo: numa noite, perto do obelisco da Memória, ali na ladeira do Piques[15], ouve

---

14 Não custa lembrar que a literatura oficial ainda se pautava em modelos franceses, sendo considerado um grande escritor àqueles anos um Coelho Neto, por exemplo, ou um Olavo Bilac na poesia. A grande maioria dos poemas ainda era constituída de sonetos, cujos parâmetros de boa poesia eram a forma trabalhada, alcançando o verso perfeito. O parnasianismo imperava de modo quase inconteste, embora na prosa viam-se surgir uma literatura de influência simbolista. Do ponto de vista arquitetônico, o arquiteto Ramos de Azevedo até então reinava absoluto, tendo sido responsável pela construção de diversos edifícios importantes na cidade: Teatro Municipal, várias Secretarias de Estado, Palácio do Governo, Liceu de Artes e Ofícios, Mercado Municipal etc. desde o início da República até o ano de sua morte, todos de feição eclética. Se Menotti se notabiliza justamente pela crítica à literatura parnasiana, e também à arquitetura eclética desses anos, vamos ver, ao longo deste e do próximo capítulo, que essa crítica não será total nem dispensará absolutamente esses modelos.

15 Lugar simbólico (era o ponto de chegada dos tropeiros, quando a cidade começava despontar no cenário nacional), foi reformado em 1919 por decisão de Washington Luís com projeto neocolonial de Victor Dubugras (1868-1933) e passa a ser conhecido como Ladeira da Memória.

um trovador noturno que enchia a noite estrelada de endeixas. [...]
Cantava toda a *alma cabocla*, do *luso exilado*, do *cabinda quebrado pelo banzo*, do *mameluco rebelde*, latejava na voz do último abencarrage das velhas serenatas paulistas... [...] [Mas logo] veio um guarda e levou-o. O bardo estava bêbado. ("As serenatas"...)

Ainda envolvido pelo efeito da música na noite estrelada, Menotti se pergunta:

> Não seria um pouco do Brasil aquela voz triste, ferindo a noite, como um lamento, um brado de nossa angústia de povo sonhador e desalentado? *O cosmopolitismo enxotava o gênio da nossa raça para o interior*, impervio, e revi, na minha soisma, as vetustas cidades mineiras, inda cheias de versos de Gonzaga[16], onde se refugiavam com a queixa das nossas últimas canções, os últimos resquícios da nossa nacionalidade. ("As serenatas"...)

Entretanto, devolvendo-o à realidade, um carro a toda passa buzinando e se ouve gritar "Estúpido!" ao absorto cronista ainda parado no meio da rua:

> Era a Civilização! Dei-lhe caminho e entrei com o susto, na vida... Amarga esta vida! Esqueci-me de Minas, do Tonico e das cantigas. Quando, de novo, peguei no violão, calculei mentalmente o preço de cada um deles. E se eu montasse uma fábrica de instrumentos de cor-

---

16 Tomás Antônio Gonzaga (1744-1810). Poeta. Nascido em Portugal, foi nomeado ouvidor de Vila Rica em 1872 e um ano depois conheceu a adolescente Maria Joaquina Dorotéia de Seixas Brandão, a pastora Marília, imortalizada em sua obra lírica. Por sua implicação na revolta dos Inconfidentes de Minas foi preso e condenado ao exílio (Cf. Candido, 1975, pp. 114-5).

da? Era o espírito comercial que me empolgava, *o demônio industrial das cidades*. Tive vergonha, vender violões era repetir o gesto do Judas, trair um irmão de sonho! ("As serenatas"..., grifos meus)

Já não havia lugar para o velho trovador na cidade, assim como não há mais lugar para o mameluco, para o mulato e, ao que parece, nem mesmo para o antepassado português – é todo um passado que submerge na civilização moderna, no mundo moderno, na cidade moderna. A crônica dá chance para se pensar algumas questões, que serão tratadas no seu devido tempo – a nova raça brasileira (paulista), o lugar da verdadeira nacionalidade, o cosmopolitismo paulista –, mas importa agora entender como o cronista operava a construção da imagem da cidade moderna: ela é avassaladora e não dá espaço ao sonho nem ao passado. O progresso, para Menotti, apagaria qualquer rastro anterior. A modernidade surge justamente desta tensão entre o antigo e o moderno, e dela tira a sua força para o futuro. Era o "espírito industrial das cidades" apontando para o futuro.

Há uma espécie de nostalgia com o passado que parece se esvair – e em outra crônica Menotti assumia a "crise de saudade" que às vezes lhe assaltava o espírito, fazendo com que tivesse ímpetos de fugir desse "ergástulo tenebroso e sórdido" que se tornara a cidade. Nesses momentos, o cronista apelava para a memória e recordava quão delicioso fora o tempo em que "sadio e selvagem, sonhava a conquista dos mundos, metido entre as brenhas da fazenda perdida", nostalgia da vida no interior, quando alternava a pacata vida de jornalista de província com caçadas com os caboclos da sua fazenda. Para ele, "a urbanidade" chegava mesmo "a irritar" com seu instinto de "megera exigente que pede cuidados de traje e atenção para o tráfego tumultuoso; um sorriso para os maçantes e referências mentidas a patifes". Após descrição pouco louvável da vida urbana, concluía: "Saudade... 'Gosto amargo dos infelizes...' Invisível doença dos presidiários urbanos..." (Helios,

"Saudade...", *CP*, 15 abr 23, p. 4). Vê-se novamente a implacabilidade do progresso, onde a imagem do "presidiário urbano" só faz afirmar quão enredado se estava nesse sonho de progresso e civilização.

Em outra crônica, "O caleche", Menotti novamente insiste na idéia de que o passado não voltaria. Pensando "na vida" pensando na "melhor forma de ganhar dinheiro sem trabalhar muito", "preocupação moderníssima e muito humana", vislumbra, "entre um bonde burguês e um auto prosaico, [...] um caleche luxuoso puxado por uma engalgada parelha de cavalos ingleses". A partir daí tudo se transforma e Menotti e o leitor são transportados para 1830. O táxi "econômico e feio [...] com seu deplorável cocheiro de chapéu de coco, sempre praguento e mal-criado" nada mais era que uma "caricatura inexpressiva do caleche aristocrático" que passava. Mas ao notar que se atrasava por ter-se perdido em devaneios, chama logo um táxi "e – um covarde que fui! – abençoei o auto, prático e estúpido, esquecendo-me ingratamente dos caleches e das duquesas..." (Helios, "O caleche", *CP*, 11 jan 1920, p.3). Sem dúvida, o progresso merecia ser abençoado.

A lembrança do passado se transformava no sonho do futuro – da saudade do tempo das serenatas e dos caleches passava-se à possibilidade do desenvolvimento industrial ou do transporte rápido e eficiente que o crescimento e o desenvolvimento trariam sem demora. Talvez por isso a imagem da cidade *yankeezada*, da cidade americana, seja de fato muito mais valiosa que a da cidade européia, que tinha que se haver com um passado. Os Estados Unidos, assim como o Brasil, eram o lugar do novo, do futuro.

O cronista parecia prever transformações advindas de um crescimento e desenvolvimento inexoráveis, pois, vista do alto, a cidade exibia somente as torres das igrejas. Os edifícios mais visíveis ainda eram os prédios públicos do início da República, de feição europeizada, segundo o testemunho de um jornalista do *CP* que sobrevoa a cidade em 1919:

> Quanto mais o aparelho ascendia, [...] novos espetáculos iam surgindo a minha vista deslumbrada. Já havíamos passado sobre a Estação da Luz, que, pequenina, mais parecia um "castelo" de confeitos em mesa do banquete. O Municipal, minúsculo, era a maquete do teatro. Alguns arrabaldes como o Bom Retiro, Santa Ifigênia, Campos Elíseos, Vila Buarque, davam a idéia de tabuleiros de xadrez. O Tietê era como longo fio de prata, que zig-zagueando, cortava a cidade de um lado a outro. (Fonseca, 1919, p. 5)[17]

À pergunta do entrevistador se seria fácil reconhecer do alto qualquer ponto da cidade, responde o jornalista:

> Alguns sim, outros não. O centro da cidade, por exemplo, reconhece-se pelo teatro Municipal e pelos dois viadutos; o bairro dos Campos Elíseos, pela torre da igreja dos Salesianos; o Ypiranga, pelo Monumento; a Luz, pela estação e pelo Jardim Público etc. A topografia da cidade, observada da altura que atingi, é interessantíssima, e, em alguns pontos, diferente daquela que se imagina ser. Assim, a situação da avenida Paulista, da avenida Brigadeiro Luís Antonio, dos bairros da Barra Funda, Bom Retiro, Cambucy, Moóca e outros, não nos pareceu bem a que imaginávamos e que conhecíamos pela planta. (Fonseca, 1919, p. 5)

---

17 Entrevista de Antonio Carlos da Fonseca, secretário de redação do *CP*, publicada no jornal dia 8 de novembro de 1919, na página 5, após vôo com o capitão-aviador Orton Hoover sobre São Paulo. O norte-americano criara um serviço de vôos panorâmicos diários com seu avião Oriole e fizera do remoto Campo de Marte um dos lugares mais visitados da cidade. Menotti escreve nesse dia a crônica "Acrobacias aéreas" sobre os vôos de Hoover (*CP*, 8 nov 1919, p. 5) e a entrevista é publicada ao lado de sua crônica.

Não havia ainda nem mesmo *um* arranha-céu na cidade *yankeezada* de Menotti, e, embora as obras de engenharia (viadutos e avenidas) chamassem atenção, provavelmente pela sua escala, é muito mais a cidade esparramada que se notava que qualquer outra coisa. Ora, como entender então a referência constante da cidade *yankee*, dos arranha-céus, das torres, tão freqüentes nos textos de Menotti?[18] De onde vem a imagem da cidade americana, numa cidade ainda tão provinciana? É certo que o cronista admirava o país e o povo norte-americano, sobretudo pela sua capacidade de desenvolvimento, já que

> Os Estados Unidos, onde tudo é grandioso, querem dar ao Brasil [...] uma visão grandiosa da formidável República Americana. Povo prático, ativíssimo, inteligente, compreendeu a eficácia da cinematografia como a melhor e a mais viva propaganda do seu progresso e da sua riqueza".
> (Helios, "O cinema e o centenário, *CP*, 5 abr 1922, p. 4)[19]

---

18 Sobre a verticalização de São Paulo, ver Somek, 1997. A urbanista explica como a década de 1920 vai ser vista como a década da verticalização. A partir dos anos 1910, a legislação passa a exigir 3 ou 4 pavimentos como altura mínima para as novas construções no centro. Um primeiro "marco de verticalização" em São Paulo seria a Casa Médici, construída em 1912 na esquina da Líbero Badaró com a ladeira Dr. Falcão Filho, que pelo desnível entre as duas ruas, alcançava no total 9 andares. Em 1913, assinala a construção do Edifício Guinle, na rua Direita, com 10 pavimentos. Para a autora, se o Edifício Sampaio Moreira, construído em 1924 no Anhangabaú, pode ser visto como o primeiro arranha-céu de São Paulo (14 andares), é sem dúvida o Martinelli, finalizado em 1929, que marcará simbolicamente os novos tempos (Somek, 1997, pp. 82-102).

19 Essa crônica, publicada às vésperas da comemoração do centenário da Independência, trata do cinema como mecanismo de propaganda. O escritor reconhece a capacidade americana de se autopromover através dos filmes (Hollywood se tornava a principal produtora de filmes, sobretudo

logo, a cidade americana não era somente o arranha-céu, mas tudo o que significava como mundo novo, prático, moderno. Com efeito, os norte-americanos passavam a disputar com os europeus a primazia do modelo de desenvolvimento – não apenas urbano, mas do país. As comparações eram constantes, afinal os EUA também tinham proporções continentais, também haviam sido colonizados, passaram pela escravidão e, no entanto, se desenvolviam a olhos vistos, caminhando para se tornarem a maior potência mundial no pós-guerra[20]. Assim, a imagem da cidade americana parece refletir toda uma gama de questões relativas a um modelo de país que se desejava. Se aqui o cronista via uma cidade "brotar depois da chuva como cogumelo", essa aparição lhe ocorria

---

após a Guerra, quando muitos alemães da UFA – companhia cinematográfica alemã – vão para aos EUA). Menotti era ligado ao cinema, e como se viu no capítulo 1, teve com seu irmão José uma produtora de filmes.

20   Vale lembrar, como explica Levi Darrell em seu trabalho sobre uma das famílias mais importantes e paradgmáticas da elite paulista – a família Prado –, que entre as elites brasileiras do século 19 "existia um sentimento genérico [...] de que o Brasil devia olhar para fora em busca de modelos com os quais diminuir o abismo existente entre ele e as nações mais desenvolvidas". Este sentimento, que durante a *belle époque* se voltou para o Velho Continente, teria mudado após o fim da Primeira Guerra, que "destruiu a imagem da Europa como condutora de seu destino progressivo, e enquanto crescia no Brasil a influência norte-americana, o 'nacionalismo defensivo' do século 19 cedeu lugar ao 'nacionalismo ofensivo' do século 20" (Levi, 1977, pp. 217-8). Levi nota a crescente influência norte-americana sobre as elites nacionais, inclusive na definição do sentimento nacionalista que iria definir as suas ações. Para se ter uma idéia mais concreta da participação (econômica) norte-americana no Brasil, segundo Naclério Homem, os EUA substituem a Grã-Bretanha em número de linhas regulares de vapores entre os portos do Rio de Janeiro e de Santos após a Primeira Guerra, e a partir desse momento também se tornam o segundo maior exportador para o Brasil, atrás da Inglaterra (Cf. Homem, 1996, p. 56).

plena de possibilidades. Mas se deve lembrar também que essa questão contém outra: a do "progresso". O crescimento intenso era o progresso. A civilização era o progresso. Se modernizar, afinal, era o progresso. Visto como algo desejado e esperado, o progresso parecia ser algo a se alcançar em alguns anos de trabalho e dedicação[21].

A imagem do progresso se ligava à imagem da cidade americana e fazia parte do repertório de Menotti, um escritor modernista representante da nova burguesia ascendente, que se valia desses ideais para narrar o desenvolvimento da sua cidade e mais do que isso, envolvido na mentalidade de um progresso inexorável, criava as imagens da cidade[22].

---

21 Segundo José Luís Romero, a burguesia latino-americana vivia desde fins do século 19 dentro da perspectiva de um processo histórico no qual se desejava estar inserido. Desta forma "se organiz[ava] o núcleo da mentalidade [burguesa], definida fundamentalmente por seu progressismo, por ser contrária à estagnação e à manutenção dos velhos modos de vida. E nela subjazia uma concepção da sociedade latino-americana, não relacionada tanto à sua realidade – carregada de velhos problemas raciais e sociais – quanto às suas possibilidades de transformação" (Romero, 2004, pp. 343-4). Maria Cecília Naclério Homem, estudando os modos de morar da elite paulistana, confirma essa análise em relação à mentalidade burguesa paulista, cujas ações se voltavam para a integração nesse novo modo de vida (Homem, 1996).

22 Imagens que vão se cristalizar a partir dali, como a pressa ou a eterna falta de tempo do paulista. O cronista ironicamente comenta que o paulista, a despeito do céu imprevistamente bonito de outono, infelizmente "não tem tempo para ver céus. [Afinal, já] vê estrelas a toda hora. Nas topadas que dá no empurra-empurra dos bancos, na soleira da Bolsa, na angústia dos vencimentos" (Helios, "Céu paulista", *CP*, 9 fev 1926, p. 6). Com efeito, a incorporação à ordem moderna era "compreendida como [incorporação à ordem] urbana e industrial" e, assim, o acesso à modernidade passava a significar o "acesso à racionalidade, ao pragmatismo, enfim à ética capitalista", como explica Mônica Velloso em artigo sobre o nacionalismo e o regionalismo paulista (Cf. Velloso, 1993, p. 95-6).

Vale notar que não apenas a vanguarda modernista ou a burguesia ascendente se apoiaram nos atributos da modernização intensa para falar da cidade, sendo antes parte de um "estado de espírito" mais amplo, que encantava boa parte da população, exaltando-se a cidade pelo seu crescimento demográfico, industrial, comercial, financeiro, educacional e cultural (Fabris, 1994, p. 10)[23].

Nesse sentido, pode-se compreender uma crônica que relata o desaparecimento da garoa – fenômeno climático característico da cidade – sob esse olhar "progressista", do "inexorável". Se "S. Paulo era a terra londrina das garoas", e a garoa era "o romantismo da nossa paisagem", agora parecia ser diferente. O cronista constatava a "pura verdade": "S. Paulo não tem mais garoas". Ocorre que, "se tudo morre sobre a terra, morrem até os fenômenos meteorológicos". Ainda que tenha sido cantada em prosa e verso, de Álvares de Azevedo[24] a Affonso Schimdt[25],

---

23 Fabris aponta três imagens significativas por enfeixar emblematicamente a visão que o grupo modernista (refere-se a Menotti, Oswald, Mario, Candido Motta, Ronald de Carvalho) tinham de São Paulo no início dos anos 1920: a "cidade tentacular", a "cidade vertical" e a "cidade industrial" (Cf. Fabris, 1994, p. 1). De certa forma, essas imagens estão contidas na imagem de crescimento urbano vertiginoso que Menotti sintetiza na "cidade *yankeezada*" de suas crônicas. – imagens que seriam incorporadas ao ideário da população em geral.

24 Manuel Antônio Álvares de Azevedo (1831-1852), poeta, contista e romancista paulista. Suas obras principais, de inspiração byroniana, foram *Macário* e *Noite na Taverna*, consideradas ultra-românticas (Cf. Candido, 1975, pp. 178-93).

25 Affonso Schimdt (1890-1964), poeta parnasiano, escritor e jornalista paulista. De origem humilde, trabalhou na construção da Estrada de Ferro Santos-Jundiaí. Publicou, em 1911, seu primeiro livro de poesia, *Janelas Abertas*. Entre 1918 e 1924 foi diretor do jornal *Voz do Povo*, da Federação Operária do Rio de Janeiro (Cf. Saliba, 2003, p. 157).

a garoa "não se conta mais entre as cousas características desta urbe *yankeezada*" (Helios, "Adeus garoas", *CP*, 8 abr 1924, p. 2):

> É que drenados os varjões do perímetro urbano, extintos os terrenos alagadiços, a umidade ambiente, que acariciava a cidade, sumiu-se e, na formação atmosférica, não há mais água em suspensão, vaporizada pelas soalheiras. O clima paulista, *com essas diabruras da nossa engenharia,* mudou completamente. ("Adeus garoas"..., grifo meu)

Se os climas de uma cidade são "seu temperamento" e exprimem o "caráter de uma paisagem", são como todos os temperamentos, "mudáveis [e] solúveis". Com efeito, "a alma ambiental de S. Paulo já é outra": deixou de ser a "melancólica urbe gris, penumbrista, como aparece em certos versos de Guilherme de Almeida[26]", transformando-se numa "cidade franca, bem-humorada, que ora despenha pauladas de chuva, ora reverbera, flava e aurífera, sob a combustão apoteótica do sol!". Sendo assim, só restava dizer "Adeus, garoa..." ("Adeus garoas"...).

A imagem da cidade moderna se reafirmava a partir da explicação de ordem técnica, tornando-a "urbe *yankeezada*", ou, dito de outra forma, inserindo-a no fluxo de modernização mundial. As obras de engenharia – de novo, o progresso e a civilização – chegavam para transformar a cidade em outra, mesmo que à custa das suas características mais "naturais", empregando ciência e técnica para construir o futuro e inserir a cidade no mundo moderno.

---

26 Guilherme de Andrade e Almeida (1890-1969), poeta, tradutor e advogado paulista, participou da Semana de 1922 e seu escritório serviu de redação à revista *Klaxon*. Autor de uma poesia "penumbrista", publicou em 1917 seu primeiro livro, *Nós*. Sua produção de caráter modernista concentra-se em três livros publicados em 1925: *Encantamento*, *Meu* e *Raça* (Cf. Candido & Castello, 1996, pp. 65-6).

Todavia, a construção do futuro dependia também da escolha de um *passado* – e essa foi uma das questões fundamentais para os intelectuais nos anos 1920, mesmo para a vanguarda *futurista*[27]. Era a identidade da cidade que estava em jogo e a identidade paulista por conseqüência. Segundo Elias Saliba, a identidade de São Paulo se faz nesses anos através de uma espécie de ofuscamento da memória, selecionando imagens do passado, apagando outras (Saliba, 2004). O argumento amplia a idéia da transformação da cidade no sentido da construção da "imagem da cidade", quando não bastava mais construir a cidade nova apagando os vestígios do seu passado, mas se tornava necessário construir também uma narrativa através da criação de uma "história da cidade"[28]. Surge o tema de uma "segunda fundação de São Paulo", tamanha a força

---

27 Trata-se aqui do grupo de vanguarda paulistano, conforme visto no capítulo 1. Como se disse, na América Latina de modo geral, e em São Paulo em particular, as vanguardas se caracterizaram por tematizar o futuro ao lado da construção de um passado (Gorelik, 1999; Fabris, 1996).

28 A antropóloga Lilia Schwarcz trata da historiografia paulista ao estudar a criação dos Institutos Históricos e Geográficos, vistos como "guardiões da História oficial". O IHGSP é inaugurado em 1894 com a intenção de reescrever a história do Brasil num momento que o estado se torna o mais dinâmico do ponto de vista econômico: "Tratava-se portanto de ir buscar no passado fatos e vultos da história do estado que fossem representativos para constituir uma historiografia marcadamente paulista, mas que desse conta do país como um todo". Tema central seria o "bandeirante" como articulador de uma imagem própria e local. "Os historiadores paulistas foram os responsáveis pela valorização e popularização da figura do bandeirante, introduzindo uma interpretação ainda presente entre a atitude valente e laboriosa daqueles primeiros aventureiros e um suposto perfil do estado e sua trajetória vitoriosa" (Schwarcz, 1993, pp. 99-140).

material e simbólica das mudanças que ocorrem[29]. Nas palavras do historiador, "a São Paulo com feição de metrópole nasceu assim, como uma incógnita, eliminando o seu passado ou retirando dele apenas o que interessava para reforçar a tese do progresso em si mesmo" (Saliba, 2004, pp. 569-77).

Mas o passado real estava ali, a dois dedos. A memória ainda latente do Anhangabaú semi-rural, "onde outrora a alegria coral dos sapos gritava a sua diabólica orquestração de tau-taus e coaxos" (Helios, "Uma 'sociedade' original", *CP*, 31 ago 1921, p. 5), era violentamente confrontada com o aumento real do número de construções à sua volta, – afinal a transformação do quintal das casas da rua Formosa em parque cartão-postal havia acontecido poucos anos antes, em 1917 – o que dava aos habitantes a sensação de se viver numa "cidade encantada", com casas que nasciam da noite para o dia, feito cogumelos que brotavam após a chuva. No trajeto cotidiano, o cronista relatava o que via:

> Imerso em preocupações prosaicas, cabeça baixa, olhar vazio e errante, passo, sem ver, pela mesma rua durante quinze dias. Já sei de memória que há, à esquerda, um terreno raso, adiante, uma casa em via de ser demolida; do outro lado, escombros de um pardieiro. Dias depois, ergo, curioso, os olhos para o panorama. Que vejo?

---

29 A expressão é do prof. Eurípedes Simões de Paula em sua *Contribuição monographica para o estudo da segunda fundação de São Paulo: de pequena cidade de há meio século à grande metropole de hoje* (São Paulo, 1936), utilizada para qualificar o período do governo João Teodoro (1872-1875) (Cf. Campos, 1999, p. 63, n. 49). Saliba esclarece que ela abrange o período entre 1870 – início do vertiginoso processo de metropolização – e 1929-30 – crises da economia cafeeira e o fim da República Velha (Cf. Saliba, 2004).

> No terreno, um andaime formidável, como se estivessem nele a construir um castelo para um gigante [...]; no pardieiro enxergo, deslumbrado, um palácio...
>
> S. Paulo surge, assim, maravilhosamente, da noite para o dia, como uma cidade de encantamento, construída por ciclopes e realizada pela obra miraculosa de um sonho... (Menotti del Picchia, "Palestra das segundas. [...] Os bruxos constroem S. Paulo", *CP*, 24 out 1921, p. 3)[30]

O poder avassalador do progresso material ajudou muito esse apagamento de que fala Saliba afinal, a cidade era (re)edificada dia-a-dia, foi nessa década que surgiu a máxima de que em São Paulo se construía uma casa por dia[31]. Nota-se que para Menotti, entretanto, a constante comparação com o passado, recorrente em suas crônicas, ajudava a fazer do progresso e da modernidade algo mais im-

---

30 Os textos assinados por Menotti del Picchia, publicados em páginas diversas do *CP*, foram incorporados neste trabalho na medida em que complementam as discussões das crônicas.

31 Veja-se o poema do franco-suíço Blaise Cendrars, arguto observador recém chegado à cidade em 1924, que logo nota a velocidade e a qualidade da transformação que se operava em São Paulo àqueles anos: Adoro esta cidade/ São Paulo do meu coração/ Aqui nenhuma tradição/ Nenhum preconceito/ Antigo ou moderno/ Só contam este apetite furioso esta confiança absoluta este otimismo esta audácia este trabalho este labor esta especulação *que fazem construir dez casas por hora de todos os estilos ridículos grotescos belos grandes pequenos norte sul egípcio ianque cubista/* Sem outra preocupação que a de seguir as estatísticas prever o futuro o conforto a utilidade a mais-valia e atrair uma grande imigração/ Todos os países/ Todos os povos/ Gosto disso/ *As duas três velhas casas portuguesas que sobram são faianças azuis* (Cendrars, 1976, p.64, grifo nosso). Cendrars, de maneira precisa, mostra a cara da cidade na década de 1920, no desfile de estilos e no desaparecimento sumário da arquitetura colonial. Exploramos essas imagens no capítulo 3 deste livro.

pactante, na medida em que a imagem desse passado próximo nada desenvolvido engrandecia mais o presente, dando a nota da força do trabalho na cidade, responsável por tais transformações[32].

Mas não só a capital passava por esse processo. Na verdade, o estado todo era alvo desse entusiasmo em função do desenvolvimento das cidades ao longo das linhas de trem em direção ao oeste, que progrediam com o avanço das lavouras cafeeiras, "verdadeiras maravilhas urbanas" descritas como "milagres de bruxas das *Mil e uma noites*". A partir de viagens pelo interior o cronista contava que "cidades há, por essa S. Paulo à fora, que são verdadeiros modelos de bom gosto e de conforto. Têm de tudo: do *bond* elétrico ao *jazz band*!". Sua intenção era dar a conhecer ao leitor tudo isso, vulgarizar o progresso do interior paulista, sempre acompanhado ou patrocinado pelo crescimento e desenvolvimento intenso da capital em "seu formidável surto industrial". A "importância das suas fábricas ciclópicas donde sai tudo o que usamos e que, por ignorância, imaginamos ser importado do estrangeiro: sapatos, meias, casimiras, sedas, objetos de toda a espécie..." era mesmo de se espantar: "até o prodígio de transformar Fords em *limousines* realiza o gênio admirável dos paulistas!" (Helios, "Fitas...", *CP*, 26 jan 1922, p. 3).

A "cidade ciclópica", assim como a "cidade *yankeezada*", era outra das imagens recorrentes em suas crônicas, sugerindo o crescimento urbano desmesurado. Criava no leitor a sensação do gigantesco, do colossal, de uma cidade tentacular que crescia de modo extraordinário. Esse o retrato da São Paulo de Menotti, a cidade que se civilizava e se modernizava, que não parava de crescer, assumindo proporções gigantescas. De fato, São Paulo tinha em 1922 a extensão de Paris,

---

32 Imagem tão forte que muitos anos depois Caetano Veloso (1942-), ao compor uma música sobre São Paulo lembrando de sua experiência de recém chegado da Bahia, diria da "força da grana que ergue e destrói coisas belas" (Cf. Caetano Veloso, "Sampa", *Muito*, 1978).

que tinha três milhões de habitantes a essa época, para uma população de 600 mil habitantes (Americano apud Sevcenko, 1992, p. 124), o que devia impressionar os que tinham na lembrança a cidade ainda contida na colina entre o riacho do Anhangabaú, o sinuoso Tamanduateí das Sete Voltas e os alagados do Carmo[33].

Cidade colossal, não apenas no tamanho, mas na força das suas transformações e na dos seus habitantes, era a cidade "de sortilégios, de revelações, de surpresas, [que] dia-a-dia nos espanta[va] com novos e taumatúrgicos prodígios". Mas nem só de "nababescas construções urbanas", "crescentes vitórias do industrialismo" ou "pasmosas revelações de novas fontes de riquezas agrícolas e pastoris" eram feitas as "surpresas paulistas". Intelectualmente também se destacava: "seu cérebro trabalha tanto como seus músculos" (Helios, "Cantores nacionais", *CP*, 31 mar 1921, p. 3). Era a sua forma, mas sobretudo a força dos seus habitantes que importava. Segundo Fabris, entre os intelectuais modernistas é Menotti quem leva mais longe esse tipo de argumentação, de onde surge a metáfora dupla do "braço que trabalha" e do "cérebro que cria" (Fabris, 1994, p.4)[34].

---

33 A extensão da cidade e o espalhamento dos bairros relacionava-se com o monopólio da Light na distribuição das linhas de bondes, eletricidade e gás, que ao escolher determinadas áreas desconectadas entre si, criava ilhas imensas de terrenos valorizados automaticamente, favorecendo a especulação imobiliária (Cf. Sevcenko, 1992, pp. 123-4). Fabris toca nesse ponto, lembrando que o crescimento horizontal da cidade confirmava "a idéia da 'cidade tentacular', que a imaginação do povo aplicava espontaneamente às linhas de bonde da Light, apelidadas de 'o polvo canadense'" (Cf. Fabris, 1994, p.21). Para uma leitura da expansão da cidade ligada aos meios de transportes e à especulação imobiliária, ver Sampaio, 1994.

34 De fato, essa é uma imagem recorrente em suas crônicas, que previa lugares distintos para os trabalhadores e para a elite pensante, sobretudo nos textos ligados à cultura.

A cidade era um

> maravilhoso teatro de emoções, cuja ribalta vai da Vila Mariana a Sant'anna, do Ypiranga às Perdizes, que Anchieta armou na colina de Piratininga, chamado S. Paulo no mapa da nossa terra, chamado 'capital artística' no mapa mental do país, [que] tem sempre no seu cartaz talentos novos e vigorosos de todos os gêneros" (Helios, "Maestro Casabona e sua noite de arte, *CP*, 21 jun 1923, p. 3)

onde os paulistas fariam por merecer tamanho progresso, contribuindo cada um a sua maneira para o crescimento físico e intelectual do aglomerado urbano – logo, do país.

Entretanto, em meio a essa visão ufanista do desenvolvimento da capital paulista, pode-se notar, através de pequenos indícios, num ou noutro trecho de crônica, numa ou noutra anedota – quando a intenção do cronista é apenas divertir –, os mecanismos sociais desse desenvolvimento, que não se fazia sem custos. Veja-se por exemplo a crônica "A máquina de pensar". Na descrição do personagem principal, ainda que de maneira rápida e sem nenhum aprofundamento (e não seria mesmo o caso), Menotti traz à tona a questão da valorização dos terrenos da cidade através de sua expansão e a conseqüente especulação que provocava o enriquecimento instantâneo de alguns, como

> o sr. Mercucio[35] Craneoduro[, que] enriquecera como muitos paulistas que hoje se refestelam numa almofada de ouro, nédios, artifi-

---

35 Mercucio, personagem de *Romeu e Julieta* (1594-95) de Shakespeare, amigo de Romeu Montecchio. É assassinado por Teobaldo Capuleto (irmão de Julieta) no lugar de Romeu, que em seguida mata Teobaldo para vingar o amigo (Cf. www.allshakespeare.com/romeo/).

ciais e empessados, [apenas por ter herdado] umas quadras de terrenos num bairro suburbano [onde a cidade] estendeu seu corpo de ciclope. (Helios, "A máquina de pensar", *CP*, 26 jan 1923, p. 4)

Assim, ganhou fortunas com a elevação do preço de terrenos "que antes era uma ninharia [e que agora] passou custar alguns milhares de contos", fazendo que "o amigo Mercucio Craneoduro, de magro Mercucio que era, pass[asse] a ser um pingue Cresus[36]" (Helios, "A máquina de pensar"...). Interessa notar que ao apontar a forma de enriquecimento do personagem, embora não seja esse o "tema" da crônica, Menotti acabe por compor, ao lado de outras crônicas, um painel da situação vivida em São Paulo onde os tempos sociais se sobrepunham, flagrando-se a especificidade dessa modernização[37].

A partir das crônicas que vão sendo publicadas dia-a-dia nota-se esse mundo em transformação constante. Não apenas uma transformação material, que ocorria e de fato mudava a face da cidade, mas uma transformação de significados, uma mudança simbólica, onde a cidade começava a surgir e a se afirmar como a mais importante da Federação. Entretanto, essa mudança não pôde acontecer sem lutas e disputas, e foi esse tensionamento cotidiano, entre nativos e não-nativos, entre migrantes, imigrantes e paulistanos, entre adventícios e autóctones – narrado nas crônicas de Menotti – que faria de São Paulo uma paradigmática cidade moderna.

---

36 Cresus, último rei da Lídia, país da Ásia Menor que por sua situação geográfica – intermediária entre o Oriente e o Ocidente – era extremamente rico.

37 Oswald de Andrade, por exemplo, devia sua fortuna ao fato do pai ter comprado boa parte dos terrenos que hoje são o bairro de Pinheiros e Cerqueira César quando ainda não valiam nada (Andrade, 1974).

Mais vale sê égua na capitar que coroné em Piquiri
A cidade moderna como pólo de atração

A cidade se transformava e passava a ocupar lugar de destaque no imaginário da população do país – processo não particularmente brasileiro, que era aqui observado plenamente. Segundo José Luís Romero, ocorria porque

> nas cidades provincianas evocava-se o brilho das luzes e o luxo ostensivo que as cidades modernizadas copiavam de Paris. Almejava-se também o gênero de vida mundano que os romances e os jornais difundiam, e um certo tipo de anonimato que caracterizava a existência da grande cidade, graças ao qual a vida parecia mais livre e a possibilidade da aventura mais fácil. E diante desse modelo, a placidez provinciana parecia mais insuportável para quem sentia a tentação da aventura metropolitana. (Romero, 2004, p. 294)

A capital paulista ser parece exemplar nesse processo mais geral, exercendo enorme poder de atração sobre os habitantes do restante do país, sobretudo do estado de São Paulo[38]. A ela chegava o fazendeiro enriquecido atrás dos prazeres da grande cidade ou do status de se viver numa capital civilizada e o caipira pobre atrás das novi-

---

38 Como esclarece Martins, já desde o final do século 19 a cidade não recebia apenas migrantes e imigrantes pobres: "as esparsas evidências não-numéricas sugerem uma forte e poderosa migração de classe média interiorana. Mais ainda e também migração de empreendedores, grandes fazendeiros enriquecidos pelo café, alcançados pela necessidade de ampliar o desfrute da riqueza multiplicada e promover a diversificação e a urbanização de seus investimentos nas finanças, no comércio, nas ferrovias e mesmo na indústria" (Martins, 2004, pp. 180-1).

dades do progresso ou de novas condições de vida. Chegava também o imigrante, em busca do enriquecimento que o trabalho poderia proporcionar ou fugindo das (más) condições de vida nas fazendas. Ou ainda o imigrante urbano, que acabava se estabelecendo e criando vínculos, como acontecera ao pai de Menotti, que tinha seu ofício para oferecer num momento de transformação intensa da cidade e cujos filhos seriam assimilados, tornando-se os "novos brasileiros". Todos esses personagens – o novo-rico nacional ou estrangeiro, o pequeno comerciante próspero ou o profissional liberal geralmente imigrantes, o afilhado político, o empregado empreendedor – e muitos outros seriam retratados nas crônicas de Menotti nessa condição de atraídos pela "urbe imensa"[39].

Quando se tratava do elemento nacional, geralmente surgia caracterizado como "caipira". É interessante lembrar que Menotti, embora nascido em São Paulo, na ladeira de São João, vivera boa parte da infância e o início da vida adulta no interior – e essa experiência perpassaria suas crônicas, quer pela familiaridade com que lidava com o caipira, quer pelo sentimento duplo que parecia nutrir em relação ao homem rural, misto de saudades e desconfiança, de nostalgia e desprezo, ou ainda pelas situações inusitadas que descrevia, muitas delas da vida na fazenda[40].

O cronista dava mostras da saudade da vida no interior e da sua "identificação" com a "gente rude da nossa terra", identificação essa

---

[39] Para uma análise do processo de transformação da capital paulista, que demonstra sua transformação gradativa em um pólo de atração cada vez mais forte, ver Morse, 1970. Também sobre esse "poder de atração" e suas conseqüências, ver Sevcenko, 1992, pp. 38-40.

[40] Não é o caso aqui de se analisar as suas crônicas sobre a vida no interior, mas vale dizer que estas são em número considerável em relação ao conjunto das crônicas.

que se restringia a uma nostalgia da vida bucólica – tanto mais pela posição de destaque alcançada na vida profissional na capital, como ele mesmo ressaltaria:

> Eu que – ironia ou azar do destino – tenho assento na seção mais elegante do *Correio*, sinto em mim uma alma tão próxima da gente rude, da nossa terra, que ao ouvir o pranto dos violões, se alvoroçam meus nervos em ressurreições interiores, e rev[ejo], numa evocação retrospectiva, noites claras de lua nos terreiros de fazenda, onde de cócoras, trible e noctâmbulo, o Belarmino[41], meu ex-pagem, arrancando ao pinho toda a angústia profunda da sua alma de caboclo, cantava trovas ingênuas... (Helios, "Os oito batutas", *CP*, 22 out 1919, p. 3)

Obviamente, essa temática devia ter um apelo forte numa cidade de leitores migrantes e imigrantes – tanto para a identificação como para o desejo de distanciamento. Mas para compreender de fato as crônicas onde o caipira aparece, ora retratado como esperto, ora como limitado, é preciso entender também, além da ligação do cronista com a vida rural e o tipo de cidade se constituía àqueles anos, o lugar que a figura do caipira ocupou no imaginário da sua população naquele momento. Como aponta Martins,

> a presença numerosa de estrangeiros na cidade de São Paulo, na virada do século 19 para o século 20, serviu para decantar, num primeiro momento, o paulistano rico mas caipira [...] e separar o duplo brasi-

---

41 Belarmino é o personagem mais recorrente nas crônicas de Menotti. Ele surge encarnado no fazendeiro rico e bronco, no caipira pobre e esperto, no matuto, etc. Aparece também como seu compadre, lhe enviando cartas do interior, geralmente de Piquiri, cidade fictícia que simbolizava as vilas do interior paulista.

leiro que nele havia – o brasileiro que era e o brasileiro europeizado e empreendedor que poderia ser, potencialmente, nas novas relações econômicas, na circulação e reprodução ampliada do grande capital, nas viagens, nos estudos. *Porque caipira era tanto o pobre quanto o rico, dado que caipira era uma cultura, antes de tudo*, embora também fosse o descendente do mestiço de índia e branco, o que os ricos mais antigos em boa parte eram (Martins, 2004, p. 158, grifo meu)[42].

---

42 A partir da pesquisa de Antonio Candido em 1954, publicada nos *Parceiros do Rio Bonito* (1964), vê-se que a sociedade caipira se formara durante a expansão paulista, no final do século 18 sobretudo, quando os homens abandonavam as expedições e se fixavam no interior paulista. O mundo caipira, dessa forma, teria sido influenciado por este processo: terra abundante, mobilidade constante, caráter aventureiro do mameluco e ralação quase visceral com a natureza determinaram as formas de adaptação do caipira ao meio. Essas eram as características do modo de vida caipira antes do impacto da urbanização, que se intensifica no final do século 19. Característica fundamental dessa sociedade é o caráter provisório, determinado pela síntese de traços indígenas e portugueses, havendo a assimilação do "ritmo nômade" do bandeirante e da mobilidade dos índios, como já esboçado por Sergio Buarque de Holanda. Esse traço teve repercussões na cultura material e psicológica do caipira: moradia precária, pois supunha a mudança, roupas e objetos também rudimentares, feitos ali mesmo. A terra abundante lhe permitiria a ocupação dispersa e o uso da queimada, onde plantava somente culturas de ciclo rápido. Completando-se sua dieta com a caça e a coleta, a economia era praticamente fechada, permitindo-se uma sobrevivência estrita. Nos termos do autor, um "mínimo vital", que revelava a precariedade material do mundo caipira (Esse resumo está em Jackson, 2002). É interessante ter em mente essa descrição do mundo caipira empreendida por Candido para tentar compreender as implicações do caipira nas crônicas de Menotti e, antes disso, nas falas de Monteiro Lobato – ou seja, perceber como são as condições mesmas da vida do caipira que são utilizadas para desqualificá-lo.

O sociólogo explica que o paulista rico quis, e assim o fez quando pôde, se diferenciar da categoria "caipira", impingindo-a ao pobre, sobretudo o do interior – e a maciça presença estrangeira parece ter ajudado nessa construção.

O principal artífice da imagem negativa do caipira talvez tenha sido Monteiro Lobato. Ainda na década de 1910, como fazendeiro do Vale do Paraíba às voltas com problemas nas suas terras, Lobato envia para a seção de "Queixas e reclamações" do jornal *O Estado de S. Paulo* (*OESP*) uma carta denunciando as queimadas como "um dos principais entraves ao desenvolvimento de um país que ainda professava sua vocação agrícola" (apud Azevedo et alli, 1988, p. 56). Publicado com destaque em 12 de novembro de 1914 sob o título "Uma velha praga", o texto seria reproduzido em mais de 60 jornais por todo o país. Para Lobato, o verdadeiro problema do Brasil era o caboclo, a "velha praga" do título, ou, como caracterizado em outra parte, o "parasita da terra", uma "espécie de homem baldio, semi-nômade, *inadaptável à civilização*, mas que vive à beira dela na penumbra das zonas fronteiriças". Com o avanço do progresso – simbolizado "[n]a via férrea, [n]o italiano, [n]o arado [e n]a valorização da propriedade" –, o caboclo vai se "refugindo em silêncio, com o seu cachorro, o seu pilão, a picapau e o isqueiro, de modo a sempre conservar-se fronteiriço, mudo e sorna. Encoscorado numa rotina de pedra, recua para não adaptar-se" (Lobato, 1962, p. 271, grifo meu). Vale destacar aqui a idéia de que o caipira era visto como um ser que não se adaptava a civilização para pensá-la em relação às crônicas de Menotti.

Após receber inúmeras manifestações de apoio, Lobato publica outro texto, "Urupês", contrapondo-se à mitificação que os literatos haviam feito do homem rural desde o indianismo romântico de Alencar – naquele momento transferida ao caipira, no regionalismo que começava a surgir na literatura nacional – como a idealização da raça brasileira. A imagem de um caipira preguiçoso e sem nenhum senso estético desenhada no artigo anterior seria reforçada agora na descrição da sua casa de "sapé e lama", que fazia "sorrir aos bichos que moram em toca e gargalhar ao João-de-barro" (Lobato, 1962, p. 281-2):

> Mobília nenhuma. A cama é uma espipada esteira de Peri posta sobre o chão batido. Às vezes se dá ao luxo de um banquinho de três pernas – para os hóspedes. Três pernas permitem o equilíbrio; inútil portanto meter a quarta, o que ainda o obrigaria a nivelar o chão. Para que assentos, se a natureza os dotou de sólidos, rachados calcanhares sobre os quais sentam?
>
> [...] Seus remotos avós não gozaram maiores comodidades. Seus netos não meterão a quarta perna ao banco. Para que? Vive-se bem com isso (Lobato, 1962, p. 281-2).

Estes textos lograram definir o caipira de modo extremamente negativo – ao que parece, indo ao encontro dos anseios das elites da época[43]. O estereótipo se definia: preguiçoso, indolente, apático, feio, grotesco – mão-de-obra imprestável que jamais faria o país pro-

---

43 Esses dois textos, reunidos com outras crônicas, resultaram na coletânea *Urupês*, que lançada em 1918 com uma tiragem de mil exemplares se esgotaria em um mês, sendo reeditada inúmeras vezes em menos de dois anos. Em 1920, ganhou uma edição com 8 mil exemplares e até 1923 foram feitas mais 9 reimpressões, totalizando 30 mil exemplares, sucesso nunca visto antes no mercado editorial brasileiro (Cf. Pontes, 2001, p. 435). Esses números dão conta do "talento" de Lobato como escritor polemista e como editor, mas sobretudo revelam quão "candente" era a questão.

44 Os qualitativos de indolência, preguiça, ineficácia e falta de atitude profissional também seriam aplicados pelos industriais paulistas aos trabalhadores para justificarem a baixa remuneração da mão-de-obra e a intensa disciplina do trabalho fabril (Cf. Paoli, 1990, p. 31). É interessante notar

gredir[44]. A imagem negativa só seria desfeita pelo próprio Lobato, que em 1918 escreve uma espécie de mea-culpa reconhecendo que o caipira não *era* assim, mas *estava* assim, devido às doenças e a má alimentação[45]. Mas "o mal estava feito" e a imagem de indolência, preguiça e burrice acompanharia o termo caipira por muito tempo ainda, quiçá até hoje, a despeito do real esforço do escritor em compreender o caipira e divulgar sua nova versão[46].

> o deslizamento desses termos, que passam do caipira rural para o trabalhador urbano, na medida em que a urbanização avança – mantendo-se o preconceito por parte das elites em relação ao trabalhador.

45 Como explicam seus biógrafos, após ler *Saneamento do Brasil*, do higienista Belisário Penna, Lobato percebe a complexidade dos problemas nacionais, que não se resumiriam a uma "maldição racial", sendo antes "fruto do subdesenvolvimento". O homem surgia como produto do seu meio e não ao contrário, o que o faz "pedir perdão ao Jeca" ao escrever novos artigos no *OESP* sob o título geral "Problema vital", em 1918. Em tom oposto aos anteriores, reconhece que "a nossa gente rural possui ótimas qualidades de resistência e adaptação. É boa por índole, meiga e dócil. O pobre caipira é positivamente um homem como o italiano, o português, o espanhol. Mas é um homem em estado latente" (Lobato apud Azevedo et alli, 1988, pp. 111-5). Rui Barbosa também seria responsável pela divulgação da imagem do Jeca, quando em 1919, em plena campanha presidencial, se volta ao homem rural descrito por Lobato e pensa soluções para o problema nacional.

46 A figura do Jeca, ou do caipira, ainda hoje desperta reações e discussões no país. Em julho de 2004, por exemplo, o presidente Luiz Inácio Lula da Silva (1945-) foi alvo de debate público depois de organizar uma festa junina na residência presidencial em Brasília, suscitando uma série de artigos de jornalistas e intelectuais. Em um desses artigos, a filósofa Maria Sylvia de Carvalho Franco descreve a gênese do preconceito à figura do "caipira", lembrando como o tema fora nuclear na "ideologia que opunha atraso e progresso, preconizando a passagem de etapas retrógradas para adiantadas e modernas" (Franco, 2004, p. A3). Em outro registro, ainda sobre a atuali-

Menotti, que em 1917 lançara luz no "homem da terra" através de seu poema *Juca Mulato* – visto como precursor de tal literatura "regionalista" que ganhava adeptos em fins dos anos 1910 –, apresentaria o caipira naquele momento como o bravo e forte expoente da raça nacional, que renunciava ao amor da branca (filha do fazendeiro) por saber "o seu lugar" – e, se não devedor direto da idealização romântica do indígena reprovada por Lobato, compartilhando dessa outra idealização, a dos tipos rurais[47]. Nas crônicas da década de 1920, no entanto, é evidente a coincidência da argumentação entre ambos os

---

dade do tema, pode-se apontar a iniciativa do Sesc SP e do Cenpec (Centro de Estudos e Pesquisas em Educação, Cultura e Ação Comunitária), que lançaram em 2004 o Projeto Terra Paulista, cujo intuito manifesto era "estimular um olhar crítico para a formação e o desenvolvimento cultural do interior do estado de São Paulo". Nesse projeto, que compreendia um portal na Internet, exposições, documentários, livros paradidáticos etc. foram lançados três volumes da coleção "Terra Paulista: História, Artes e Costumes". O volume 2 é dedicado justamente à discussão da "controversa figura do caipira", estudando o universo doméstico e familiar dos paulistas (Cf. www.terrapaulista.org.br).

47 Para Mario da Silva Brito, *Juca Mulato* "constitui uma idealização de base sentimental", mas outra é a importância do livro: o poema seria "filho da era agrária que se finda[va], do homem emocionalmente apegado à terra e que daí a pouco virá a padecer as seduções da cidade fabril. [Seria] o canto de despedida da era agrária, do Brasil essencialmente agrícola, e surg[ia] no momento em que a industrialização começa[va] a comprometer os alicerces rurais do estado" (Brito, 1974, p. 141). Curiosa análise, na medida em que o mesmo historiador ressaltava o poema como renovador e precursor nas artes nacionais. De qualquer forma, pode-se entender essa duplicidade talvez se desvincularmos a forma da temática, ou se o entendermos como um poema de transição entre os dois mundos, nostálgico da vida rural, e precursor na temática popular. Sobre o papel do *Juca Mulato*, ver também Ferreira, 2001, p. 310, além do capítulo 1 deste livro.

escritores no que tange à reprovação do caipira. Ainda que o cronista em nenhum momento cite o nome de Lobato relacionado ao caipira, vê-se que as idéias deste ecoam em diversos momentos, repetindo-se nas falas de Menotti em imagens extremamente semelhantes[48].

---

48 Embora não haja nenhuma referência nominal a Lobato, é patente que os argumentos negativos de Menotti sobre o caipira vêm dali. Annatereza Fabris, em *Futurismo paulista* (1994), também nota ecos do pensamento lobatiano na produção crítica de Menotti no início da década de 1920, sobretudo em seu intento de "construir uma imagem heróica da modernidade de São Paulo [...] usando toda sorte de recursos retóricos, não importa se nem sempre verdadeiros ou enfocados a partir de uma ótica particular". Ressalta ainda que Menotti não estaria só nessa luta, na medida em que Candido Motta Filho e Oswald de Andrade partilharam de idéias semelhantes nesse momento (Fabris, 1994, pp. 6-7). Até se poderia questionar o grau de ligação de Menotti e Lobato, uma vez que eram jornalistas de diários concorrentes e se identificarem com grupos distintos, Menotti no *CP*, e Lobato com o grupo do *Estado*. No entanto, nas suas crônicas percebe-se a imensa admiração de Menotti pelo empresário Monteiro Lobato, por seu espírito empreendedor, que traduzia a verdadeira "alma paulista", desde 1920. Em 1924, Menotti descreve um encontro com o "business-man": Lobato é "um benemérito das letras nacionais. [...] Divulga o talento, estimula a leitura, esparramando, com sua poderosa e envolvente organização industrial, sob o nariz curioso e pasmado do público, as obras dos nossos artistas. Criou um mercado novo: o da inteligência". Convidado a conhecer as oficinas, "na tarde futurista, com arranha-céus abizarrados, bondes amarelos, cartazes arlequinais, e o gris, frinchas de sol, partimos para o Brás, alcatroado e fumarento", Menotti se deslumbra diante do parque industrial que fora montado (Cf. Helios, "Lobato editor", *CP*, 25 jun 1924, p. 4). Em outras oportunidades comentaria também a posição de Lobato frente à arte nova – leia-se, Anita Malfatti (Cf. "Uma palestra de arte", *CP*, 29 nov 1920, p. 4) e ainda os livros de Lobato, sobretudo os infantis (Cf. "Cartas a Chrispim II – Monteiro Lobato", *CP*, 11 out 1920, p. 3; Menotti del Picchia, "Palestra

O fundamental é ressaltar como o caipira acaba estereotipado negativamente, também através das crônicas de Menotti – forma encontrada pelas elites para discriminá-lo e apartá-lo do progresso material da cidade (Martins, 2004, p. 158). A maioria dos migrantes nacionais em São Paulo entre 1875 e 1929 chega justamente na década de 1920, ou seja, é um momento em que o contato com o caipira na capital se exacerbaria (Martins, 2004, p. 163) – talvez por isso o grande número de anedotas de caipira no cotidiano da "Crônica Social".

O cronista não tematiza apenas o caipira pobre que queria vir para a capital. Inúmeras são as crônicas do fazendeiro caipira, o coronel do interior e, embora a essa figura fosse mais difícil impingir a carga negativa da preguiça ou da apatia, eles também seriam descritos em seu deslumbramento ante as novidades que a cidade podia oferecer. Caracterizados por um jeito meio arisco, quase incivilizado, pouco adaptado aos modos de vida urbanos, principalmente por sua falta de cultura, surgia ali o estereótipo negativo sistematizado por Lobato[49].

---

das Segundas: O segredo de Monteiro Lobato (...)", *CP*, 03 out 1921, p. 3; "Narizinho Arrebitado", *CP*, 23 dez 1920, p. 4; "Nossos vizinhos argentinos", *CP*, 10 jan 1923, p. 4; "D. Experiência", *CP*, 13 out 1925, p. 4; "O Mundo da Lua", *CP*, 5 set 1923, p. 4; "Pelo livro", *CP*, 17 set 1926, p. 8). Mas, a não ser por reconhecê-lo como o "pai do Jeca", não ligaria seus argumentos diretamente aos do editor. Não custa lembrar que àquela altura Lobato era também editor de Menotti, além de outros modernistas. Mas o que se pode dizer é que a ampla repercussão dos textos de Lobato alguns anos antes já faziam daquelas imagens senso comum.

49 Isso não quer dizer que todas as crônicas façam um juízo negativo do caipira. Em algumas ele podia surgr como o esperto que enganava o "doutor" da cidade ou mesmo como o verdadeiro manancial das tradições populares, detentor das características mais profundas e originais da terra.

Caipiras, imigrantes e funcionários ante a cidade moderna

Os modos de vida urbanos tornavam-se algo almejado por todos. Assim seria narrado por Menotti na construção da imagem da cidade moderna que atraía para si tudo e todos como um imã gigante. Entretanto, não era qualquer um que podia suportá-los, de acordo com o que se entende na crônica "A estátua de sal", alusão à cena bíblica de Sodoma e Gomorra. O texto conta uma aventura do coronel Belarmino, que aproveitando a vinda à capital para vender o produto de sua fazenda, também ia ver os "teatros, passeios, corsos". Ao "contato da vertigem urbana, arisco e tímido, pasmava-se na contemplação das modas e dos usos modernos". Até que durante uma "*soirée chic*, onde o arrastara seu prestígio de cabo eleitoral da zona, o seu susto cresceu" e ele foge, tamanha a tentação dos braços nus, das saias curtas e dos colos à mostra em meio a ondas eróticas de perfumes: a liberalidade feminina da urbe parecia ser demais para sua existência provinciana. Toma o trem de volta e só olha pra trás quando já não se vê nem mais a sombra da cidade moderna (Helios, "A estátua de sal", *CP*, 24 jan 1920, p. 3). A cidade moderna aparece como algo que o atrai e o seduz – irresistível, portanto –, mas também como o que o repele e o afasta, como algo que o assusta. Percebe-se, nos poucos elementos que compõe a crônica, a dinâmica da situação social, onde os lugares são bem definidos: nesse caso, o caipira que tem algum prestígio por ser o "chefe da zona eleitoral", mas que nem por isso pode se adaptar. Vê-se dessa forma a cidade que se modernizava, mas cuja economia dependia de uma figura considerada "atrasada". E através da crônica, surge a estrutura mesma da República Velha, descrita na ambigüidade que a caracteriza e na especificidade da sua modernização.

A historiadora Maria Cecília Naclério Homem mostra como o que pautou a nova vida urbana foi o "ser civilizado" – e isso significava "ser educado e levar a vida conforme as metrópoles européias [...] numa palavra, levar vida elegante". Quem não se adaptasse estava fadado a não participar: "Tudo o que fugisse ao civilizado tornou-se alvo de preconceito. Incultos, bárbaros, incivis, passaram a ser os negros. Ao passo que se chamaram 'acaipiradas' as famílias ricas que permaneceram à margem do processo" (Homem, 1996, p. 55). As crônicas de Menotti que focalizam o "coronel caipira" mostram o desejo desses homens de "fazer parte da civilização", mas também a sua quase impossibilidade de consegui-lo.

A cidade atraía pelas oportunidades infinitas que parecia oferecer. Mas ao procurar moradia, um infeliz coronel – que só queria se mudar com sua cara-metade para a capital para poder acompanhar de perto as comemorações do Centenário da Independência – se depara com uma situação que dava mostras de que o crescimento desordenado imposto à cidade não ocorria sem conseqüências. Nesta crônica o cenário se afigura quase desolador e, indo de um bairro a outro, Belarmino parece nunca poder encontrar algo decente: "procura daqui, procura dali, vai pro Brás, vai pra Lapa, mexe pra cima, mexe pra baixo e... [...] Um horror! Um absurdo! [...] Pois mal os jornais saem, compro logo pra ver o 'aluga-se': 'Aluga-se na rua Carioca, uma ótima casa. Vasta, nova, para família de tratamento...'" (Helios, "A odisséia do Belarmino", *CP*, 2 out 1920, p. 5). A situação não era fácil:

> – O preço já é o do sem-vergonha: quinhentos mil réis uma pocilga; seiscentos um cochicholo; setecentos, um curral; oitocentos, uma cuia...
>
> – Imagine se meus colonos tivessem que pagar aluguel na fazenda! Eu hoje era um conde Matarazzo! Mas o caradurismo não é só no

preço, Helios. A tal casa para 'família de tratamento' é uma tapera de pau-a-pique, para não desabar como um mundéo no coco dos inquilinos... ("A odisséia do Belarmino"...)

O cronista indagava se era isso que causava o abatimento no Coronel e a resposta não podia ser outra:

– Pudera! Atrás dessas arapucas, andei dois meses, gastei 5 pares de botas e dois contos de automóvel e bonde. Agora, resolvi mandar buscar o Piquira que eu deixei em Piquiri, no pasto do Saturninio Goiaba. Vou começar a romaria a cavalo...
– E a sua mulher?
– Quis ontem se suicidar com uma lata de creolina. Tive de chamar a Assistência. Quanto a mim, estou nesta dança: ou vou parar no Juqueri ou viro bolchevista! ("A odisséia do Belarmino"...)

Não se sabe se a esposa ia se suicidar porque não achavam uma casa ou de vergonha pelo marido que resolvera fazer a busca a cavalo em plena cidade de São Paulo às vésperas do Centenário, quando se preparava a maior exibição pública e oficial de progresso e civilidade. O fato é que a crônica dá a entender as dificuldades do provinciano com a cidade moderna: o que fazer, como se adaptar aos novos padrões de vida? As relações que se estabelecem nessa cidade são outras – a impessoalidade, a falta de compromisso, a solidariedade do interior que não existe mais na cidade grande – mostrando situações muito diferentes do que se estava acostumado na vila, na mesma proporção em que a vida no interior deixava de satisfazer o fazendeiro enriquecido. Só que esse caipira, na cidade, parecia não ter vez.

Esta outra anedota se passava num dos espaços mais "nobres" da nova capital: a nova Avenida Paulista, que reunia fazendeiros e imigrantes enriquecidos[50]. Era ali que desejavam morar e se exibir – na arquitetura bizarra de seus palacetes, em seus Fords no corso de carnaval ou nos ralis da primeira avenida plana e asfaltada da cidade – os novos e velhos ricos paulistas. Menotti narra a aventura do "queridíssimo amigo, altamente colocado na nossa sociedade e fortemente aquinhoado pela sorte na política", que morava num desses palacetes da Avenida. "Um seu compadre, fazendeiro do interior, mandou-lhe, pelo natal, de presente, um lindo leitão gordo e redondo, esperto e grunhidor, que lhe pôs a casa em polvorosa". O inusitado da situação não para aí, já que empregada, "trêmula e pálida", avisa: "Seu doutor, o porquinho fugiu!". O doutor não podia acreditar: "Fugiu? Hom'essa! Para onde?" – "Para a Avenida!", diz a moça (Helios, "A caçada", *CP*, 4 jan 1922, p. 4):

> E daí a pouco, meu amigo, com um Ford escanifrado e lépido, começou, em plena Avenida Paulista, com um lençol, a tremenda caçada. Foi uma verdadeira batalha.
>
> [...] E assim, vencendo mil perigos – abalroamentos com bondes, multas de soldados, encontros com autos, atropelamentos de transeuntes – com um Ford esguio, um lençol de linho, após duas horas de combate, o meu amigo X conseguiu em plena Avenida Paulista, caçar um leitão de leite.
>
> E o comeu, muito bem assado, na noite de Natal. ("A caçada"...)

Participar do mundo civilizado, estar integrado, ver e ser visto, era o motivo que fazia da cidade um lugar tão sedutor. E parece ter sido no teatro, nas temporadas líricas, que essa encenação pôde se dar de maneira mais completa. Para tal fora construído o

---

50 Aberta em 1891 pelo loteador Joaquim Eugênio de Lima (1845-1902), torna-se um dos endereços mais elegantes da cidade.

Teatro Municipal, na cidade que contava ainda com o São José e o Santana[51]. Menotti parece notar a particularidade desse momento, fixando-o em inúmeras anedotas sobre a temporada lírica paulistana – símbolo máximo de distinção social na capital. É claro que em muitas de suas crônicas ele se limitava à função básica do "cronista social", quando elogiava os "fidalgos patrícios", "a fina flor da sociedade paulistana" que se exibia nos salões e teatros, justamente exercitando suas posições de destaque na sociedade – mas é interessante como através das anedotas cujo sentido geral é o de caçoar do fazendeiro enriquecido, de novo, tão pouco adaptado aos costumes modernos embora deles usufruísse todos, é que se nota que a cidade atraía para si toda essa população ávida pelas novidades e pela exibição pública. O cronista aproveitava as práticas e os lugares de exercício da modernidade como tema, valorizando-os como algo a ser alcançado por todos, e todavia é justamente através das suas anedotas que se pode relativizar a sua penetração.

"Nhô Nito", por exemplo, conseguira "seu ideal na vida [...] depois de vinte anos passados na sitioca". Pouco a pouco, comprando trechos de terras vizinhas, aumentara o perímetro da fazenda de café e com a alta do produto no mercado "a fortuna viera sólida e larga". Logo, "tentado pela vida da cidade, vendera tudo – preços de lamber o beiço – e instalara-se com nhá Tuca, sua cara-metade, num *villino* de Higienópolis". Era ali que poderia finalmente usufruir da riqueza acumulada e ter uma "vida *chic*: auto na *garage*, roupas no Excelsior, calçados no Serafino, poltronas e almoços no Automóvel Club e – requinte de elegância – frisa no Lyrico". Entretanto, toda essa encenação

---

51 Sobre a importância dos teatros no exercício da mundanidade nas cidades burguesas latino-americanas, ver Romero, 2004, p. 321. Sobre o significado da freqüência às temporadas líricas a partir do final do século 19 em São Paulo, ver Morse, 1970, pp. 260-1 e Homem, 1996, p. 197.

da modernidade se completava com uma característica bem pouco lisonjeira: detestava os pretos. Por conta de um entrevero que tivera com um preto sitiante no interior, "era esta sua frase: – Negro foi o Tinhoso que feiz com tijuco de brejo pra infernizá os branco!". Para coroar sua estréia na vida mundana, decide assistir *Otelo*[52]. Mas indignado com o fato do protagonista ser negro, gritaria do alto da sua frisa ser "bem-feito" Desdêmona ter sido assassinada, afinal "quem tinha mandado ela casar com preto"! (Helios, "A opinião de Nhô Nito", *CP*, 21 fev 1923, p. 4). A crônica não entrava na questão do "eventual preconceito" do fazendeiro, o ponto era a sua "cafonice", a pouca adaptação desse coronel novo-rico com a vida na cidade, a sua falta de conhecimento da tragédia shakespeariana. É disso que se está falando. De que valia viver na capital se não sabia se comportar?[53]

Mas a despeito de tanta ignorância, o que importava mesmo era o crescimento e o desenvolvimento da capital – que atraía e despertava a atenção dos que nela aportavam. De outra feita era a história do "coronel Chimbica", que ao se dar conta da "evolução" da cidade só podia mesmo ficar besta e preferir "sê uma égua na capitar". O anfitrião lhe mostrava a vista do Viaduto do Chá: "o Municipal... o Explanada... O S. José... O vale do Anhagabaú...", provocando no visitante interjeições de espanto e júbilo diante da "Nova York sul-americana, rendilhada a escopro pelo gênio paulista numa babélica

---

52 *Otelo, o mouro de Veneza*, tragédia de Shakespeare datada de 1604, onde o protagonista, o general mouro Otelo, envenenado por Iago, acredita que sua amada Dêsdemona lhe traiu e a mata com um punhal (Cf. www.allshakespeare.com/othello/).

53 Ainda sobre o fazendeiro caipira diante da temporada lírica, pouco acostumado diante dos modos e costumes civilizados, Helios, "Corenta e sete!", *CP*, 5 set 1927, p. 3; "O Rigolete", *CP*, 15 ago 1927, p. 4; "O 'nouveau riche'", *CP*, 21 set 1921, p. 4.

ânsia de tocar as estrelas com as flexas de suas torres, com as cúpulas dos seus zimbórios". Tal coronel chegara de Piquiri encantando-se a cada passo: "a estação da Luz apavorava-o; o bonde elétrico, faiscando na noite como um monstruoso inseto fosforescente, pusera-lhe arrepios na espinha. Dentro do elevador, no hotel, quase tivera uma síncope" – mas eis que "pouco a pouco acostumara-se às maravilhas estonteantes da urbe e já o espetáculo tumultuário, proteiforme, vertiginoso, se lhe tornara familiar e amigo" (Helios, "As impressões do cel. Chimbica", *CP*, 24 jun 1923, p. 3). O convidam então para conhecer uns estábulos e cocheiras-modelo nos arredores da cidade:

> – Ah! – disse o Febronio, seu corretor nessa capital e seu cicerone – o coronel vai gostar... Não aprecia criação?...
> – Ora se ... pricío... para mim, um capado bem redondo vale por uma obra de arte...
> – Pois o coronel vai ver como gente da cidade também sabe tratar de criações como gente da roça...
> – E, no auto rápido, carregou o Chimbica ao Posto Zootécnico Experimental". ("As impressões do cel. Chimbica"...)

Começam a visita pelos estábulos, onde se via vacas de raça, touros rijos e maciços, bezerros rosados. O coronel só fazia elogiar: "Isto é papafina... Gado de qualidade!". Até que chegam em "baias higiênicas, reluzentes e asseadas como banheiros modernos", onde ficavam as éguas. E o anfitrião lhe explica:

> – Examine esta égua, por exemplo. O feno é fresco. Pela manhã, o tratador vem aí, escova-a, passa-lhe o pente, faz-lhe 'toillette' como se fosse uma pessoa. Dá-lhe banho, faltando apenas fazer-lhe pulverizações de perfume. Depois leva-a para dar um passeio e tomar sol. Cobre-a então com essa capa de casemira...

— É?

— Muda a água a todo o instante e o asseio é feito com esguichos... mas veja como a égua está garbosa, gorda, bonita..." ("As impressões do cel. Chimbica"...)

De volta a Piquiri, o matuto, deslumbrado com a visita, exibe ares de tristeza. "Sôdade das francesas, coroné? Mecê, a morde que andô nas farra..." – mas que nada, o coronel relembra a visita ao Posto e sentencia convicto: "– Ó'ie, francamente, mais vale sê égua na capitar que coroné em Piquiri..." ("As impressões do cel. Chimbica"...).

Mas nem só caipiras do interior se sentiam atraídos pela urbe imensa, plena de prazeres e possibilidades. "Aconteceu a Secundino Costelleta e Souza, exemplar escriturário da Secretaria da Agricultura" também se deslumbrar com tamanho desenvolvimento. Funcionário "cujo instinto bebera como uma esponja os hábitos da burocracia, [que] teve promoções louvadas em portarias de secretário, pelo seu exemplo e desvelo e dedicação ao Estado", transformara-se, ao longo dos anos, em um "paradigma da nobre e organizada classe de funcionários" – orgulho da cidade, fator inconteste de sua modernização. A esse "moderno Ulysses[54] da Secretaria da Agricultura" acontecera de num sábado, "contrariamente aos seus hábitos de tomar o bonde na

---

54 Ulysses (Odisseu), personagem da mitologia grega, era rei de Ítaca e um dos líderes do exército grego na guerra de Tróia. Surge em diversas obras gregas antigas como herói bravo e virtuoso. Sempre retratado como um exímio estrategista, é o autor junto com Diomedes do logro do cavalo de Tróia, que levou a conquista da cidade pelos gregos (Cf. Stephanides, 2004). Curioso notar que justamente nestes anos (1914-21) o irlandês James Joyce (1882-1941) está escrevendo a história do seu "moderno Ulysses", romance que seria lançado em 1922 pela editora parisiense Shakespeare and Co., mas que vinha sendo divulgado em capítulos nos círculos literários europeus e norte-americcanos desde 1918 (Cf. Anderson, 1989).

rua XV [...] [ir] arrostar os perigos e as tentações da rua Direita, para comprar uns objetos numa loja". Ao mudar seu caminho e se deparar com "tantas e tão nuas as Circes[55] que transitavam por ali, despidas pelo sol indiscreto, que vem das bandas do Viaduto", Secundino "perdeu a cabeça [...], a cada canto uma sedução; a cada ângulo uma surpresa". Num misto de espanto e encantamento, deixa-se ficar por longas horas, maravilhando-se com todo aquele movimento e agitação. "Ao defrontar o Mappin, seu encantamento transformou-se em fascinação". O resultado é que só chegaria em casa às dez da noite... e a esposa, furiosa, jura que da próxima vez tudo "acabaria em escândalo, ambulância e divórcio!". Menotti concluía: "Este S. Paulo de 1921..." (Helios, "As façanhas de Ulysses, *CP*, 4 abr 1921, p. 3). No passeio do funcionário, mas também na reação da esposa, vê-se a cidade que se transforma e moderniza: se escândalo sempre houve, agora a mulher podia ameaçar com o "divórcio", atestando a sua "emancipação". A cidade era o lugar da liberdade e das possibilidades infinitas, ainda que perigosas.

Noutra crônica via-se essa cidade, entendida como o centro e os bairros das elites, como um pólo de atração para as classes baixas. Em uma verdadeira "crônica social", o comentário de uma festa à fantasia no palacete dos Crespi, família de origem italiana enriquecida no Cotonifício Crespi[56], Menotti descreveria toda a extravagância

---

55 Circe, personagem da mitologia grega, deusa-feiticeira dotada de poderes extraordinários, preparava venenos capazes de transformar os homens em animais. (Cf. Stephanides, 2004).

56 Os Crespi, imigrantes italianos, se uniriam à família Prado pelo casamento da filha do patriarca Rodolfo Crespi, Renata, com um sobrinho de Antônio Prado, Fábio, futuro prefeito da cidade, simbolizando a união das elites, a cafeeira e a industrial (Darrell, 1977). O Cotonifício Crespi era uma das principais companhias têxteis de São Paulo, lugar onde se iniciou a primeira greve geral da

da festa. Tratava-se de um baile veneziano, daí o título da crônica, uma festa *a la* doges de Veneza, e o cronista narrava como

> na noite da Avenida [Paulista], o palácio Crespi ardia como se sobre ele houvesse caído uma chuva de estrelas. No asfalto úmido, que parecia a água quieta de um canal morto, *limousines* corruscantes rodavam, aparecendo, através dos cristais, finos perfis de dogarezas. Um sulco na turba apinhada às grades. O auto rodou na alameda do jardim faulante de lanternas. (Helios, "A noite dogal", *CP*, 2 jan 1923, p. 3)

Nota-se que as festas oferecidas pelas famílias de prestígio representavam outro momento importante na exibição dessa sociedade, onde o que importava era "ver e ser visto, para ratificar o seu papel de membro importante do grupo dirigente, a fim de contribuir para que toda a sociedade se visse obrigada a reconhecer que eram eles, e somente eles, os que formavam a nova classe dirigente" (Romero, 2004, p. 322). Aqui não seria diferente, e no *hall* as donas da casa, "*mmes.* Crespi, Crespi Prado e Rondino Crespi, como três figuras fugidas a uma tela de Hans Krell[57], [davam ao] ambiente uma nota de suprema elegância", recebendo os cumprimentos dos convidados.

> Dispersos em grupos, gondoleiros, que mais pareciam príncipes disfarçados, emolduravam com sua graça viril a galante turba feminina... [...] Aquele senhor é o inquisidor da Corte, cuidado... O inquisi-

---

cidade (1917), que, segundo estudiosos da questão operária, fez surgir os trabalhadores paulistanos como classe operária aos olhos da população (Cf. Paoli, 1990, entre outros), um lugar simbólico do embate entre as classes.

57 Hans Krell (1490-1565), artista da corte germânica dos Hohenzollern, pintava a nobreza em retratos oficiais.

dor era o dr. Guilherme Prates[58], o fino 'gentleman', com um grande crachá de diamantes coroscando na botoeira da casaca impecável. ("A noite dogal"...)

E o cronista segue descrevendo o ambiente que verdadeiramente lhe encantava: "no salão que mais parecia um trecho de conto de fadas, o maxixe anacrônico e brasileiro substituía a ondulante furlana e o *jazz* mágico, lusbélico e estridente, abafava as vozes da serenata lânguida que vinha de fora". Enquanto o garçom lhe serve "champanha", "a dois passos, na avenida, *os curioso grudados às grades do jardim*. No salão, um tango. Por toda a parte a graça, a beleza, a elegância, a finura..." ("A noite dogal"..., grifo meu) – era o retrato da sociedade paulistana. Ao sair da festa, na "manhã azul", o auto barulhento lhe traria de volta a realidade:

> Sacolejando pelas suas molas, largado nas suas almofadas, ainda via, na retina, como num *gobelin* desbotado, o salão com as fidalgas figuras antigas, ressuscitadas por um momento dentro de um século banal, cheio de táxis, de caminhões arfantes, de bondes elétricos...
> Século XX... Estava em 1923. ("A noite dogal"...)

Na descrição da festa, entre deslumbramento e empolgação, Menotti traz a realidade para mais perto, localizando os pobres no papel de espectadores do fausto que o dinheiro, primeiramente do café e depois das indústrias, proporcionaria às elites paulistas. José de Souza Martins explica não ser

---

58 Guilherme Prates, primogênito do Conde Eduardo Prates e da filha do Barão de Itapetininga, Antônia dos Santos Silva, uma das famílias mais importantes e ricas da sociedade paulistana desde o século 19. Com a morte do pai em 1928, herdaria o título de Conde.

anômalo que um dos passatempos das famílias operárias nos domingos fosse o de tomar o bonde para percorrer a avenida Paulista e até mesmo parar na calçada oposta à casa dos ricaços, não raro patrões, para mostrá-la à esposa e aos filhos [...] [num] certo deslumbramento de zoológico na admiração pela habitação espaçosa oposta a porões, cortiços, vilas e casas econômicas de pouco espaço. E nesse turismo de domingo à tarde, uma difusa consciência de que a monumentalidade das habitações burguesas era produto do suor operário nas fábricas dos bairros distantes (Martins, 2004, p. 186).

A imagem da turba colada às grades na festa dos Crespi pode ser testemunha da análise de Martins, mas é sobretudo mostra de uma vida apartada entre as classes[59]. Deve-se ressaltar aqui como também ao próprio Menotti a cidade exerce esse poder de atração observado em diferentes níveis. É patente o seu deslumbramento frente ao desenvolvimento da capital paulista e, nesse caso, frente ao luxo ostentado por uma elite que se orgulhava de seu "refinamento"[60].

---

59 Mas não se deve limitar a classe operária a mera espectadora da modernização. Há uma bibliografia extensa que dá conta de uma população pobre extremamente ativa e nada convencida de seu papel de espectadora. Apenas para se ter uma idéia da força e da presença dessa classe, estima-se que houve 107 greves no estado de São Paulo entre 1915 e 1929 (Cf. Pinheiro, 1977), e segundo a historiadora Silvia Moreira, antes mesmo de 1889, desde a implantação das primeiras indústrias em São Paulo, houve reinvindicação por parte dos operários por melhores condições de trabalho, aumento de salários e regulamentação dos direitos, localizando greves já ali, ainda que esparsas (Moreira, 1988, p. 12-3). Essas reinvindicações, como se sabe, culminam nas Leis Trabalhistas pós-1930.

60 Esse "deslumbramento" causado no pobre, e também no cronista, aparece em outras crônicas sobre as festas das elites paulistanas, como a do natal de 1919 evocada no natal de 1920. Festa no Automóvel Club – clube seleto

De certo modo, as crônicas de Menotti trazem para hoje a representação da cidade que era feita por um grupo específico, ao qual o cronista pertencia, por isso as poucas ou nenhumas referências a uma cidade operária ou trabalhadora. Mas é a partir das brechas das suas crônicas, de pequenas e esparsas referências, que outra cidade surge. Justamente uma cidade que, colada à cidade da modernização implacável, se ressentia dessa modernização e dava conta da complexidade daquele momento.

Nesse sentido, não parece estranho que em meio a tantas imagens positivas que caracterizavam a cidade, surja de repente um texto que contrarie um pouco o espírito eloqüente do progresso inevitável. Numa crônica de carnaval – tempo de festa e divertimento – Menotti narrava a sua experiência ao sair em busca da "alma boêmia e anônima" das ruas, pois às vezes era necessário "um banho de multidão" (Helios, "Meu carnaval", *CP*, 28 fev 1922, p. 5). E nada melhor que se dirigir à avenida Paulista, onde o corso refinado podia se exibir aos transeuntes:

> A Avenida resplandecia na apoteose aurifulgente da carnavalada. Orgiática, epopéica, dionisíaca, a ciranda dos autos renovava na bacanal moderna o rito da Lascívia e da Loucura.

---

da elite cafeeira, um "marco referencial da área nobre do centro e ponto de encontro da elite que decidia os destinos da República" (Sevcenko, 1992, p. 74), onde "um halo fosforescente como um grande resplendor de incêndio surpreendia os habitantes das zonas suburbanas de S. Paulo". O que seria aquilo, que os pobres vislumbravam de longe? "Os curiosos perscrutavam no ar rumores de socorro [...] Nada. A curiosidade os arrastou à cidade. Quando chegaram à rua Libero Badaró, pararam, pasmados". Era apenas a "gigantesca rotunda do prédio Prates, onde se aloja o Automóvel Club, [que] parecia um fantasmagórico castelo de um conto de fadas [...] um deslumbramento" (Helios, "Um baile", *CP*, 24 dez 1920, p. 3).

> [O carnaval] era bem aquilo! Ingenuidades parvas de idiotas pobres vendo a alegria farta dos ricos...! ("Meu carnaval"...)

No papel de observador, flagraria um outro lado da festa, onde trapeiras recolhiam os restos dos confetes e serpentinas que voltariam às fábricas de papel:

> Pela manhã, ridículos suados, os mascarados recolhiam-se. No dilúculo morrente, trapeiras infernais com ademanes de Parcas recolhiam a alegria morta dos papéis de cores em sacos imundos, para o renovado martírio obscuro das fábricas, do trabalho insone dos que preparam as loucuras dos ricos... ("Meu carnaval"...)

Essa é uma das poucas crônicas em que o pobre trabalhador não é o protagonista de uma anedota cômica e se vê sua situação de privação narrada não como algo passageiro ou prestes a desaparecer, como se verifica em outras oportunidades, mas como algo necessário ao funcionamento da cidade. Certamente essas atividades também eram motivo de atração à cidade – como hoje ainda o são, possibilitando a sobrevivência a grupos apartados da modernização, ou, dizendo de outra forma, que sobreviviam e faziam parte da modernização justamente por ocupar essas funções[61].

---

61 Essa idéia me foi sugerida pela leitura do artigo "Crítica à razão dualista" (1972) de Francisco de Oliveira. Chico de Oliveira, assim como outros intelectuais que se dedicaram a estudar a modernização brasileira, aponta seu caráter particular na periferia do capitalismo, onde os setores considerados arcaicos, previstos para serem superados, nada mais eram que outra face da moeda, tão importante como a moderna, na medida em que essa modernização se dava apoiada nesses setores e deles dependeria (Cf. Oliveira, 2003, pp. 25-119). Ainda que o processo

Seu tema preferencial, entretanto, era a modernização que alcançaria a todos, mesmo que em graus diferentes – pelo menos era o que se esperava àquela altura. Nesta crônica em que mais um coronel está procurando moradia, vê-se – em contraposição à do amigo Belarmino em 1920, cuja tarefa parecia impossível – uma situação que comprovava suas idéias de incorporação. O ano é 1929. Menotti começa contando que quando seu amigo "João Babaçu, fazendeiro de laranjas em Caracaxá" decidiu se instalar na cidade, a ele lhe tocou o papel de cicerone, levando-o em seu Ford "através do dédalo urbano". A experiência se revelaria nada menos que "incrível", pois o amigo "cabeçudo e incontentável", ao querer "um *bungalow* com *hall*, colunatas, salas palacianas, instalações higiênicas 'di primo cartello', *garage*, quartos para as mucamas, tudo por 500$000 por mês" fez com que Menotti rodasse toda a cidade atrás da tal "casota", até achá-la, pois "tudo é possível" nessa "S. Paulo-maravilha" (Helios, "Boite a surprise", *CP*, 13 jul 1929, p. 6). E passando de bairro em bairro, a cidade se exibiria diante do exigente amigo, do cronista e do leitor:

> Avenida Paulista! Sonho de Aladin executado por Dacio de Moraes, Ramos de Azevedo, Botelho, Tucci, meu amigo Cavaqueira[62], mestre de obras de cangurus e enriquecido em três trancos nessa santa e agasalhadora terra de Piratininga.
>
> Pacaembu[63]! Mágica improvisação do mais sadio bairro paulista,

---

de modernização seja descrito pelo sociólogo como algo que ocorre a partir dos anos 1930, vê-se como já se faziam notar indícios de seu funcionamento na década anterior, como essa crônica de Menotti ajuda a perceber.

62 Arquitetos e mestre-de-obras que atuavam na cidade.
63 Novo bairro da cidade, loteado pela Cia. City em 1925 (Cf. Wolff, 2000, p. 78).

com cubismos corbusianos de Warchavchik[64] e melodramas arquitetônicos do dr. Pangaré.

Perdizes! Funambulesca criação do ecletismo cosmopolita mais arrojado e revolucionário do universo... ("Boite a surprise"...)

O coronel se encantava cada vez mais: "Gostava bem daqui, seu Helios", porém os aluguéis: "800$000, 900$000, ... 1:000$000...". "Toque o fordeco...". E lá iam eles novamente:

Tuff! Tuff. Brec, rac, toc... Avenida Água Branca.
– Lindo! Isso deve ser a residência de um príncipe! – gritou o citricultor olhando o esplendor cândido, verde, moderno de um parque cheio de deslumbrantes pavilhões.
– Isto é casa para zebus e mangalargas – expliquei. – São Paulo dá moradia de primeira até aos bichos. É o museu de Indústria Animal[65]!... ("Boite a surprise" ...)

A busca continuava com Babaçu e Menotti cada vez mais deslumbrados: "S. Paulo é lindo. Vila Pompéia, nova, garrida, faceira. Lapa operária. Alto da Lapa[66] fidalgo, com palacetes imperiais... Depois corremos Higienópolis[67], que recendia a água

---

64   Gregori Warchavchik (1896-1971), arquiteto ucraniano radicado no Brasil. A ele Menotti dedicaria algumas crônicas, analisadas no capítulo 3 deste livro.
65   Tratava-se do recém aberto Pavilhão de Exposição de Animais. Em abril de 1928, o então presidente de São Paulo, Júlio Prestes, e seu Secretário da Agricultura, Fernando Costa, decidem transferir as antigas dependências de Produção Animal e de Exposições da Moóca para a Água Branca. Contava com um parque de aproximadamente 125 mil m².
66   Loteamento da Cia. City a partir de 1921 (Cf. Wolff, 2000, p. 78).
67   Loteamento a partir da chácara de Veridiana da Silva Prado, desde o início do século (Homem, 1996, p. 189).

de colônia e parecia o bairro dos nababos. Depois descemos ao Jardim América[68]". Mas ainda nada. Vão ao Paraíso, "bairro celestial como seu nome" e à Vila Mariana: "eu quero morar aqui...". O fazendeiro se encantava com todos os bairros, a cidade era a "urbe da sedução". Passam pela Aclimação e a cidade vai "alargando seus panoramas, infinita, inatingível, como se fosse de borracha. Em cada canto o imprevisto de uma criação arquitetônica deslumbrante. Jardins de um verde puro e de um esplendor incalculável". O cronista se deixava deslumbrar, como na festa dos Crespi, e agradecia ao amigo que lhe fizera conhecer todos os bairros de "uma das mais belas cidades do mundo. E não há números para calcular os prédios novos: palácios, bangalôs, vilas...". Finalmente, após 7 dias de peregrinação encontrariam a casa ideal, pois que "nossa terra realiza o milagre de contentar os incontentáveis. Não é uma cidade, é o sonho prodigioso de um mago criando uma incomparável maravilha num instante de ciclópica alucinação" ("Boite a surprise"...).

Parecia haver espaço para todos na cidade de sonhos que era São Paulo, ou, como queria o cronista, na "caixinha de surpresas" que se revelava ser a capital. Os bairros operários, com exceção da Lapa, ficariam de fora da sua peregrinação, mas o amigo era coronel afinal. O que importava ao cronista mostrar era que a cidade, aos que trabalhavam com afinco, tudo poderia dar – e por isso ela atraía toda sorte de personagens. Assim, acorriam a ela o pobre e o rico, o fazendeiro e o operário, o homem e a mulher, o velho e o jovem, o caipira e o estrangeiro, e, porque não, o próprio Menotti – todos em busca das "maravilhas da urbe moderna".

---

68 Loteamento da Cia. City a partir de 1915 (Cf. Wolff, 2000, pp. 77-8).

Se isso é fato, a crônica "O tombo do Frankusk" pode ser lida como uma espécie de resumo da atração que a cidade exerce, dessa vez aos estrangeiros, que vinham "fazer América". Imigrantes que podiam encontrar um lugar e contribuiriam, cada um ao seu modo, com progresso da urbe cosmopolita, no juízo de Menotti. A anedota em questão contava a história de um "bávaro que a má sorte arrancara a sua burguesa e pacífica vida às orlas do Danúbio", um gordo chamado "Herr Frankusk", obrigado pela guerra a imigrar, vindo atrás do "sonho promissor da América". Seu paladar germânico se estranhava ante "o gosto 'yankee' brasileiro das salsichas da Armour e o travo acidulado e amargoso da cerveja nacional" – mas o pobre tinha que se virar. Sendo assim, "agitou suas banhas pelas ruas da cidade, à cata de um lugar que lhe assegurasse pelo menos o sustento". O alemão se sujeitaria a qualquer posto, a situação se tornava grave, aceitava até mesmo o arriscado trabalho de "grudar cartazes políticos nas últimas vigas de um andaime de arranha-céu…". Finalmente, por sorte, "numa padaria suíça de propriedade de um ukraniano e gerida por um milanês", o pobre encontraria emprego de distribuidor de pão à freguesia do bairro: "Sabe andar de bicicleta? – indagou o gerente – o serviço é feito de bicicleta. Sim senhorr!" – responde rapidamente Frankusk, que jamais se equilibrara nas duas rodas de uma bicicleta, afinal "a necessidade cria o instinto de todos os equilíbrios". Inicia logo sua tarefa de entregador e não estava se saindo mal até que numa esquina, esquecendo-se de tocar a campainha, dá de cara com a carroça do "estrídulo e vermelho verdureiro do bairro", o italiano Pomidoro (Helios, "O tombo do Frankusk", *CP*, 21 ago 1929, p. 9):

> Pomidoro urrava:
> – Per la madona! Accidente! Mondo cane! Farabutto!
> Suando, erguendo-se do chão onde se esparramara, com a testa

cheia de polpa vermelha dos tomates que esmagara na queda, Frankusk olhou o italiano com ar imbecilizado. O outro, com dedos em riste no queixo do alemão, berrava:

— É! Per Bacco! Você não tem campainha na bicicleta? Então não sabe tocar a campainha?

— Sei tocarr a campainha... – justificou-se herr Frankusk – ...eu sei tocarr a campainha. O que eu não sei é andarr de bicicleta... ("O tombo do Frankusk"...)

A Babel nacional tinha lá seus problemas, ainda que cômicos, que o próprio Menotti enfrentaria em uma situação inusitada, num restaurante *chic* da capital. Ao pedir um cardápio, notara que o garçom, "um anguloso russo com o nariz de Koriskosso de Eça[69]", estacara "como que empalado, junto da mesa onde me encadeirara, com uma interrogação afuroante nos seus olhos de eslavo". Ante a insistência de Menotti, alguns "tipos exóticos" em outras mesas "chegam [mesmo] a sorrir" (Helios, "O cardápio", *CP,* 22 nov 1919, p. 3):

— O cardápio, idiota! – berrei.

O "garçon", confuso, mastigou uma desculpa, ignorando meu estranho pedido:

— O cardápio acabou... Comeram-no todo. Temos ainda uns "ossibuchi", uns "amourettes dorées", uns...

Fiquei literalmente pasmo.

[...] Comeram o cardápio? Isto será acaso o Ceará dos retirantes?" ("O cardápio"...).

---

69 Koriskosso, personagem do conto *Um poeta lírico* de Eça de Queiróz, publicado a primeira vez na revista *O Atlântico* (Lisboa, 1880). Foi considerado "o mais infeliz" de todos os poetas líricos.

Logo "um raio de razão" iluminaria seu cérebro e o faria perceber que o pobre rapaz não havia compreendido seu pedido, já que ele não pronunciara a palavra mágica "menu" e, "em falta de outra desculpa, imaginando que 'cardápio' fosse iguaria, o infeliz mentiu, dizendo que acabara":

> Os circunstantes riram. Julgaram-me um doido ou um caipira... Arre! Falar em "cardápio" neste maravilhoso país, que come à francesa, pensa à francesa, escreve à francesa, era positivamente um sacrilégio digno de sambenito e tiara de excomungado. ("O cardápio"...)

O defensor da nacionalização das artes defendia a língua nacional e reclamava: "Perdi o apetite. Julguei-me um pobre 'meteque' errabundo e, mais do que nunca, por causa de um cardápio, senti-me só, ridículo, mesquinho, estupidamente estrangeiro no meu próprio país!" ("O cardápio"...)[70]. O sentimento de ser "estrangeiro no próprio país" vinha do uso corrente de outra língua, mas certamente também pelo fato da cidade naqueles anos parecer uma feira das nações, onde um restaurante podia ter o cardápio francês, o garçom russo e a comida húngara, ou a padaria suíça ser de propriedade de um ucraniano, ter um gerente milanês e um entregador alemão. Entre tantas e tão variadas "raças" o cronista parecia perder as referências.

---

70 Ainda sobre cardápios em outra língua que não o português, em outra crônica Menotti discorre sobre as delícias nacionais que têm nomes "hediondos", que fazem "desmerecer o prato", "tal qual uma moça bonita que acudisse ao apelido de Quitéria ou Fredegunda". Mas ele, tão nacionalista, não se atemoriza "diante do nome horrível do 'tutu', nem do 'cuscu's' nacionalíssimos", afinal, "um bom 'vatapá' ou uma 'feijoada' valem bem os primores luculeanos das 'galantinas' e os floreados culinários dos 'vol-au-vent'" (Helios, "Um cardápio hieroglífico", *CP*, 1 out 1919, p. 3).

É certo que a capital atraía os estrangeiros por criar novas formas de trabalho. Na construção civil ou nas obras públicas, como caixeiros ou peões em lojas e oficinas, como porteiro em repartição pública, garçom de bar ou de restaurante, como lanterninha em teatros ou cinemas, cocheiro ou chofer, mensageiro ou engraxate, como vendedor de bilhetes de loteria e de jornais, o pobre, estrangeiro ou nacional participava da "cidade moderna". Surgiam postos de trabalho também nas novas manufaturas e indústrias, nas oficinas ferroviárias, nas olarias, nas fundições de ferro e bronze, nas serralherias, nas fábricas de tecidos, cigarros, vidro, sabão, chapéus, móveis, relógios, licores, sapatos etc. (Morse, 1970, p. 295 ss.). Assim, crescia também "pouco a pouco um novo setor das classes populares: o proletariado industrial, não muito numeroso, mas de fisionomia social bem definida" (Romero, 2004, p. 306). Dentro desse processo de diferenciação das classes, notadamente o crescimento e a transformação das classes médias mudariam definitivamente o caráter da cidade. No comércio ou numa profissão liberal, os burocratas, os militares, os clérigos, os servidores públicos se expandiram, tornando-se cada vez mais necessários (Costa, 1998, pp. 261-6). Menotti capta a transformação de uma classe e o estabelecimento de outra, tematizando a assimilação do imigrante branco e católico e a dificuldade em se lidar com culturas diferentes e com indivíduos que teimavam em permanecer à margem da civilidade – embora a ela acorressem.

Nota-se como sobretudo a partir da metade dos anos 1920, concentrando-se nos anos finais da década o pobre, que aparecia ligado à cultura caipira, vai dando lugar ao imigrante – e nesse espectro, o imigrante português tem papel fundamental, inclusive por encampar a representação do ingênuo, pouco inteligente, o estereótipo do "burro" que antes coubera ao caipira. Assim é na crônica "A idéia genial do sr. Bestunto", onde um "minhoto de alma branca e bigodeira pretíssima", chamado Manuel Repolho, era o dono de um café "na esquina da Rua das Cebolas e do Beco do Caramujo". Em frente ficava um sortido armazém de secos e molhados, estabelecimento de outro português da Ilha da Madeira, Fructuoso Bestunto, possuidor de "uma cabeleira áspera, tal qual um gorro de couro de porco espinho"."É inútil dizer que Bestunto, por ser duro de miolos, tinha inveja do bom Manuel Repolho, cujos progressos comerciais no seu café bem afreguesado constituíam as razões das insônias e dos mexericos do vizinho". Eis que numa manhã aparece na frente daquele café uma escada de pintor e logo depois o artista: "um italiano de cachimbo sempre fumegante no beiço, que escolheu um belo e largo trecho da parede, e pôs-se, por ordem de Repolho, a pintar um grandioso quadro". Bestunto ficou a olhar o trabalho do pintor, que entre as baforadas e um assovio, pintava uma santa e uma cruz. Em seguida, vê-lo escrever com letras garrafais: "CAFÉ". Bestunto, morto de curiosidade, indaga o que afinal aquilo significava (Helios, "A idéia genial do sr. Bestunto", *CP*, 26 fev 1929, p. 8):

> — Pois num bês, ora bolas!! É a nova tabuleta...
> — Tabuleta?
> — Pois num sabes decifraires? Sta scrito: Café. Ao depois tem o retrato da santa seguido pelo da cruiz. Pois lê-se: CAFÉ SANTA CRUIZ...
> Bestunto achou engenhosíssima a idéia do Repolho. Com os diachos! O homem era mesmo genial. ("A idéia genial do sr. Bestunto"...)

Na manhã seguinte, Bestunto não perde tempo e chama o mesmo artista para fazer uma obra daquelas no seu estabelecimento. Terminada a pintura, o que se via era um boi voando nas nuvens e acima a palavra: ARMAZÉM. Ante o espanto do vizinho – "Que quer dizer esse boi a voairi?" – responde-lhe o satisfeito Bestunto, "Num pense vossê, seu Manueli, que me passaria a perna. Leia ali. É o nome de uma grande capital americana". E diante da incompreensão completa, lhe revela o novo nome do armazém, que até então Manuel interpretara como ARMAZÉM BOI NAS NUVENS. "Leia-a direito: ARMAZÉM BOINOSAIRES". E assim, Manuel Repolho também começou a achar seu vizinho realmente "genial" ("A idéia genial do sr. Bestunto"...)[71].

Mas se esses imigrantes chegavam à capital para trabalhar, também ali criavam vínculos, transformando-se, como queria Menotti, nos "novos brasileiros". Se nas elites o casamento entre nativos fazendeiros de café e industriais de origem imigrante serviu para legitimar a uns e consolidar a fortuna de outros, nas classes populares, o casamento entre as diversas etnias tornou-se uma forma a mais de se inserir e criar raízes na nova pátria. Com efeito, com idiomas próximos do falado no Brasil, a mesma religião, hábitos e gostos não muito distintos, portugueses, espanhóis e principalmente italianos são rapidamente assimilados, adquirindo laços de parentescos com os da terra.

Numa crônica sobre o italiano "Giuseppe Capelletti al Sugo, tintureiro na Vila de Feijoada", Menotti contava como esse "coração de arcanjo" às vezes podia se mostrar "irascível e turbulento", principalmente na hora do futebol, onde as nacionalidades ainda falavam alto. Por conta de um jogo entre o "Palestra e o Luso F. B. Club", brigara feio com o "merceeiro alentejano Borges Alvaralhão", outro "coração de marmelada, mas que, quando tomava um litro do alvaralhão líquido, trovejava cóleras jupterianas". O italiano, que tinha por compadre o Tonico Bicarbonato, pois batizara a Cotinha, "por quem agora [...] tinha um amor verdadeiramente paterno", um belo dia quase desmaia com a notícia de que a afilhada iria se casar com o filho do português (Helios, "– Poverino...", *CP*, 22 mar 1930, p. 5):

---

71 Nas crônicas "O anel do Manoel", *CP*, 4 ago 1929, p. 5 e "Uma do Manuel...", *CP*, 22 dez 1929, p. 8, também se via o português comerciante como o ingênuo.

— Com o filho do Borges? Minha afilhada se amaritare cum esse estrépo? Tá maluco, seu Tunico? Pá m...rônna, que S. Gennnaro me arráche si eu hei de ver mais a minha querida Cotinha, afilhada do meu curaçó...
Giuseppe, como todo bom italiano quando está zangado, chora. Raça sentimental! ("– Poverino..."...).

Mas depois de nove meses, o compadre só queria que o padrinho esquecesse o passado e fosse logo visitar a afilhada para conhecer o netinho. O italiano acaba se convencendo, mas quando vê o "petiz" mamando, todo o ódio aos lusitanos aflora e, tomando "o pequerrucho nos braços, entre carinhoso, emocionado e azedo, resmunga: – Poverino... Cosi piccollino e giá portoghese!..." ("– Poverino..."...)[72]. A anedota mostra a "disputa" entre os imigrantes, mas sobretudo a sua convivência,

---

[72] Cumpre notar que esse tipo de crônica, que tomava a fala italianada dos imigrantes, misturada ao linguajar caipira do paulista, havia sido explorada com sucesso pelo engenheiro Alexandre Marcondes de Moura (1892-1933), com seu personagem Juó Bananére – a versão italianada do João Bananeiro, personagem caipira de Cornélio Pires (1884-1958), outro escritor daqueles anos –, que teria sido, segundo Alcântara Machado, o cronista mais popular da cidade até os anos 1920. Bananére, à diferença de Menotti, teria uma visão extremamente crítica da modernização da cidade, e em sua "Coluna d'Abaixo Piques", publicada inicialmente no semanário *O Pirralho* (de Oswald de Andrade) em 1911, posteriormente em *O Queixoso* e depois no *Diário do Abaix'o Piques*, não poupava ninguém, principalmente os políticos perrepistas e os problemas de corrupção e fraudes eleitorais. A esse respeito ver *Raízes do Riso*, onde Saliba trata desse e de outros "cronistas macarrônicos", justamente chamando a atenção para esses escritores "pre-modernos" (temporal, não esteticamente), que fizeram a crítica da modernização e, de maneira geral, revelavam distanciamento dos quadros políticos oligárquicos, ficando por isso à margem do movimento modernista de 1922 (Saliba, 2003). Menotti, como se viu, incorporaria a fala estrangeira em diversas crônicas, não apenas de italianos.

na medida em que viviam próximos, tinham atividades semelhantes e tentavam sobreviver na capital paulista da melhor maneira possível[73].

José de Souza Martins aponta como nesse momento a "cidade se configura [...] como uma espécie de 'laboratório social de invenção da nacionalidade', pelo contato entre as diferentes classes e etnias que nela aportavam, resultando um paulistano e um brasileiro em muito diferente com o passado" (Martins, 2004, p. 155). Nas crônicas percebe-se esse "laboratório" em pleno funcionamento, onde o encontro das diversas "raças" e a sua transformação no "novo paulista" seria em geral louvado pelo cronista. Nota-se que os italianos teriam um lugar de destaque, talvez pelo número maior, talvez por "ocupar[em] os vários ramos da atividade social, por distribuir[em]-se pelas várias classes, por ser[em] capaz de adaptar sua cultura às condições locais", (Fabris, 1987, p. 291), talvez até mesmo por no fundo o próprio Menotti ser, em alguma medida, um deles.

Mas nem todos os imigrantes teriam o mesmo destino – descrito em um tom entre anedótico e ingênuo – de se tornarem os novos paulistas. Aos turcos, por exemplo, o cronista reservava outro papel. Preocupado, Menotti faz um relato dos problemas acarretados pelos costumes dessa "raça" à população paulistana. De modo irônico, dizia: "adestram-se certos turcos, aqui em S. Paulo, numa estranha espécie de assassinato: esburacar seus patrícios nos cafés" e dava o motivo para atividade tão peculiar: "turco é doido para matar turco, num café". Os "nossos garçons" andavam "apavorados" com tal costume:

> Mal um sujeito cor de azeitona, cabelo de azeviche, olhos árabes, tatuagem azul na mão direita pede um café, já os pobres diabos correm

---

[73] O filho de imigrantes italianos Jacob Penteado, ao escrever sobre a sua infância e juventude nos bairros operários de São Paulo, descreve as disputas entre as diversas etnias, a despeito da vida em comum (Cf. Penteado, 2003).

à parede, rezando baixinho a todos os seus santos, com medo de que uma bala vagabunda prefira se hospedar em pele brasileira, em vez de, como já é hábito – ir alojar-se em carne otomana...
O porquê da preferência que dão a esses logradouros comuns para seus tiroteios é que não posso atinar. (Helios, "Assassinatos", *CP*, 8 jun 1922, p. 4)

Assim, seria melhor "que tais hecatombes se consumassem nos seus bairros, possivelmente nos seus quintais", de modo a não interromper "o trânsito das ruas nem alarmar abruptamente o pacato ânimo da população paulista" ("Assassinatos"...), numa reação que não deixa dúvida quanto a quem poderia fazer parte da construção da cidade moderna e quem deveria estar fora.

Em cada crônica aparentemente ingênua se desdobram nuances que vão revelando e, ao mesmo tempo, compondo uma personalidade para a cidade – essa cidade em transformação constante, que pouco a pouco tomava ares de cidade mais importante do país, para onde todos acorriam.

Cinturinhas e melindrosas entre *bonds*, *fords* e aeroplanos
Surge uma nova sociabilidade

Dentre as novas tecnologias, os meios de transporte parecem ter ocupado – talvez como nenhuma outra novidade – lugar de destaque no panorama traçado por Menotti através de suas crônicas. Provocando encontros imprevistos e sensações inimaginadas, novas formas de sociabilidade seriam descritas – o encurtamento de tempos e distâncias que a energia elétrica provocara com os bondes e, em seguida, a introdução do automóvel no cotidiano da cidade, surgem como um dos temas mais profícuos para o cronista. Nota-se como, em meio a elogios generalizados, a incorporação desses novos meios na vida da cidade não se faria sem prejuízos, mostrando às vezes de forma brutal que a velocidade das transformações passava por cima de uma cidade que ainda parecia estar outro ritmo, estranho ao mundo moderno.

Nessas crônicas nota-se também a nostalgia do passado – de resto, já descrita nas imagens do crescimento acelerado –, de um tempo em que "o cocheiro não usava chapéu de coco e os autos, senhoriais e pedantes, não rodavam pelo asfalto, no S. Paulo do vale do Anhangabaú grugulhante de sapos, e [quando] o tílburi, escanselando a pernalta, pompeava em toda a sua glória". Mas eis que "se inventou o motor elétrico" e, sem volta, "aos urros, com os olhos das lanternas faulando como pupilas de um monstro, começaram a surgir veículos estranhos, que para o espanto de Belarmino, corriam sem cavalos. E começou o crepúsculo dos tílburis..." (Helios, "A alegria dos tílburis", *CP*, 26 out 1919, p. 3). Uma nova era, sem dúvida, se iniciava.

A partir do bonde, seus itinerários e passageiros, o cronista acharia o tom certo para narrar as mudanças. Por "questões subjetivas de estética", ele mesmo "odiava o bonde", resmungando que quando entrava em um "maldizia o adiposo funcionário que, cheio de embrulhinhos, como uma árvore de natal de mimos, me pisava indefectivelmente o pé esquerdo, hostilizando a bossa calosa que enfeita um dos meus respeitáveis artelhos" e que tinha horror de "escarafunchar com os dedos os bolsos do colete, para arrancar daí o níquel da paga"; então pegava-se imaginando, sem temer a resposta, quando afinal "a humanidade acabará com a maçada destes bondes?". No entanto, sabia exatamente porque se rendia a eles: "negócios... economia de tempo... preguiça..." (Helios, "Pedestrianismo obrigatório", *CP*, 24 out 1919, p. 4).

As idéias avançavam quando se punha a raciocinar sobre as possibilidades do veículo em relação às mudanças na sociedade.

Perdia-se em divagações e afirmava: "o bonde é... uma casa que anda". Casa, aliás, de possibilidades impensáveis, na medida em que "promíscua, bolchevista, [...] se aboleta tanto o Brummel[74] petimetre como o Acácio[75] gasometral e bisonho". Definindo o bonde como "a mais bela conquista da democracia moderna", onde se "iguala o plebeu com o patrício", Menotti notava que a "instintiva divisão das castas, apesar da rigidez demagógica do regime republicano – liberdade, igualdade, fraternidade – dividira a cidade em bairros *chics* e bairros obreiros" (Helios, "Psicologia dos bondes", *CP*, 15 dez 1919, p. 3), mantendo-se, assim, a antiga divisão de classes também na "nova conquista democrática":

> Quem se pavoneia num "Avenida", num "Higienópolis", num "Campos Elísios", parece ir mais ancho. A tripulação é fina, chusmado por gente galante, fidalgo e distinto, tem um ar de veículo aristocrata, empavezado de seda e casimira de padrão rebuscado.
>
> [...] O bonde operário, porém – "Brás", "Santo Amaro", "Moóca", perde muito da sua compostura. Parece que não roda nos trilhos, ginga. Vai aos boleios, bulhento e capenga, aos tropeções e às guinadas, tintinabulando, como um bêbedo. Nos seus bancos,

---

74 O Belo Brummell, referência a George Bryan Brummell (1778-1840), *dandy* inglês, admirado por sua elegância no modo de vestir, foi amigo e confidente do príncipe regente George IV. Após um desentendimento com o príncipe, foi para a França, onde viveu por 14 anos na pobreza e no anonimato, até morrer num manicômio.

75 Conselheiro Acácio, personagem do romance *O Primo Basílio* (1878) de Eça de Queirós (1845-1900), que tipifica o formalismo próprio da época, o falso moralismo, o apego às aparências. Um dos mais famosos personagens da galeria queirosiana, responsável pelos adjetivos "acaciano" e "conselheiral", usados quando se deseja aludir ao falso padrão moral de alguém.

a multidão apinha-se, dependura-se no esteio e nas plataformas, cestas e fardos amontoam-se como em porões de navios, a carga ("Psicologia dos bondes"...).

Dividindo-se em "tipos", os bondes reproduziam as camadas da população e seus lugares sociais específicos: "Vinha um, de bairro proletário atulhado de carne cansada e faminta" e, vacilante nos trilhos, "numa tonteria de bêbedo, rumo das vilas escusas, cheias de angústias profundas, onde há crianças esquálidas, 'maquettes' de mendigos...", se diferenciava do que corria "rumo dos bairros burgueses". Nesses, "havia nos bancos nédios vendeiros tintilantes de correntes e medalhas decorativas, a pôrem alamares de ouro nos coletes enrugados [e] anafadas senhoras de olhos calmos e bovinos, embrulhadas em panos discretos, escuros". Mas nada se comparava aos que vinham de "bairro elegante". Estes chegavam "quase vazios".

> Num canto do banco fumando uma cigarrilha de ponta de ouro, um moço [...], queixo voluntarioso e forte, parecia trazer nas pupilas absortas o recorte de um corpo de mulher, que fremira, há pouco, nos seus braços de aventureiro". (Helios, "Os bondes, *CP*, 2 set 1922, p. 5)

Se não se podia impedir ninguém de subir no bonde – desde que tivesse os duzentos réis e não "cuspisse no chão" –, naturalmente outra forma haveria para se manter as distâncias entre as classes. Atingindo bairros distintos "eles falavam, pelos seus aspectos vários, da vida tumultuária da grande cidade, cujos gânglios se radicavam até campos longínquos e rasos, como um monstruoso pólipo de mil olhos de fogo, de mil tentáculos vivos...", uns, "veicula[ndo] a angústia anônima dos quarteirões pobres", outros, "fidalgos, farfalhantes de seda [...], ruma[ndo] para os lugares felizes, higiênicos, silenciosos, onde os palácios austeros serrilham o céu com as crenas das suas torres e os 'villinos' parecem sonhar dentro dos parques perfumados" ("Os bondes"...).

A imagem se contrapunha à descrição cotidiana do bonde que, sempre repleto de gente "nos bancos, nas plataformas, no estribo, no teto e, às vezes, até sob as rodas", fazia o cronista ter que ir "pendurado como uma réstia de alho no estribo", ou, pior que tudo, ter que se aboletar no "primeiro banco": "um *rendez-vous* de embrulhinhos, maletas, senhoras gordas, homens de canelas grosas. Entrar ali é um martírio". O cronista descreve a bizarra experiência de ser obrigado a ouvir os piores insultos e sempre parecia estar incomodando, até que, afinal, se rende, desce e vai a pé (Helios, "Aquele primeiro banco...", CP, 7 set 1920, p. 4). No limite, é a possibilidade de convivência entre diferentes que a cidade moderna coloca, mesmo que com restrições. Mas a situação também podia ter um lado cômico:

> Era fatal! Custou mas afinal o Brasil ficou com esse 'record' imortal [...] O elefante foi atropelado pelo bonde. Tivesse esse bizarro drama se passado na 'jungle' africana e não teria graça [entretanto] o jocoso do espetáculo é que ele se passou numa civilizada rua de elegante bairro paulista. O elefante vinha vindo, ordeiro e manso, na sua marcha solene de bicho respeitado e sábio do circo. O bonde deu uma campanharia e nhac! Lá se foi para coma do elefante! Nem elefante mais os motorneiros respeitam. [Afinal,] progresso é progresso!
> (Helios, "Bonde X elefante", *CP*, 6 nov 1929, p. 5)

Junto aos bondes, que se popularizavam e se tornavam "imprescindíveis", os carros também provocam mudanças intensas na vida da cidade. Os jornais não cansavam de noticiar os atropelamentos, que ocorriam com freqüência espantosa nas ruas cheias de novos veículos disputando espaço às carroças e aos pedestres, que ainda teimavam em querer andar no leito, desacostumados que eram aos novos perigos modernos.

Menotti lembrava da primeira vez que tal máquina aparecera neste país, há muitos anos, sendo apresentada à população por Henrique Santos Dumont[76], trazido da Europa. Era "um maquinismo estranho, monstruoso" que chegou mesmo a aterrorizar os paulistas, "com seus estouros, urros, torquejos" – um grande animal de ferro, "de pulmões de aço, de olhos de vidro". Sua exibição nas ruas da cidade foi um sucesso, provocando curiosidade no povo, que "desconfiado, medroso, apinhava-se para ver o bizarro veículo, que com seu aspecto apocalíptico, barulhento, fizera circular pela cidade os mais arrepiadores boatos".

Um velho e conhecido "tilbureiro" da cidade, Garibaldi, ao se deparar com o "veículo do futuro" ainda em tentativa de se pôr em movimento, "sufocando uma risada de mofa, chicoteou seu rocinante, que saiu num trote repinicado, rua afora, sob os aplausos gostosos dos presentes" (Helios, "O pai do automóvel paulistano", *CP*, 10 mar 1923, p. 3). Parecia impossível acreditar que aquela máquina iria se popularizar. Mais impossível ainda era crer que os tílburis, *o* veículo urbano por excelência, desapareceria sem deixar vestígios em tão pouco tempo. Hoje, afirma o cronista

> os autos pululam por aí como mosquitos. Tão velozmente se multiplicam que seu crescimento nos dá a impressão desses animalejos que

---

76 Henrique Santos Dumont, irmão do aviador Alberto Santos Dumont, pertencente a uma das famílias mais ricas do estado, proprietários de fazenda de café e estradas de ferro, em 1893 dirige um Peugeot a gasolina em plena rua Direita. Tratava-se de um automóvel a vapor com caldeira, fornalha e chaminé, sem capota e com rodas de borracha, que levava dois passageiros. Trazido da Europa por Alberto Santos Dumont, ao que se sabe foi o primeiro automóvel da América Latina.

nascem de fartas ninhadas de ovos dispostos nos brejos pelas varejeiras. Há carros de todos os tamanhos, de todas as cores, de todos os feitios [...] e todos eles correm, voam, se cruzam, se abalroam, e se espedaçam, numa vertigem de velocidade, alucinados pelo delírio da correria... (Helios, "O pai do automóvel paulistano"...).

Com efeito, os veículos ganhavam as ruas. E não apenas na cidade, até mesmo no interior o Ford substituía o cavalo. Se "outrora na roça, o orgulho do caboclo era o tordilho", agora era o Ford.

A traquitana de lata serve para tudo: para ir ao mercado, para fazer visita às colônias vizinhas, para o passeio na cidade. Guardam-no na cocheira. Sobre ele se empoleiram os galos, e a sua sombra dormem os porcos. (Helios, "Progresso", *CP*, 23 mar 1926, p. 4)

Era o animal moderno, e até mesmo se criara um vocabulário próprio para o "cavalo de aço":

— Quase começó a dá pobrema no peito do bicho, pertei o celerado e a fera trepô a serra num rato.
Como faziam antigamente com o Piqueiro, fazem hoje com o Ford.
— Nhô Tico mando dizê si mecê pode emprestá seu Ford um instantico pra ele dá um pulo inté na botica.
Seguram no volante como quem segura num freio. O acelerador é movido como se fora a esporadas. Gostam de ouvir o urro do escapamento.
— Ah! Batuta! Rincha de gosto, danadão! Garrei agora na tercêra. ("Progresso"...)

Mas era na capital que esse novo animal podia ter sua melhor performance, tomando conta das ruas.

Em 1920, 2.554 automóveis particulares circulavam pela cidade. Apenas cinco anos depois, esse número seria triplicado: 7.396. O automóvel progressivamente passava a concorrer com os bondes pelo espaço das estreitas ruas do centro da cidade. (Pontes, 2003, p. 20)[77]

O cronista narrava a transformação que acontecia também aos pacatos cidadãos: ao entrarem nos veículos, mudavam de personalidade, tornando-se "assassinos em potencial" enquanto dirigiam seus veículos. Descreve uma espécie de "dualidade fisionômica da alma", que fazia um pacato ser pacífico enquanto pedestre tornar-se "aristocrático e tirânico" quando dentro de um carro (Helios, "Os doze mandamentos dos 'chauffeurs'", *CP*, 19 out 1920, p. 3). Propunha 12 mandamentos que recomendavam não atropelar, não jogar o veículo sobre os transeuntes, brecar ao ver uma criança correndo atrás de uma bola, não mirar os velhos, dado que eles andavam devagar, enfim, algumas regras básicas que, se obedecidas, poderiam evitar os acidentes tão freqüentes (Helios, "Os doze mandamentos para os 'chauffeurs'", *CP*, 20 out 1920, p. 3). O próprio cronista, em outra oportunidade, narra os inúmeros acidentes em que já se envolvera para insistir no "fato comum" que se tornava o desastre de trânsito (Helios, "Desastre", *CP*, 22 jan 1929, p. 6). A questão é que todos tinham, dentro de si, "duas almas: a do 'chauffeur' e a do pedestre" (Helios, "Psicologia do pedestre", *CP*, 19 dez 1929, p. 6).

Mas era necessário também reconhecer que nem sempre o pedestre tinha razão, pois muita gente "anda na rua com o pensamento nos astros. Outros há que vão pelos asfaltos lendo o jornal ou seu 'book-

---

77 Sobre o efeito dos carros nas ruas de São Paulo na década de 1920, ver Sevcenko, 1992, pp. 74-7. Sobre o desenvolvimento rodoviário e seus aspectros políticos, econômicos e culturais em São Paulo na década de 1920, ver Reis Filho, 1998, pp. 143-57.

notes", como se a via pública fosse um gabinete de leitura". Ainda havia as "melindrosas, para quem o reboleio do corpo é a suprema finalidade vital, que atravessam as artérias movimentadas com o passinho solene e regamboleado de rainhas que se encaminham para o trono", e diante "de uma dessas preciosidades, o 'chauffeur' que não brecar, que não sorrir, corre o risco, no mínimo, de ver um guarda-sol quebrado na cabeça". Mas o fato é que os homens andavam "sanhudos" e os dedos se encharcavam de sangue: "homicídios. Uxoricídios. Desastres mortais em que, sob as estilhas de autos em cacos, estremecem, lanhados de feridas, membros espostejados de agonizantes". Voltava-se ao clima: "será o calor?" ("Psicologia do pedestre"...).

A confusão parecia ser geral: pouca ou nenhuma regra de trânsito, um súbito aparecimento de uma frota de veículos com tempos distintos dos tempos da tração animal e do andar a pé, crescimento populacional intenso, permanência de carroças fazendo quase todo o abastecimento da cidade. Menotti noticia as regras estabelecidas em Santos para evitar os acidentes: por lá, as "as carroças que transitam noturnamente pela cidade" têm que "portar uma lanterna vermelha, de alarme" e assim se evitavam "desastres e sustos". E ao final sentencia que "tudo se deve fazer para regulamentar o trânsito, tornando-o cada vez mais prático e menos perigoso. A medida que, por várias vezes reclamei deste canto de coluna, é das mais necessárias e urgentes" (Helios, "Pela vida dos transeuntes", *CP*, 25 mar 1926, p. 4).

Mas nem só na terra vivia o homem moderno – ele também "alcança os céus, e de lá lança sentenças". Com o sucesso de Edu Chaves[78], o "bandeirante dos ares", a aviação começava a popularizar-se. Num

---

78 Edu Chaves, filho de uma das famílias mais ricas de São Paulo, foi o primeiro aviador paulista. Causou frisson ao competir com aviadores argentinos numa viagem até aquele país enquanto os portenhos vinham até o Rio de Janeiro. Simbolizava uma elite paulistana empreendedora, radical, competente.

misto de patriotismo, ufanismo paulista, crença no progresso e desejo pelas novidades, Menotti se deixaria impressionar por esse paulista que trazia a "galhardia hereditária do nosso sangue". São Paulo teria "um destino decisivo na nossa vida de povo", vaticinava o cronista, não sem antes explicar que esse patriotismo podia às vezes ser mal compreendido, despertando no "próprio país movimentos de incontido despeito". Nada mais natural, afinal, o que "se deve dizer de um Estado como este em que tudo excele, tudo auge, tudo triunfa?". Não se tratava de "regionalismo de paróquia", mas da "consciência de um brasileiro" que via a exaltação a uma unidade da Federação se refletindo no sucesso de toda a pátria. E não temia em concluir: "Mas é muito paulista, é muito bandeirante o galhardo arrojo de Edu Chaves! Repete entre as nuvens e as estrelas os gestos épicos dos nossos antepassados no sertão impervio e nas incertezas dos roteiros traçados no Acaso" (Helios, "O bandeirante dos ares", *CP*, 30 dez 1920, p. 5).

Mergulhado no ufanismo, o cronista aproveita para saudar a elite e reconhecer no povo paulista o herdeiro do bravo sangue bandeirante, mas o que realmente importava ali era o avião, essa máquina nova que, como nenhuma outra, com o seu domínio poderia igualar o país às "potências mundiais". Hoje "os céus palpitam de asas" e o "poeta não precisa mais sonhar". Os homens "criaram asas e voam" e foi o Brasil afinal que "deu ao mundo a posse da estrada celeste". Era com orgulho que Menotti lembrava o feito nacional, ao comentar a vinda de um aviador italiano para a cidade (Helios, "Asas doidas", *CP*, 26 jan 1927, p. 6). E se "hoje o vôo é real, como o da águia ou do aeroplano", se "os fantasmas luminosos do cinema já falam como gente" e se "a distância de milhares de léguas, pela televisão, enxerga-se um cavalheiro movendo-se e falando como se estivesse ao nosso lado", que mais o homem "pode fantasiar?". Dessa forma, na crônica em que noticiava a idade colega Hermes Lima (1902-1978) a Paris, de avião, Menotti afirma que o espírito moderno exige dos jornalistas não mais apenas os vôos da inteligência e da fantasia. O século da máquina abala a fantasia, porque são tais as empresas e os milagres que realiza, que superou todas as fantasias humanas, com suas mágicas realizações. (Helios, "O vôo", *CP*, 15 mai 1929, p. 7)

A questão se tornava tão corrente que o "brilhante e operoso parlamentar", deputado Alfredo Ellis[79], "empenhado em dar mais asas ao céu livre de São Paulo" – como "raro espírito de animador e de entusiasta" que era e por "enxerga[r] com olhos claros o momentoso problema da aviação paulista" – propunha a criação de uma Escola de Aviação Civil, para preparar pilotos militares e civis, incrementando "o admirável surto de progresso que anima, neste instante, a grande nação brasileira" (Helios, "Aviação civil", *CP*, 22 ago 1919, p. 8)[80].

Todavia o progresso não poderia esperar o pleno desenvolvimento da aviação civil e assim o investimento nas estradas também seria uma marca desse período de modernização. Encarando São Paulo como um pólo nacional e lembrando que a "maior glória das façanhas bandeirantes" devia "residir nas estradas que rasgaram através do continente", pois, por onde passaram criaram pouso para descanso e "pouso é a lareira", "a lareira [...] o momento da povoação" e a "povoação [...] o início da urbe", Menotti concluía que era da "estrada que nasce[ria] toda a civilização e todo o progresso". O elogio tinha endereço certo: Washington Luís. O político promovia um amplo programa de abertura de estradas – e acabava àquele momento o 3º Congresso de Estradas

---

[79] O deputado Alfredo Ellis Júnior é colega de Menotti no jornal, dividindo a primeira página com o escritor e outros intelectuais.

[80] Sobre aviões como a "nova grande sensação" que se impõe nos anos 1920, ver Sevcenko, 1992, pp. 77-82.

de Rodagem em São Paulo (com uma seção para "as estradas aéreas" visando "regularizar os processos de transporte em aeroplano"). O cronista, propagandeando os feitos do PRP, proclamava a máxima governamental: "criar estradas é criar riqueza" (Helios, "As estradas", *CP*, 20 out 1923, p. 3).

Com efeito, Washington Luís – primeiramente como deputado estadual, depois como prefeito e em seguida como presidente do estado – promovia o automobilismo, programando ralis, aos quais dava o nome de "bandeiras", pelas novas estradas e também pelas ruas da capital. Operava-se mais uma vez a ligação entre passado e futuro que caracterizaria essa década (Reis Filho, 1998, pp. 143-57).

O automóvel tomava a cidade e nas ruas se podia notar o efeito. A velocidade passava a ser um índice da modernidade, mesmo que causando choques e transformando os "chauffeurs" em assassinos em potencial. O cronista indaga, afinal, "por que tanta pressa? Por que os automóveis voam em pleno centro urbano? Por que os que se encarapitam junto de um volante ficam possuídos pelo demônio da velocidade?". A situação não parecia ser para brincadeira, os números de atropelamentos tornavam-se alarmantes e os motoristas precisavam entender que "avenida, rua, cruzamento, não são pistas de corrida...", pois o "cristão do século XX também tem direito de ser pedestre, [já que] não nascemos para carne destinada a ser transformada em 'croquetee' sob as rodas dos auto-ônibus" (Helios, "Schio! Devagar!", *CP*, 20 fev 1929, p. 7).

Se a cidade se transforma a olhos vistos – tornando-se um pólo de atração e alterando a experiência urbana de seus habitantes – ela também é o palco onde surgem novos tipos urbanos, principalmente a partir da emergência da classe média em ascensão devido às possibilidades que a própria modernização e urbanização abriam, como se viu. Em diversas crônicas, Menotti capta o surgimento dos novos personagens na sua relação com a cidade que se moderniza, onde novas formas de sociabilidade se dão a partir das mudanças de modos de vida.

Recorrente em seus textos seria o "cinturinha" (hoje diríamos "mauricinho", o "filhinho-de-papai"). Esses "mocinhos" não apenas faziam "estrupulias no trânsito", se aproveitando da condição do anonimato que a cidade grande lhes dava, mas aproximavam-se das senhoras e senhoritas, dirigindo-lhes frases que chocavam os ouvidos mais sensíveis, numa sociedade nem tão moderna assim. Rapazes vaidosos, espécies de *dandys* do início do século – ou, como os apresentava Menotti: "uma caricatura dos antigos *dandys*", já que "o elegante de 1830 possuía uma arte pessoal, fina; cultivava o eterno fútil com originalidade, espititualizando os gestos, solenizando as atitudes, buscando a frase. [...] eram *charmeurs*... [já o] cinturinha nacional [era] ridículo e oco" (Helios, "Os 'dandys'", *CP*, 19 fev1920, p. 3): se postavam na frente das lojas, em pleno Triângulo, para justamente na hora do "footing" lançarem chistes às moçoilas que por ali perambulavam:

> À tardinha, a cidade como que cria uma alma galante e nova. Vultos esguios de senhoritas, *toilettes* claras e garrulhas põem notas bizarras de cor e elegância nas calçadas onde o lufa-lufa comercial capitula para ceder à parada da Graça e da Beleza.
> É a hora *chic* das compras, dos chás e dos refrescos. É a hora do "footing".
> Dos "villinos" graciosos dos nossos arrabaldes saem, para espairecer, essas castelãs do século XX. Varejam as lojas, curiosas, alisando com suas mãos de camélia os estofos de seda, nas joalherias, deslumbradas ... (Helios, "No Triângulo", *CP*, 7 out 1919, p. 3)

As mocinhas vinham ao centro dar mais graça à cidade e quando suas "'limousines' [...] fazem o triângulo e voltam para os bairros elegantes", deixam para trás uma cidade triste, "como um salão onde houve festa e onde se apagaram as luzes". Mas de uns tempos para cá, escreve Menotti "a audácia de certos mocinhos não tem deixado tranqüilas as senhoritas paulistas", e na porta dos bares e cafés "da moda", "bandarilham com ferrões de chiste as respeitáveis senhoras e senhoritas com um cinismo calmo e uma admirável certeza de impunidade". E se o galanteio às desconhecidas "não acha razão justificável nas leis da cortesia", muito menos "a irreverência da piada e o descoro da ofensa ao pudor [que] não encontram na urbanidade base onde se apóiem..." ("No Triângulo"...).

Para o cronista, não seria possível que na cidade civilizada houvesse essa descortesia por parte dos rapazes. O "flirt" era permitido – já fazia parte das novas relações que se estabeleciam na cidade moderna: "floresc[ia] no bonde, nas ruas, nas lojas, nas esperas longas das 'gares', a bordo dos navios em alto mar...". Mas o que não se podia mais tolerar era

> esse chalacear réles dos meninos bonitos, que cospem piadas churdas no pudor das senhoras. [...] Essa fauna empoada e idiota de rapazelhos gaiteiros infestava a cidade, impedindo que as senhoras paulistas pudessem sair tranqüilas para seus passeios e compras". (Helios, "Polícia 'versus' audaciosos, *CP*, 15 fev 1920, p. 3)

Só a polícia para dar-lhes um jeito. Numa cena ocorrida na capital da República – uma briga no Café Lamas, no largo do Machado –, Menotti descreveria todas as características dos famosos "cinturinhas", nada além de "mocinhos bonitos", facilmente identificados pelo "papá rico, óculos Harold Lloyd[81], calcinhas boca de sino, algum dinheiro no bolso e poucas idéias na cabeça". Esses rapazes conta-

---

81 Harold Lloyd (1893-1977), comediante americano que atuou no cinema na década de 1910, contemporâneo de Charles Chaplin e Buster Keaton.

vam, obviamente, com a benevolência das autoridades, pois que "se um vendedor de jornal ou um coitado esfarrapado quebra com uma estilingada uma vidraça ou dá um pontapé na barriga de um cachorro", é uma pandemônio contra o "valdevinos", que "revela perigosas tendências" e "deve ir para a Colônia Correcional". Entretanto, se "um desses empomadados e fátuos 'filhinhos de papai' comete diabruras num bar, estilhaça espelhos, espanca mulheres, joga garrafas de champanha na cabeça dos garçons", nada ocorre, "todo mundo acha graça: 'Virou aquilo em frege! Foi uma bagunça dos diabos!... Rapaziadas'..." (Helios, "Os engraçadinhos", *CP*, 31 ago 1929, p. 8)[82].

O complemento natural do "cinturinha" era a "melindrosa" – espécie de garota boa-vida, que passava os dias providenciando encontros, entre compras e chás dançantes (Helios, "Do diário de uma melindrosa", *CP*, 29 set 1919, p. 4), confundindo-se com as "senhoritas boa-família", pois que sábado à tarde estas últimas, assim como as melindrosas, vinham dos "bairros elegantes",

> dos villinos, dos *bugalows*, [n]uma florada de carne tentadora, irrequieta, [...] enfeit[ar], em ramalhetes vivos, as mesinhas das casa de chá, as artérias túrgidas e febricitantes das ruas, os autos errantes e os bondes andejos. Toda essa graça, miraculosamente espalhada na urbes, lhe d[á], por efêmeros instantes, um aspecto singular e imprevisto de jardim encantado, regorgitante de *willis*, de fadas, de sereias, de deusas (Helios, "Cartas a Myriam", *CP*, 14 mar 1921, p. 3)

Garotas que antes, "atrás das rótulas, românticas e ariscas, [...] amavam de amor; não saltitavam requebradas nas acrobacias do

---

[82] Além dessas, o "cinturinha" aparece ainda em: Helios, "Do diário de um cinturinha", *CP*, 17 out 1919, p. 3; "Os 'dandys'", *CP*, 19 fev 1920, p. 3; "Atenuante", *CP*, 29 jan 1925, p. 5.

maxixe, nem se desnudavam na agressão deliciosa dos decotes", hoje em dia, em busca de casamento, são capazes até de oferecer "palmos de colo, vestidos de seda, chás caríssimos e cochilos maternos para prosinhas furtadas em recintos discretos...", aproveitando para paquerar "durante o 'footing' no Triângulo" (Helios, "Teu amor e...", *CP*, 13 fev 1921, p. 3).

Menotti falava das novas possibilidades de encontro dadas pela liberdade da cidade moderna, não deixando de notar que esta inaugurava outros "problemas", pois os "príncipes encantados" rareavam e às "formosas castelãs dos 'villinos' e das avenidas" cabia andar de "olho alerta, espírito insone, a procurar esse bicho cada vez mais arisco e raro, que o vulgo chama: marido!". O motivo era que "o tango, o futebol e o cinema banalizaram a vida". (Helios, "O príncipe encantado", *CP*, 27 fev 1920, p. 3)[83]

Os novos costumes definiam novas formas de sociabilidade, tornando a cidade – para certos extratos da população – palco de divertimentos e júbilo. Mas a mundanidade era ainda toda século 19: o "footing", a ida às compras, a hora do chá. A ida à cidade diariamente se tornara quase inevitável, pois lá se trabalhava, se tratava de negócios e era apenas ali que "as donas-de-casa, sempre enchapeladas e enluvadas, faziam as compras e tomavam o seu

---

[83] Sylvio Floreal, pseudônimo do jornalista Domingos Alexandre (1862-1929), mostra nas crônicas do livro *A Ronda da Meia Noite* a preocupação das mães em arranjar bom casamento para as filhas – na cidade em que as relações familiares já não garantiam o sucesso da empreitada. Nessa obra, se dedicaria a registrar a vida noturna de São Paulo nos anos 1910 e 20 (Cf. Floreal, 2003). Benjamim Costallat (1897-1961), na sua *Mademoiselle Cinema*, de 1923, também se vale da crônica para narrar a história da mocinha que cai na vida. Vale dizer que esse foi o livro de maior sucesso editorial na República Velha — segundo a pesquisadora Beatriz Resende, vendeu 75 mil exemplares em 5 anos (Costallat, 1999).

chá" (Lemos, 1985, p. 16). A hora do chá já se transformara no chá dançante, fazendo das casas de chá salões onde "os tangos e os maxixes modernos emprestam algo de lusbélico, de infernal, de superlindo à graça vetusta das mulheres..." (Helios, "Na Sociedade Hípica", *CP*, 8 set 1921, p. 4); junto aos bailes, onde "a orquestra agressiva e sonora marca o ritmo do tango ou a cadência requebrada de um maxixe" (Helios, "Na Hípica", *CP*, 8 jan 1922, p. 3), na exibição pública da vida mundana e moderna.

Para satisfazer um desejo de participação nas transformações da cidade "era necessário estar em tudo" – segundo Romero,

> a rua se tornou mais importante do que a casa. Todos notavam que a vida se tornava aos poucos mais vertiginosa e [todos] desejavam participar desta vertigem porque suspeitavam que, do contrário, retrocederiam em lugar de avançar. (Romero, 2004, p. 333)

A rua significava "os cafés e os restaurantes, os teatros e os cinemas, mas também eram os escritórios e as bancas de advogados, os clubes e os centros políticos" (Romero, 2004, p. 333). A mulher também ganhava o espaço público – "elas estavam por toda a parte a qualquer hora". Na descrição de Sevcenko, "o centro rescendia a perfume e os frufus das saias comunicavam os fluxos das marés femininas indo e vindo" (Sevcenko, 1992, pp. 50-1). Assim, os lugares de exibição pública recebem atenção reiterada do cronista, pois era ali que se exercia a modernidade tão almejada.

Mas é talvez a crônica "Um baile moderno" a única que consegue extrapolar a mundanidade século 19 e chegar de fato à cidade moderna, num texto ele mesmo moderno e que merece ser citado integralmente – o prenúncio do caos que a cidade se tornaria dali para frente.

A cidade de Menotti del Picchia

Firme as mãos no volante e ponha a alma nos pulsos e nos olhos, porque a sarabanda vai começar: É o maxixe dos automóveis! Música: Klaxons. Marcação da dança: o salve-se quem puder! Você vai indo, seguindo o rasto de u'a Marmon. De repente: pare! A luz traseira do carro da frente cintila... Stop! O 'chauffeur' da Marmon não brecou. Marcha ré! Atrás de você outro grita: 'Tem gente atrás, burro!' Você não se zanga e breca... Mas o outro carro já partiu. Ligue a primeira.... Brrrr...... O Klaxon de um carro contrario: Baú! Baú! Você aperta a desembreagem, breca. Toda a sarabanda paralisou-se. Há carros atravessados, outros seguindo em frente, outros vindo em direção diversa. É um nó cego e mecânico. Você não sabe para que lado virar. De repente: 'eureka'! Achou saída. Tenta avançar... Mas da fila dos carros parados, lá sai uma Packard e cruza o caminho. A serpente de carros se imobiliza toda, enervada, cansada de tanto trocar velocidades. A 'Packard' achou caminho. Mas, em sentido contrário, atravessando a estrada, surgiu o elefante fumegante de um caminhão! Irra! Espere, tenha paciência... Há remédio para tudo. A dança recomeçou: 'marcha ré' para dar passagem... Agora um avanço a esquerda. Mas aí já está outro carro que procura um lugar na fila dos autos parados... Retenha a praga que aflorou aos seus lábios! Um homem do século XX deve ter a paciência de um santo. Pronto. O carro arranjou um lugarzinho. Parta: Fon! Fon! Mas, agora, uma carrocinha atrelada a um cavalo, impede o trânsito. O cavalo fatalista e heróico, espicha o focinho sem medo de uma trombada... Devagar! Querem, por certo, experimentar sua perícia... Calma... Vire o volante à direita. À esquerda! Bumba! Seu pára-choque amassou aquele paralama. O chapo, como um cabouco, deu em você um solavanco de arrancar as entranhas. Não faz mal... é do ofício. Cuidado! A estrada é estreita demais... O diabo desse 'chauffeur' largou seu táxi no caminho. São três filas de carros a embargarem quase toda a rua. Mas há um

> vãozinho por onde você, espremendo a 'carrosserie', como se fora de borracha, pode se esgueirar... Pronto? Não! Breque! Breque! Está maluco! Não vê que esse imbecil atravessou a estrada no momento em que você conseguiu livrar-se de uma trombada? Chegou... Está na avenida São João. Olha o camarão da Light! Desvie! Olha essa mulher com uma trouxa debaixo do braço e três criancinhas arrastadas pela mão!... Quase que você esmagou toda essa gente! Irra! Você está lívido! Está suando! Qual! Você não é um homem moderno... O homem moderno, como disse o conde de Keyserling[84], deve ter nervos metálicos, porque nasceu 'chauffeur'... (Helios, "O Baile mecânico", *CP*, 21 mai 1919, p. 6).

A partir desse panorama nota-se que a cidade aparece em suas crônicas, de modo sutil ou de modo explícito, geralmente lida como o lugar do "moderno", ou da possibilidade do "moderno", ou seja, onde a possibilidade do exercício da "modernidade" estava dada. Além dessas entradas, há outra que ajuda a mostrar como se construía a imagem da cidade moderna nas crônicas de Menotti. É nos textos sobre arquitetura que se pode notar como o "moderno" ainda podia significar coisas distintas, dependendo de quem e por que se falava dele, pontuando o debate sobre a definição de um estilo nacional para as artes a partir de uma arquitetura paulista e, posteriormente, na atualização com as vanguardas européias e norte-americanas dentro do chamado "estilo internacional". Esse o tema do próximo capítulo.

---

84 Conde de Keyserling (1880-1946) filósofo alemão, viajante infatigável, visitou os cinco continentes e resumiu suas experiências e reflexões em sua obra *Reisetagebuch eines Philosophen* (1919), na qual, como solução para a crise do Ocidente, propunha a absorção da cultura oriental. Para ele, a essência da cultura se resumia nestes termos: "A cultura é a forma de vida como imediata expressão do espírito".

Capítulo 2:
Caderno de imagens

Crescimento urbano e diferenciação social

1. Mancha urbana da cidade de São Paulo em 1914 e 1930: nota-se o intenso crescimento da cidade no período.

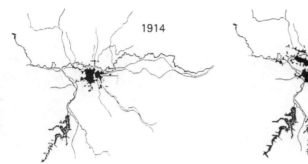
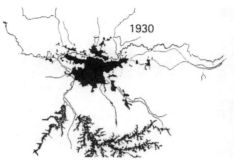

2. Desde a segunda metade do século 19, a cidade se transformava a olhos vistos e atraía uma massa de imigrantes em busca de novas oportunidades de trabalho e ascensão social.

3. Detalhe de panorama de Santa Cecília (foto de Gaensly, 1912): ainda no início da década de 1920 sobressaiam na paisagem apenas as torres das igrejas (Catedral Presbiteriana, Igreja de Santa Ifigênia, Liceu dos Salesianos) e a do relógio da Estação da Luz.

4. Os primeiros arranha-céus que aparecem na cidade, Sampaio Moreira (1924) e Martinelli (1929), a transformam na "Nova York sul-americana" aos olhos de Menotti.

5. Rua de São João em 1887 abaixo e em 1920 à direita, já transformada em avenida São João: a inspiração dos boulevares parisienses é evidente.

6. Vale do Anhangabaú: vista dos jardins do Parque emoldurado pelos Palacetes Prates, formando um conjunto que dava à capital do café ares de cidade civilizada e encantava visitantes e moradores, década de 1920.

Exibição pública das elites

7. À esquerda, os teatros São José da Praça João Mendes (1860), Santana (1910) e Bijou (1911) – espaços cênicos que a cidade contava antes do Municipal à baixo, inaugurado em 1911, inspirado no Teatro Scala de Milão: lugares para ver e ser visto.

8. A Avenida Paulista logo se tornou um dos endereços mais concorridos da cidade, reunindo novos e velhos ricos em seus palacetes: "barafunda de estilos" advinda do "xadrez de nacionalidades" que compunha São Paulo.

Transformações e permanências

9. "São paulo progride", na fachada de um prédio do centro velho, onde se nota também a carroça, ainda utilizada na década de 1920, em meio aos "melhoramentos" da cidade moderna.

10. Áreas centrais de aspecto semi-rural (Vale do Saracura, futura Av. 9 de Julho) conviviam com o "progresso" e a expansão da cidade: terrenos eram vendidos em bairros distantes como Santo Amaro, Vila S. Pedro, Saúde, Indianópolis, Vila Oriental, Americanópolis e Paraisópolis (anúncio publicado no *Correio* em 1923).

Os habitantes da cidade

11. Tipos urbanos que a modernização pressupunha o desaparecimento, como catadores e vendedores ambulantes, faziam parte do cotidiano da cidade

12. Imigrantes, sobretudo italianos, e caipiras do interior, conviviam na cidade, mas o caipira, estereotipado negativamente, torna-se sinônimo de indolente e preguiçoso, e sua cultura passa a ser desprezada em nome da civilização e do progresso

13. Trapeiras recolhem os restos da cidade – papel, tecidos, vidros – para fazer de São Paulo uma "cidade moderna", como a que desfilava no corso da Paulista.

14. A elite europeizada era obrigada a conviver cada vez mais com a nova classe que surgia, o operariado fabril – que não contentava em apenas observar e passava a tomar parte do espaço público.

Convivências e permanências

15. O novo bairro-jardim Jardim América, na esteira do bem sucedido loteamento de Higienópolis, atraía as famílias de elite que deixavam o centro em busca de lugares mais salubres e refinados.

16. Ao lado das intensas transformações no centro, em alguns bairros da cidade persistia uma cidade nada moderna, com casebres e cortiços abrigando a população mais pobre.

Novos meios de transporte

17. Bonde exclusivo para operários, na década de 1920, transportava os trabalhadores para os nascentes bairros fabris.

18. Notícia de nova linha de bondes se misturava às notas sobre os acidentes que o novo meio de transporte, ainda não naturalizado, causava à população.

19. Os veículos particulares eram símbolo de distinção e começavam a disputar lugar na cidade moderna, que vivia um verdadeiro "baile mecânico".

20. Propagandas davam conta de uma cidade que anunciava se voltar para o carro, e notícias mostravam os problemas causados pela velocidade dos veículos entre transeuntes ainda em outro ritmo.

O PERIGO DAS RUAS

Apanhada por um automovel

Na rua Jaguaribe

Eulalia Marcondes Leeme, de 45 annos, residente á ladeira Rodovalho, n. 22, passava hontem, pouco antes das 13 horas, pela rua Jaguaribe, quando, perto da esquina da rua Verona, ouviu o buzinar de um automovel.

A infeliz senhora, virando-se para o vehiculo, titubeou, aturdida, at´que foi apanhada por elle, pois o chauffeur Ernesto José dos Santos não conseguiu desviar a sua machina.

Arremessada no solo, aquella senhora soffreu violento choque e grave ferimento na cabeça.

A Assistencia soccorreu-a.

O auto era o de n. 4873.

Foi instaurado inquerito sobre o facto.

EXPERIENCIA MAL SUCCEDIDA

COLLISÃO DE VEHICULOS

Dois automoveis chocam-se na rua Augusta

A Garage "Fiat" Matarazzo vendeu ao constructor dr. Emilio Monaco uma machina "Fiat", que foi hontem entregue ao novo proprietario, afim de experimental-a.

O dr. Monaco, acompanhado pela sua familia e por um mecanico da casa que lhe vendeu o carro, sahiu então a passeio, escolhendo para as experiencias a rua Augusta.

Quando, de volta á cidade, subia por aquella via publica, não estando o pratico em dirigir o carro e indo contra a mão, a machina, que tem o n. 5.243, chocou-se com o "taxi" n. 4.111, dirigido pelo motorista José Domingues Gonçalves, ficando ambos os vehiculos damnificados.

O mecanico, que na occasião se achava ao lado do dr. Monaco, cahiu ao solo, ficando comprimido entre os dois carros, soffrendo uma forte contusão no hemithorax esquerdo e diversas excoriações pelo corpo.

E' elle Formerago Luiz, de 30 annos de edade, casado, italiano, morador á rua Sete de Abril, 33.

O dr. Coutinho, medico da Assistencia, soccorreu-o.

O jornal e seus leitores

21. Cada fração da sociedade passava a ser atendida pelos meios de comunicação. A "Página feminina", aos domingos, podia contar com uma crônica de Menotti, que durante anos seria ela mesma acompanhada pela seção "As modas", de Marie Belmont.

CONFORTO INTIMO FEMINIL

ABSORVENTES HYGIENICOS

desaggregavels na agua e portanto eliminaveis depois do uso
ESTERILIZADOS E FECHADOS EM ENVELOPPES DE PERGAMINHO

Duzia **6$000**   Meia duzia **3$000**
entregues a domicilio.

Pedidos, amostras e literatura pelo telephone n. 2-2008
Por cartas á Caixa Postal, 907

GESSY
O "LEADER" DOS SABONETES

USE
"MELINDROSA"
O PO' DE ARROZ
DA MODA
— FINISSIMO —

Muito adherente e perfumado

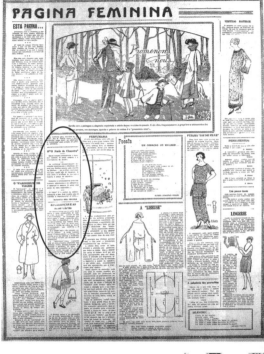

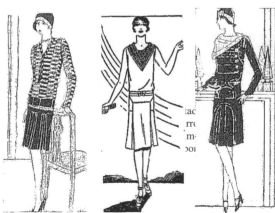

Capítulo 3

Adoro esta cidade
São Paulo do meu coração
Aqui nenhuma tradição
Nenhum preconceito
Antigo ou moderno
Só contam este apetite furioso esta confiança absoluta
este otimismo esta audácia este trabalho este labor esta
especulação que fazem construir dez casas por hora
de todos os estilos ridículos grotescos belos grandes
pequenos norte sul egípcio ianque cubista
Sem outra preocupação que a de seguir as estatísticas
prever o futuro o conforto a utilidade a mais-valia e
atrair uma grande imigração
Todos os países
Todos os povos
Gosto disso
As duas três velhas casas portuguesas que sobram são
faianças azuis

Blaise Cendrars, *São Paulo*

O debate arquitetônico e a crônica

Não se pode falar de cidade sem falar da arquitetura – condição mesma da sua existência. Que cidade surgiu no lugar da antiga vila, que cidade se pretendia edificar daí para frente? Nota-se que na década de 1920 a discussão sobre arquitetura não animava apenas o debate entre especialistas, mas ganhava espaço em jornais e revistas diversos, fazendo da imprensa um local privilegiado dessa discussão (Souza, 2004)[1]. Com efeito, o *Correio Paulistano* (*CP*) publica textos de ou sobre arquitetos, noticia exposições, concursos e novas construções na capital paulista, tendo posição destacada nesse panorama.

Nas crônicas de Menotti, a arquitetura também "marca presença", dando materialidade à cidade que surge de seus textos, pondo em pauta o cenário imaginado para a nova sociabilidade moderna. Ainda que o número de crônicas seja restrito, o intelectual, assim como muitos de seus contemporâneos, não deixa de opinar sobre o

---

1 Não custa lembrar que a primeira revista de arquitetura do país é lançada no Rio de Janeiro em 1921 (publicada mensalmente, sobreviveu até a segunda metade da década, sob a direção de Gastão Bahiana) e que na esteira dos preparativos para as comemorações do Centenário, formam-se em 1921 duas entidades de classe, a Sociedade Central dos Arquitetos e o Instituto Brasileiro de Arquitetos, sediadas no Rio (Campos, 2000, p. 203).

assunto, manifestando juízos, divulgando os novos arquitetos e principalmente discutindo qual a cidade ideal a ser construída a partir de um modelo paulista. Nesse debate, suas posições refletem diretamente a discussão ideológica do período em torno da definição de uma suposta "raça paulista", que parece ter florescido num momento em que a oligarquia se sentia ameaçada por inúmeros fatores. Nesse sentido, o debate sobre os estilos arquitetônicos[2] é paradigmático, por contemplar a questão da definição de uma arte nacional e, num sentido mais amplo, sobre a nacionalidade, temas essenciais para o debate intelectual e para a atuação das elites do período.

No processo desencadeado na segunda metade do século 19, São Paulo atraía uma imensa população e vivia uma rápida transformação nos costumes de seus habitantes, que se tornavam mais e mais "civilizados", presenciando a edificação da nova cidade, mais "condizente" com os ares modernos. Essa modernização em vários níveis ganhara materialidade na adoção do ecletismo, assumido como o estilo dos novos edifícios a partir da proclamação da República. Apoiando-se nessa imagem de capital européia, a moderna São Paulo surgiu e chegou ao século 20 exibindo novos e imponentes edifícios, parques e jardins públicos, cafés, restaurantes e grandes lojas, clubes, teatros e cinemas, além dos palacetes, que passaram a abrigar a burguesia ascendente. Vale notar, como esclarece Annateresa

---

2   Toda a discussão e o ensino da arquitetura do século 19 e início do século 20, dita eclética, seja ela de sentido internacional ou nacionalista, estava pautada pela noção de estilo, contra a qual os arquitetos modernos no início do século 20 vão justamente se contrapor. Dessa forma, o debate sobre arquitetura dos anos 1920 no Brasil ainda era pautado pela noção oitocentista de estilo – termo aliás bastante recorrente nas crônicas da época –, mesmo quando defendendo uma arquitetura dita "moderna". Ver Argan, 1977, pp. 7-28 e Fischer, 2005.

Fabris, que o ecletismo, "fruto da revolução industrial, [...] denota um descompasso profundo entre a instância econômica, audaciosa e inovadora, e a instância estética, prudente e prevalentemente voltada para o passado". Calcados em estilos pretéritos, entretanto, esses revivalismos característicos do ecletismo seriam, "paradoxalmente, o índice da modernidade do homem eclético", pois não implicariam recuperação de valores. Ao contrário, ao se sujeitarem às variações da moda e aos padrões de consumo da produção industrial, davam ao "antigo" ares de legitimação social, conferindo "foros de hereditariedade" a uma classe burguesa nascente (Fabris, 1987, p. 283).

Se a "questão nacional" foi um tema para os intelectuais locais desde a geração de 1870 (Alonso, 2002), a partir do final da Primeira Guerra Mundial os impulsos de autonomia cultural e intelectual no país fazem com que ela ultrapasse os limites do debate sociopolítico, tornando artes, arquitetura, ciências e literatura palcos de intensa discussão sobre os rumos do país (Oliveira, 1990). Segundo a historiadora Mônica Velloso, "o clima do primeiro pós-guerra determina alterações fundamentais na forma de se pensar o Brasil", reconhecendo-se reflexos da crise de valores que assaltava a Europa. Os intelectuais nacionais passavam a exprimir a idéia da contraposição entre "a velha e a nova civilização" e clamavam que a "decadente Europa" cedesse lugar à "triunfante América"[3]. "Criar a nação" é a palavra de ordem que toma conta destes discursos, ainda conforme a historiadora, que insiste no "tom de urgência assumido pelo debate intelectual então instaurado com vistas à descoberta de um veredicto seguro, capaz de encaminhar

---

3   A historiadora nota influências das teorias de Oswald Splenger (1880-1936) na interpretação do contexto histórico feita por intelectuais nacionais, Menotti del Picchia incluído. Para esses intelectuais, as jovens nações sul-americanas confirmariam a análise do filósofo, que previa o fim da cultura européia e a aurora do novo mundo (Velloso, 1993, p. 89).

o processo da organização nacional". O problema da identidade nacional ganhava importância, fazendo da busca do "tipo étnico específico capaz de representar a nacionalidade [...] o grande desafio enfrentado pela elite intelectual" (Velloso, 1993, pp. 89-90).

Assim, se na década de 1920 São Paulo ultrapassa os limites da cidade *belle époque* nos campos do urbanismo e da arquitetura – seja pelos problemas urbanos e sociais cada vez mais graves, seja pelos novos ares soprados da Europa e da América do Norte, que mandavam notícias de uma nova arquitetura mais racional e condizente com o espírito da reconstrução do pós-Guerra –, as comemorações do Centenário da Independência em 1922 simbolizariam o momento de redefinição das referências e estilos arquitetônicos, motivado e exacerbado pelos anseios nacionalistas do período. Combinando-se críticas contra o padrão estético-urbanístico de inspiração européia com propostas de uma arte e arquitetura nacionais, estas ganhariam força ao se vincularem a projetos de construção da nação.

É nesse contexto que a retomada das tradições, do passado colonial e do Brasil rural ganham peso, frente à referência européia, distante física e culturalmente do país. Exemplos disso são a onda regionalista na literatura nacional[4] e o movimento neocolonial na arquitetura. Isso não implicou, porém, a negação da "dimensão urbana e metropolitana do mundo moderno" (Oliveira, 1990, p. 194), nem o abandono das referências artísticas de caráter cosmopolita ou universalista, muito menos a recusa da modernização em curso. As "especificidades nacionais", entretanto, passavam a ser pensadas. Paradoxalmente, a metáfora de um mundo novo que caminhava na direção oposta à do decadente Velho Continente não impediria as elites locais, imersas no torvelinho de transformações daqueles anos, de lançarem mão de supostas tradições pretéritas para reafirmarem suas posições e convicções.

---

4   Mencionada no capítulo 1.

Na esteira do crescimento urbano acelerado e informado pela vinda dos imigrantes que deixavam marcas na cidade, surge o debate acerca do que poderia ser o estilo arquitetônico próprio para o país novo a ser forjado a partir de São Paulo. Desde o pós-Guerra a discussão sobre um suposto "estilo nacional" contava com a participação de inúmeros intelectuais que seguiam linhas diferentes, ora pendendo para a defesa de uma "continuidade" em relação às edificações do período colonial (ou à imagem que se tinha das mesmas) – desembocando no neocolonial –, ora pleiteando a criação de uma arte nacional a partir de insumos provenientes das vanguardas européias – o modernismo. Ambas as posições de confronto frente a uma civilização "importada" e ao seu estilo predominante, o eclético (Mello & Castro, 2004).

Menotti é uma das vozes atuantes e é importante situar suas crônicas a respeito do tema na perspectiva do debate em curso, pois na medida em que elas sinalizam uma ou por vezes várias posições em jogo nesses anos, sua leitura ganha em interesse. As crônicas, escritas no momento do surgimento do modernismo, abrem uma outra possibilidade de estudo do movimento, por flagrarem as disputas, ambigüidades e fissuras que o compuseram, revelando um "projeto modernista" talvez menos unívoco e direto que se imaginaria, mais complexo e variado do que o geralmente aceito. Visto de perto, o período pode ser considerado menos como momento de absoluta ruptura com o passado, mostrando-se como tempo de idas e vindas, ou mesmo de continuidades do século 19, presentes na pena e nas idéias dos vanguardistas[5]. Analisadas dentro de uma

---

5   Alguns autores vêm se dedicando a matizar o estudo do modernismo brasileiro no campo das letras e das artes, apontando esse caráter mais ambivalente do movimento, entre os quais podemos citar, entre outros, Fabris, 1994a; Fabris, 1994b; Andrade, 2004; Chiarelli, 1995; Dantas, 2000; Schwarz, 1997.

perspectiva mais ampla, de definições nacionalistas e de inquietações com as transformações da cidade no período, as crônicas de Menotti referentes à arquitetura ao longo de toda a década de 1920 possuem elementos recorrentes, reconhecíveis também em suas outras crônicas: a raça, o imigrante e o nacionalismo.

Nos anos iniciais da década de 1920, com a proximidade do Centenário da Independência, é a discussão do estilo neocolonial – por seu "conteúdo nacional" inerente – que aparece com força no debate em torno de uma arte nacional, angariando simpatias entre engenheiros, arquitetos e intelectuais e fazendo de sua defesa, como sugere a crítica Annateresa Fabris, uma "resposta nacional à excessiva internacionalização" da cidade. Vale notar ainda que "modernidade e recuperação da tradição artística nacional vão caminhar paralelas" nas duas primeiras décadas do século 20 (Fabris, 1987, pp. 286-7). Menotti, entretanto, parece não se convencer por esta vertente, preferindo buscar na "arte primitiva" os elementos inspiradores à arte nacional.

No final da década, quando os expoentes da vanguarda modernista em São Paulo parecem seguir posições políticas antagônicas, numa espécie de "acirramento ideológico"[6], vê-se que a discussão de um "estilo nacional" passa a ser informada também por outro pólo, o da discussão da "arquitetura moderna" a partir de referenciais europeus e norte-americanos que chegam ao cronista pelos interlocutores protagonistas deste debate no cenário nacional, notadamente o arquiteto ucraniano Gregori Warchavchik (1896-1971), bem como pela passagem do arquiteto franco-suíço Le Corbusier (1887-1965) por São Paulo.

---

6   Refiro-me ao fato de Menotti e outros intelectuais se aproximarem de um ideário nacionalista de direita, formando o grupo Verdeamarelo, de onde Plínio Salgado sairia para se tornar ideólogo do movimento integralista brasileiro, enquanto Oswald e Tarsila, após o Pau-Brasil e a Antropofagia, acabariam entrando no Partido Comunista.

Mas é necessário insistir que é sempre a questão da raça, do papel do imigrante, da definição do verdadeiro "nacional" – os mesmos conteúdos que aparecem nas falas do crescimento urbano, da cidade como pólo de atração ou das novas sociabilidades –, que surgem novamente na discussão da arquitetura. Não se trata da construção de uma "noção de modernidade" que se desenvolveria ou evoluiria, mas sim de formas diferentes de lidar com os conteúdos dos seus temas.

Nada mais que *ingênuos otimistas*
A arquitetura da capital e o estilo nacional

As crônicas de Menotti que tratam das edificações da cidade começavam a apontar para uma crescente insatisfação com a cidade eclética, ainda que aqui e ali alguns edifícios construídos sob essa forma fossem particularmente apreciados. A discussão da criação de um estilo nacional surge com força, sobretudo pelo fato do cronista estar mergulhado nessa questão em relação à literatura e também às artes plásticas.

Numa crônica de 1921, o reconhecimento da herança imigrante à construção da cidade é confrontado às improvisações de um crescimento tão veloz: "O tímido lugarejo de ontem [...] é hoje uma cidade febril, milionária, imprevistamente enorme" – imagem recorrente, que como se viu reforçava a efervescência e a força do crescimento daqueles anos. Nessa cidade, "as emoções de todas as raças e os tipos de todos os povos agitam uma das vidas sociais mais violentas e gloriosas do universo", onde o "entrechocar de ambições, de gostos, de vontades de raças oriundas dos quatro pontos cardeais" se reflete "em todas as manifestações da vitalidade citadina, nos seus tipos de rua, na sua arquitetura, nas coisas expostas ao comércio, nas línguas que se falam pelas calçadas" – assim se explica logo a "falta de caráter" das construções, que ainda simbolizavam as diversas raças em ebulição, mas que, todavia, não deixavam de compor um verdadeiro "espetáculo". O cronista ria dos "ingênuos" que acreditavam "na velha lenda da trindade racial formadora, no clássico triângulo étnico, sobre a qual repousa[ri]am as origens da gente da nossa terra: luso, negro e índio...", e proclamava: "São Paulo de hoje é um Paris, um Nova York menos intenso, um Milão mais vasto... uma formidável e gloriosa cidade ultramoderna" (Helios, "Capacetes cossacos", *CP*, 15 jul 1921, p. 3) – ressaltando a contribuição dos imigrantes para o desenvolvimento da cidade.

Annateresa Fabris coloca os imigrantes urbanos ao lado dos fazendeiros-imigrantes na construção da cidade moderna: "estes dois grupos serão os verdadeiros agentes da fisionomia moderna da cidade", o primeiro, pelo seu instinto de ascensão social, o segundo, por ser o responsável pela mobilidade do capital (Fabris, 1987, p. 282). Se isso é fato, podemos entender a percepção de Menotti acerca da contribuição do imigrante na constituição da fisionomia da cidade desta forma: embora não assuma totalmente a estética eclética, percebe o valor da contribuição daquele grupo no sentido da dinamização da sociedade – e, conseqüentemente, da cidade – e por isso não o descarta.

A questão requer cuidado, porquanto não se vê o cronista com opiniões definitivas sobre o problema. Menotti lançava ali uma de suas questões fundamentais: o fato de estar nascendo em São Paulo um novo brasileiro que deixava para trás o "mito" das três raças fundadoras. Para o cronista, ele mesmo filho de imigrantes, porém totalmente adaptado e incorporado à sociedade paulista e brasileira, não havia dúvidas de que seria a partir da imigração européia recente que uma nova raça floresceria. A mesma discussão, eivada das teorias raciais do fim do século 19, aparece em inúmeras crônicas que propõem a criação de uma arte brasileira, a partir do ponto de vista paulista[7].

A arte nacional a partir do elemento primitivo

Para compreender melhor por onde iam os argumentos de Menotti, vale observar mais detidamente três crônicas suas publicadas no jornal *A Gazeta* (*AG*) no início da década de 1920, assinadas com o pseudônimo de Aristophanes[8]. O ponto de partida é o concurso para

---

[7] Como já foi dito, se as décadas iniciais do século 20 são entendidas não apenas do ponto de vista da ruptura, mas percebendo continuidades em relação ao século 19, fica mais fácil compreender a posição de Menotti, modernista declarado que se apoiava em teorias e questões caras ao século anterior. Nota-se em seu discurso ecos de Oliveira Vianna (1883-1954), intelectual colaborador do *CP*, que lançara em 1920 o livro *Populações meridionais do Brasil* e fazia uma "ponte" entre o racismo científico predominante antes de 1914 e a filosofia social de fundo "ambientalista" predominante depois de 1930. Para Vianna, o país estava em vias de atingir a pureza étnica pela miscigenação – e parece ser esse um dos sentidos das crônicas de Menotti sobre a "nova raça", o "branqueamento" advindo com a imigração. A esse respeito, ver Bresciani, 1998, pp. 27-61.

[8] A pesquisadora Yoshie Barreirinhas esclarece que Aristophanes é um poderoso aliado de Helios na propagação dos ideais modernistas no início da década, através das crônicas publicadas naquele jornal (Barreirinhas, 1983, p. 27). Essas crônicas são fundamentais para entender os argumentos de Menotti em relação à discussão da arte e arquitetura nacionais – em sua maioria elas tratam de questões relacionadas às artes – e durante um ano auxiliaram Helios rebatendo e argumentando um pouco mais as questões apresentadas no *CP* ou vice-versa. O conjunto destas crônicas está em Barreirinhas, 1983. Por sua importância e pela particularidade dos argumentos ali defendidos, elas aparecem neste trabalho.

a escolha do Monumento à Independência a ser construído no bairro do Ipiranga dentro das comemorações do Centenário – e a exposição das maquetes concorrentes daria a chance ao cronista desenvolver suas idéias, trazendo à tona o tema da construção de uma arte nacional[9].

Na primeira delas, denominada "Apressemo-nos", Menotti discute a necessidade de São Paulo ter edificações mais condizentes ao desenvolvimento contemporâneo e, comparando a cidade à capital da República, concluía que ainda lhe faltavam grandes e imponentes palácios para dar ao visitante a noção da grandeza do estado. O cronista não desconhecia os problemas enfrentados pela capital paulista, causados pelo rápido e intenso crescimento:

> O Brasil todo converge suas vistas para São Paulo; à cidade afluem, dia-a-dia, atraídos pelo trabalho, levas e levas de operários. Rareiam as casas; falta abrigo a essa população flutuante. Mister seria providenciar nossa edilidade no sentido de dar agasalho rápido e cômodo a toda essa gente para que se fixem, definitivamente entre nós, todos esses valores humanos. (Aristophanes, "Apressemo-nos", *AG*, 29 jan 1920, p. 1)

O cronista reconhecia a necessidade do poder público fazer algo pela população que chegava – afinal o progresso dependeria desses braços –, mas, numa cidade que passava a ocupar lugar de destaque no cenário nacional, "o que deve[ria] preocupar a atenção dos nossos administradores [era] a necessidade de dar a tudo o que for

---

[9] Trata-se do concurso promovido em 1919 pelo governo do estado de São Paulo, cujas maquetes se encontravam expostas no Palácio das Indústrias, onde Menotti e outros jovens modernistas "descobrem" Victor Brecheret, em seu ateliê improvisado, como dito no capítulo 1. Sobre o concurso e as ações do governo paulista nas comemorações, ver Ferreira, 2001, pp. 270-84.

definitivo, o aspecto de grandioso" ("Apressemo-nos"...). Esse é o papel da municipalidade, que não podia deixar de aproveitar a ocasião para "reconstruir a cidade" dentro dos "princípios modernos", "sem improvisos", garantindo a São Paulo o lugar que lhe cabia nesses tempos de comemorações e afirmações nacionalistas:

> O nosso pecado é a estreiteza, o provisório, o que se faz para o dia, sem se pensar no futuro. O nosso mal é o beco e a pocilga. Sofremos de angústia visual, de acanhamento arquitetônico. Raro o palácio que deslumbre, pela mole e pela audácia, ao visitante da urbe. O Rio de Janeiro já possui alguns prédios que lhe dão ar de grande metrópole. ("Apressemo-nos"...)

E como o "o operariado paulista não [era] composto de ciclopes" e a façanha que os esperava era digna de Hércules, só cabia ao cronista clamar:

> Apressemo-nos! Os dias passam céleres, no vazio de um ócio lamentável e na hesitação improfícua. A obra tumultuária e apressada jamais tem a segurança da eternidade do trabalho lento e calculado.
> São Paulo necessita mostrar, em 1922, o quanto se desenvolveu nestes últimos anos, alcançando um grau de progresso que há de deslumbrar todo o Brasil. ("Apressemo-nos"...)

Menotti estava em campanha pelo monumento, pela primazia da cidade nas comemorações nacionais, mas também pela construção da cidade moderna. Mas o que significa para ele a cidade moderna aqui? Vimos como a "cidade moderna" surge em seu discurso significando civilização e progresso, enfim, a modernização ocorrida a partir do fim do século 19. Nessa crônica a cidade moderna aparece identificada não apenas com os "palácios" – edifícios ecléticos que a fizeram a "capital do café" –, mas também aos edifícios que lhe dariam "ar de grande metrópole". Seriam os arranhas-céus da cidade norte-americana, da cidade *yankee,* previstos em outros textos?

Dois dias depois, Menotti volta à carga em "Ainda o monumento" e discorre sobre quais características deviam ser levadas em conta na escolha do projeto vencedor e sobre a significação simbólica de tal obra. Estaríamos diante de uma "bela oportunidade para a demonstração de uma arte nacionalista". Ainda que os "artistas educados na velha escola" pudessem sorrir superiormente, ainda que os "bravos artistas d'além-mar" se revoltassem indignados, apegados que estavam "às rígidas normas do classicismo" (Aristophanes, "Ainda o monumento. Escolha da maquete – processo de seleção – nacionalismo artístico", *AG*, 31 jan 1920, p. 1), o cronista insiste:

> Somos ainda ingênuos otimistas, que acreditamos na possibilidade de uma arte nacional, *haurindo nos rudimentos da arte indígena*, motivos ornamentais e arquitetônicos, que estilizados e adaptados, dariam um grande efeito inédito. ("Ainda o monumento"..., grifo meu)

Menotti sugere a retomada de elementos "primitivos" do povo brasileiro, da arte indígena, como fonte de "motivos ornamentais e arquitetônicos" para os artistas contemporâneos. Mesmo ponderando "não ser caso para rir", o cronista Menotti aponta outros povos que haviam seguido caminho semelhante, exemplo inconteste de "sucesso" na criação de uma arte própria. Valendo-se da arte grega e romana como modelo a ser seguido, dado que estes povos tinham se inspirado na arte egípcia e persa – "quase manifestações estéticas embrionárias" – para fazerem suas obras-primas, questiona: "se[,] de uma arte primitiva e titubeante pode-se desenvolver tanta beleza, por que das maravilhas primitivas da nossa estética não podemos tirar elementos de uma arte nacional?".

A resposta estava na ponta da língua, afinal "tudo pode o talento". Não se tratava de mera "reprodução servil das embrionárias realizações picturais ou arquitetônicas dos nossos índios", mas "apenas acentuar que há, entre essas tentativas, muita coisa curiosa que poderia ser utilizada", desde que adaptadas "num sábio ecletismo", aos "diversos estilos clássicos" – leia-se: estilos históricos do final do século 19 –, "ou aos arrojos do modernismo inteligente" – ainda por ser definido ("Ainda o monumento"...). Menotti sugere que da arte dos povos indígenas sejam retirados os elementos estéticos para uma arte nacional, todavia adaptados, de acordo com o gosto do freguês, ou talvez à função do edifício. Nunca como cópia simples, pois no seu entendimento assim se fazia até então, sem que fosse alcançado o merecido caráter nacional nas construções.

Esse intelectual comprometido com a renovação estética, informado pelo debate que ocorria nesse momento, buscava discutir e tentava formular possibilidades para a arte nacional. Não tinha uma posição clara a respeito do tema, antes parecia experimentar soluções e possibilidades. O cronista lembrava do exemplo norte-americano que explorara "os estilos ornamentais dos seus peles-vermelhas" e oscilava entre os desejos de monumentalidade e de grandiosidade que a seus olhos o classicismo haveria de propiciar com mais firmeza – por isso a dificuldade em deixar para trás o ecletismo – e prometia estudar com vagar o "momentoso e empolgante" assunto ("Ainda o monumento"...).

Com efeito, em seguida surge a terceira crônica da série, onde Menotti discorre novamente sobre a "possibilidade de criação de uma arquitetura nacionalista", prevendo o espanto que causaria hipótese tão arrojada num lugar em que "a própria língua é de empréstimo e em que as próprias emoções são de enxerto" – onde não apenas "falamos em francês, como 'sentimos' em francês". Se tal coisa podia ocorrer "em relação ao verbo e ao coração", como poderia existir a possibilidade de se "criar uma arte independente" que buscasse "nas tradições rudimentares estéticas da nossa raça os motivos de sua originalidade?" (Aristophanes, "Arquitetura nacionalista. O absurdo possível. Ecletismo estético. Arte e acampamento. O futuro estilo nacional", *AG*, 2 fev 1920, p. 1).

A questão estava colocada. Menotti sentia-se à vontade no debate, pois o fazia em relação às letras nacionais, considerando-se um renovador e, mais do que isso, um partícipe fundamental na construção da moderna literatura nacional. Era necessário pensar as artes como um todo para se avançar na discussão da criação de uma "arquitetura brasileira, inspirada nos rudimentos artísticos da raça e no aproveitamento da natureza ambiente, como elemento formador de uma nova estética" ("Arquitetura nacionalista"...). Para tanto, o cronista propõe uma visão retrospectiva que tenta de compreender como a questão caminhara até o momento:

> A influência da arquitetura colonial é decisiva nos nossos velhos monumentos. A simplicidade sóbria das nossas construções tinha origem não só na carência de artistas, como na falta de tempo e preocupação estética dos colonizadores. A casa não era um luxo; era uma morada. Desbravado o sertão, urgia fixar a posse com o lar; a preocupação do ocupante era a riqueza, não o fausto solarengo.
>
> A habitação mal dava o conforto; era o centro de atividade e defesa. Daí apareceram as casas coloniais simples e maciças, verdadeiras fortalezas sem uma preocupação ornamental. ("Arquitetura nacionalista"...)

Só adiante, quando "conquistada a terra, garantida a vida, policiada a cidade", quando "levas e levas emigratórias, heteróclitas e diversas, para cá trouxeram os hábitos e os gostos mais variados", quando "fartas e tranqüilas, as nossas populações resolveram deixar o nomadismo para enquistar-se ao solo", é que surgiram as primeiras manifestações de arte. Dessa forma, teria sido "a diversidade das raças

[que] originou a complexidade dos estilos" e causou "esta espantosa e bizarra mistura de tipos arquitetônicos berrantes, alguns ridículos completamente em conflito com as condições climatérias da nossa terra" ("Arquitetura nacionalista"...). Assim justificava a situação da cidade: barafunda de estilos e pouca contribuição "nacional".

É importante tentar entender o caminho do seu raciocínio, ainda que este se mostre mais e mais sinuoso, pois dessa forma compreende-se também as idas e vindas do debate arquitetônico na década de 1920. Menotti via o ecletismo da cidade naqueles anos a partir da diversidade das raças aqui aportadas, e não como o desejo da elite local de construir aqui uma cidade européia, desde a segunda metade do século 19. Os "estilos bizarros", os revivalismos históricos que dominavam a capital paulista eram decorrentes da importação dessas formas, que informaram as cidades latino-americanas em geral na sua ânsia modernizadora (Romero, 2004):

> O gótico, o manuelino, o rococó, o bizantino, o *art nouveau*, o romano, tudo, num tumulto estontante denunciou a diversidade étnica dos habitantes destas plagas. A casa holandesa, acaçapada e assimétrica, ao lado do *cottage* inglês, confortável e moderno; o classicismo grego ao lado do *bungalow* apressado... uma balbúrdia! Ora acusando a influência árabe, o estilo manuelino contrasta com a severidade romana dos palácios senhoriais; ora o villino *art nouveau*, pretensioso e rebuscado, hostiliza o vetusto e arcaico sobrado colonial; ora os retorcidos e trabalhados fustes das colunatas bizantinas erguem-se ao lado da massa severa das colunas dóricas. ("Arquitetura nacionalista"...)

Para o cronista, tal "miscelânea" tinha uma explicação fácil: era"fruto de uma época tulmuária", quando as raças em luta "ainda não se haviam acamado no sedimento de uma raça nova e única", atestando também a origem complexa da nacionalidade. As diversas "raças" traziam consigo seus estilos, fazendo do conjunto a confusão observada ("Arquitetura nacionalista"...).

A crítica à cidade eclética e a necessidade de ordená-la apareciam no discurso de diversos intelectuais, especializados e leigos, já desde o final da Primeira Guerra, e Menotti é um deles[10]. Note-se que em nenhum momento o escritor falaria de uma "arquitetura futurista", como faz nesse período em relação à literatura[11]. A peculiaridade de seu discurso está no fato de passar rapidamente do campo estético para o étnico, sugerindo uma versão para a solução do "problema": "fundidas num só povo [...] amalgamad[a]s no seu tipo definitivo [e] modificadas pela reação do ambiente, [...] essas levas emigratórias" resultavam no "tipo nacional que é hoje a expressão etnológica do nosso povo". Mesclando-se essas influências adventícias às manifestações primitivas do brasileiro apareceria naturalmente um estilo nacional: "unificado, pois, o expoente da nossa raça, assimilado ao meio, é natural que dele brote uma arte espontânea e sua". Nada mais lógico aos "artistas, ao criarem sua arte, procurá-la na

---

10 "A partir de meados da década de 1910, a cidade é descrita por alguns dos intelectuais atuantes na cena paulistana [a saber, Mario de Andrade, Alcântara Machado, Monteiro Lobato, Ricardo Severo] como 'um bolo de noiva', 'uma batida arquitetônica', 'um carnaval', 'um esperanto arquitetônico', numa clara referência ao ecletismo que predominava nos novos edifícios da cidade" (Cf. Mello e Castro, 2004).

11 O futurismo paulista é o tema do citado livro de Annatereza Fabris. A partir da pesquisa da historiadora, vê-se que existe a ligação dos escritores da vanguarda paulista com a estética futurista, sobretudo a italiana, porém não chega a ser tão forte a ponto de trazer os elementos da arquitetura futurista para o debate nacional. Fabris explicita a posição de Menotti em relação às vanguardas européias no campo das artes visuais, ressaltando como o escritor não se "deixa seduzir" totalmente pela arte nova, mantendo sempre uma posição intermediária entre o passado e a vanguarda presente (Cf. Fabris, 1994).

alma complexa que os anima, remontando, porém, como ponto de partida, às primitivas extrinsecações estéticas do nosso povo". Assim se teria, "naturalmente, a base da nova concepção artística brasileira". Menotti propunha a adaptação desse "embrião de arte [...] às manifestações mais audazes da estética nova". O artista deveria se livrar dessa paralisante "tortura do ineditismo" para poder estilizar e modernizar "*o que apareceu*, informe e primitivo, como primeira concepção voluptuária de beleza e de graça *na imaginação rude dos primeiros habitantes da terra brasileira*" ("Arquitetura nacionalista"..., grifo meu), criando dessa forma uma obra própria.

O intelectual previa a criação de uma arquitetura nacional a partir de São Paulo, onde as novas raças se amalgamavam e se fixavam formando o "novo brasileiro", e curiosamente não faz referência ao estilo neocolonial – que então ganhava cada vez mais adeptos e defensores, tendo sido escolhido como o estilo oficial da exposição do Centenário no Rio de Janeiro, inclusive no Pavilhão de São Paulo[12]. O fato do presidente do estado, Washington Luís – a quem o cronista era ligado, por laços de amizade e profissionais –, ter encomendado ao arquiteto Victor Dubugras a construção de quatro monumentos-marco na antiga descida da Serra do Mar e a reforma do Largo do Piques, todos em estilo neocolonial, como parte das comemorações do Centenário, aliado ao fato de Mario de Andrade, companheiro de Menotti na campanha "avanguardista", defender abertamente nesses anos a adoção do neocolonial como o estilo nacional – a partir da campanha do engenheiro português Ricardo Severo (1869-1940) de-

---

12 Sobre a apropriação do colonial e a campanha neocolonial em São Paulo, assim como a atuação de seu protagonista, o engenheiro português Ricardo Severo, ver *Ricardo Severo: da arqueologia portuguesa à arquitetura brasileira*, que traz contribuições fundamentais à discussão travada nas décadas inicias do século 20 em torno da arquitetura nacional (Mello, 2007).

flagrada em 1914 –, torna mais surpreendente perceber que Menotti parece jamais ter se referido a tal estilo.

Com efeito, nota-se que o cronista não entendia a arquitetura do período colonial como a primeira manifestação de uma arte nacional que pudesse ser recuperada ou revivida contemporaneamente – à diferença de Mario de Andrade e de outros intelectuais –, antes apelando às manifestações ditas primitivas[13]. Mario, numa série de crônicas sobre São Paulo publicadas no Rio em 1921 com o intuito de divulgar os "avanços paulistas" nas artes, localizaria no neocolonial a receita para o estilo nacional[14]. O escritor reconhecia a "barafunda de estilos" que assolava a cidade e apontava que era chegada a hora da escolha de um estilo que a organizasse. Em seus argumentos lêem-se palavras da campanha de Severo deflagrada anos antes, que via na casa unifamiliar o verdadeiro objeto do estilo, já que, segundo o engenheiro português, era a partir da casa que se dava o tom da cidade (Mello e Castro, 2004). Citando o

---

13 Como se vê na crônica citada anteriormente (Aristophanes, "Arquitetura nacionalista"...), Menotti reconhece um "valor" na arquitetura colonial, mas não estético, como o proposto na discussão sobre o estilo neocolonial e que mais tarde seria retomado pelos arquitetos modernos no sentido da construção de uma genealogia para a arquitetura brasileira, um fio da meada que, saindo da colônia, desemboca na arquitetura moderna como expressão natural de um caminho. Para esses arquitetos modernos, a verdade dos materiais, a solidez e a simplicidade das casas, tudo o que informara as construções do passado colonial (características ressaltadas por Menotti) estaria presente apenas na arquitetura moderna e, portanto, ela seria a continuidade nacional lógica. Refiro-me aqui a uma vertente da arquitetura moderna brasileira, liderada por Lucio Costa, que retoma a arquitetura colonial como manancial para o presente, menos como forma e mais como procedimento. A esse respeito, ver Wisnik, 2001.

14 São cinco crônicas publicadas na revista carioca *Ilustração Brasileira*, reunidas no volume *De São Paulo*, organizado por Telê Ancona Lopez (Lopez, 2004).

engenheiro como o responsável pela construção de um estilo nacional[15], Mario, assim como Menotti, vislumbrava em São Paulo o local ideal para o surgimento de uma manifestação artística nacional:

> Quero crer que São Paulo será o berço duma fórmula de arte brasileira porque é bom acreditar em alguma coisa. Não sou crítico nem filósofo: sou cronista. Ah! deixem-me sonhar. Deixem-me crer que *embora perturbado pela diversidade das raças que nele avultam*, pela facilidade de comunicação com os outros povos, pela vontade de ser atual, europeu e futurista, o meu estado vai dar um estilo arquitetônico ao meu Brasil. Ah!... deixem-me sonhar!... (Andrade, De São Paulo III, *Ilustração Brasileira*, ano 8, nº 6, Rio de Janeiro, fev 1921, apud Lopez, 2004, grifo meu)

Mas o que Mario de Andrade considerava e impecilhos, Menotti via como vantagens. É interessante a comparação entre os dois modernistas, tão próximos nesse momento, mas que nos temas ligados à arquitetura já proclamam posições distintas. Diferenças ora sutis, ora mais pronunciadas, que apontam as vertentes que ambos seguiriam daqui para frente em relação à possibilidade de construção de uma arte nacional[16]. Mario aceita o neocolonial e mais tarde o aban-

---

15 "Mas o que há de mais glorioso para nós é o novo estilo neocolonial, que um grupo de arquitetos nacionais e portugueses, como o sr. Ricardo Severo à frente, procura lançar". (Andrade, De São Paulo III, *Ilustração Brasileira*, ano 8, nº 6, Rio de Janeiro, fev 1921, apud Lopez, 2004, p. 97)

16 Os escritores romperiam definitivamente em 1926, ano da fundação do Partido Democrático de São Paulo (PD). Mario, que então colabora na revista *Terra Roxa e outras terras*, critica o "nacionalismo patriótico" de Menotti. Se antes suas idéias convergiam na busca de uma arte moderna e nacional, a partir dali divergências sobretudo políticas iriam influenciar questões de ordem estética. Os escritores trocam farpas pelos jornais e revistas, ofendendo-se mutuamente. Mario, que no início da década dissera

dona em nome da defesa uma arte e uma arquitetura modernas. Menotti não faz referência ao neocolonial, antes elege uma suposta arte "primitiva" e "autóctone" como manancial para as atuais criações. Ambos, porém, esperam que seja a partir de São Paulo que o "estilo nacional" nas arte e na arquitetura surja[17].

>ser Menotti "um reflexo da natureza do país. Faz parte da natureza do Brasil. É um cerne hirsuto, de folhagem luxuriante, de florada entontecedora e frutos capitosos [...] Estilo brilhante e sonoro" (Andrade apud Barreirinhas, 1983, p. 27), a propósito do estilo "verborrágico e altissonante" do amigo, numa carta para Drummond de Andrade em 18 de novembro de 1926, mostra sua indignação com as críticas de Menotti: "Pela segunda *Terra Roxa* você verá que mandei à fava também Menotti. Questão de higiene. O diabo esperneou que não foi vida. Dias houve em que o *Correio Paulistano* vinha com dois artigos e até três contra mim. Insultos de toda a casta, você não imagina. Menotti e seqüela perderam totalmente a compostura" (Cf. Andrade, 1988, p. 73). Ao pernambucano Luís da Câmara Cascudo (1898-1986) também escreve Mario, em 3 de novembro de 1926, criticando Menotti, que andava "falando de nacionalismos patrióticos bestas, [...] uma porção de burradas: melhores pastos do mundo, melhores cafezais do mundo, a baia do Rio de Janeiro é a mais bela do mundo...", e se refere ao seu rompimento definitivo com o poeta em mais duas outras cartas, datadas em 21 de abril e 11 de novembro do mesmo ano (Cf. Andrade, 1991, pp. 52, 54, 59). Do outro lado, Menotti desancava Mario na sua coluna e em artigos no *CP*, sobretudo após o lançamento dos livros *Chuva de Pedra* (1925) *e Losango Caqui* (1926) (Cf. Menotti del Picchia, "Arlequinal", *CP*, 4 fev 1926, p. 3; Helios, "Uma carta anti-cáqui", *CP*, 5 fev 1926, p. 2; "O frango e o cáqui", *CP*, 6 fev 1926, p. 6; "Foi o diabo!", *CP*, 10 fev 1926, p. 4; Menotti del Picchia, "O que houve e o que há", *CP*, 12 fev 1926, p. 3; "Academia verdeamarelo", *CP*, 13 ago 1926, p. 4; "Epístola a Oswald de Andrade", *CP*, 23 ago 1926, p. 6; "Balbúrdia literária", *CP*, 5 nov 1926, p. 4; "Em flagrante", *CP*, 22 mar 1927, p. 5).
>
>17 Fabris diz que Menotti representaria uma "nota destoante no 'coro dos contrários'", por defender uma arte nacional, mas nem sempre poder "ser

O ecletismo entre o plágio e o transitório

A questão para Menotti parecia se encaminhar no sentido de uma "arte indígena primitiva" ocupando papel de destaque no cenário, como manancial para o artista moderno, não fosse um texto publicado na primeira página do *CP* poucos meses depois expressar uma opinião sobre a estética nacional pregressa praticamente oposta, inaugurando uma "nova fase" em seus argumentos. O escritor iniciava o artigo notando mais uma vez que as artes neste país ainda deviam muito à Europa:

> Quem leia nossos livros, quem olhe nossas estátuas, quem contemple nossa arquitetura, encontra por tudo a arte européia. Nossos versos encerram a alegria, a angústia de outras raças, nossa escultura reflete formas e gestos de outros climas, nossos palácios e vilas guardam nas suas linhas a geometria arquitetural de escolas estranhas. Tudo de empréstimo, tudo

arrolado entre os admiradores das tradições da terra", e lembra que a sua recusa do passado colonial (e, talvez por isso, do neocolonial) seria geralmente acompanhada da "afirmação do necessário ecletismo de São Paulo", em virtude da imigração, marca da sua modernidade (Fabris, 1987, p. 289). Vimos crônicas em que diz, de modo explicito ser a arte primitiva, autóctone, o manancial para as artes contemporâneas, portanto essa "afirmação do ecletismo" nesse momento parece ser um "ecletismo de temas indígenas", não dos revivalismos históricos que o caracterizavam, mas de fato sem nenhuma referência ao colonial como tema. Com efeito, quando da deflagração da campanha neocolonial por Ricardo Severo em 1914, Menotti se encontrava em Itapira, às voltas com sua fazenda de café, distante de maiores discussões estéticas. Mas talvez seja a sua ligação com a questão da imigração que o faça "dispensar" tal discussão, apontando preferencialmente para outras soluções estéticas que não a retomada dos valores coloniais e, que o leve pensar no imigrante como o "novo paulista".

copiado, tudo decalcado... Por quê? O crítico superficial berrará que somos um povo de plagiários. Vejamos se tem razão. (Menotti del Picchia, "Da estética. Seremos plagiários?", *CP*, 10 abr 1920, p. 1)[18]

Em seguida, passa a analisar as "nossas origens" para entender "tamanha falta de originalidade", chegando à conclusão de que a cópia era mesmo necessária, já que

> [o] índio [...] não deix[ara] um traço estético no Brasil. Sua arte não tinha a grandeza rudimentar dos incas; não a animava esse princípio criador dos primitivos egípcios, sua oca não valia a casa do castor, um João-de-barro era mais artista...
> O mameluco, pai do caboclo [...] argamassou apenas a tapera. Não ornou o cabo de sua faca com uma imagem; não decorou, como os etruscos, seu pote de barro [...].
> Como se vê, nos elementos indígenas não colheu nosso povo um motivo estético, uma arte aproveitável ao menos para a estilização. É, pois, *um absurdo imaginar-se a possibilidade de se criar, com estes elementos negativos, uma estética nacionalista*. ("Da estética"..., grifo meu)

"Absurdo" proposto pelo próprio cronista meses antes, na discussão do monumento ao Centenário. Há, é certo, uma movimentação grande de idéias, para não dizer oposição. Tratava-se antes de um debate em construção, do que de defesas de pontos de vista definitivos. O indígena parecia agora não ser mais capaz de oferecer

---

18 Os textos publicados na primeira página do jornal eram assinados por Menotti del Picchia e deviam ter um peso maior na discussão. Nos valemos desse material eventualmente, dado que tais textos iam ao encontro das posições defendidas nas crônicas, muitas vezes chegando a dialogar com as mesmas, tratando-se de material complementar para análise das mesmas.

motivos estéticos, nem mesmo para a adaptação através do "sábio ecletismo" aos estilos modernos. Aqui também se nota uma semelhança aos argumentos de Monteiro Lobato dos anos pré-Belisário Penna, em seus artigos sobre o caipira. Menotti retoma o arrazoado de Lobato contra o índio e o caboclo para reforçar a idéia de que não se poderia buscar nas artes autóctones os elementos para apoiar a criação do artista moderno ao contrário do que propusera anteriormente. Mas a conclusão seria diferente da de Lobato, que defendera o neocolonial como o estilo nacional (Lobato, 1956)[19].

O índio, e depois o caboclo, pouco teria feito que valesse a pena recuperar. O escritor parece não ter dúvidas que da perspectiva de que "o país começava agora", a partir da imigração européia que redimia

---

19 Em seus artigos sobre esta temática, Lobato havia descrito a "arte cabocla" como nula, não tendo nada a contribuir na criação de uma arte brasileira. Como Menotti também dirá, para ressaltar a incapacidade do homem da terra, Lobato apontava a sua pouca ou nenhuma contribuição para as artes nacionais, diferentemente dos camponeses europeus, por exemplo, que haviam criado uma arte própria e de valor. Os exemplos de ambos os intelectuais seriam os mesmos: não construiu uma casa que valesse a pena, não ornou o cabo da sua faca etc. Lobato se voltava à questão da "criação de um estilo nacional", em uma campanha pela criação de cursos no Liceu de Artes e Ofícios que ensinassem aos operários ofícios e artes, já que estes seriam os verdadeiros construtores da cidade. O escritor fazia a crítica à cidade eclética que São Paulo se tornara e esperava a criação de uma arte "nacional" a partir das discussões travadas por Ricardo Severo, aceitando o neocolonial como um estilo nacional. Tais artigos, "A criação do estilo (A propósito do Liceu de Artes e Ofícios)", "A questão do estilo" e "Ainda o estilo" — publicados no jornal *OESP* em 1917 — seriam reunidos no volume *Idéias de Jeca Tatu* (Lobato, 1956). De fato, é curioso notar como Menotti, que se vale dos termos de Lobato para desqualificar o caboclo e o indígena, não participe da discussão do neocolonial, da qual Lobato é um dos defensores.

a herança desprezível do passado colonial, misturando-se ao elemento nacional para formar o "novo" brasileiro. Afinal, "da raça vencida pela invasão do cosmopolitismo", nada que restou merecia atenção, apenas "alguns nomes sonoros de cobras rios e cidades: Tietê, Moji-Guaçu, jaracuçu, boitatá etc. Pouca coisa, como se vê...". E concluía dizendo ser um "falso nacionalismo" o que reivindicava para o indígena a "representação etnológica do nosso fundo racial", afinal a "população amestiçada que substituiu o índio, o nosso decantado caboclo" também estava fadada a desaparecer da "nossa memória", como aquele havia desaparecido, frente a o "espírito industrial moderno" ("Da estética"...):

> A nova raça forte, oriunda do cruzamento das raças sinergéticas em fermentação no xadrez etnográfico da nossa nacionalidade, absorve esses tíbios resquícios de uma minoria agonizante. Morreu Peri. Morre Jeca Tatu. Surge afinal o tipo definitivo do brasileiro vencedor. ("Da estética"...)

Não há mais dúvidas, o destino está traçado: o "novo brasileiro", esse "ser poligenético, múltiplo, forte, vivo, culto, inteligente, audaz [...], traz no seu organismo uma civilização multissecular e uma cultura requintada". Nada a ver com o indígena fraco e perdedor, muito menos com o caboclo indolente, descendente daquele que desaparecera ante a força da dominação branca. A pergunta do título estava respondida: não copiamos. Se a "nossa raça" era heterogênea, "nossa estética" não podia ser outra que o "reflexo das forças artísticas hereditárias de que são dotadas as nacionalidades que a formam" – não se tratava pois de imitação, mas da continuidade em terras novas da descendência européia. E em breve, quando o tipo racial estivesse fixado, ter-se-ia enfim uma arte brasileira "independente" ("Da estética"...).

Menotti não continua simplesmente os argumentos lobatianos, – ele tem sua própria explicação para o fato de "imitarmos": a decorrência lógica da imigração recente. A "imitação" era relativizada, pois se estava no momento certo para se criar a "arte nacional", a partir das influências mesmas, senão européias, do imigrante europeu, esquecendo-se qualquer contribuição indígena ou "primitiva". Era a influência imigrante que valeria a pena utilizar, ainda que transformada pelas ambiências locais.

O modo como Menotti encara essas questões se explicita num texto cujo título não deixa dúvidas quanto ao que pensa, ao menos nesse momento, em relação a voltar-se às manifestações estéticas indígenas em busca de elementos a serem reelaborados. Em "Matemos Peri!", crônica avulsa publicada em 1921 no *Jornal do Comércio* (*JC*), o escritor proclama: "O Brasil teve dois inimigos: Peri e a febre amarela" e discorre sobre o mal que "tal *blague*" havia feito à nação, mostrando qual o verdadeiro papel do índio na construção da nacionalidade:

> Peri foi uma mancha nua e bronzeada a sujar a dignidade nacional. [...] Admitiu-se essa hipótese romântica como elemento formador da raça, atribuindo-se ao índio vadio, estúpido e inútil, uma função alta no caldeamento nosso tipo nacional, chegando-se a crer que dele nos vinha a bravura nativa, o espírito de independência selvagem, a altivez reacionária de que somos dotados.
>
> Nada mais falso! Nunca vi índios, mas o que li de sério – não em romances nem no indianismo ridículo de Gonçalves Dias[20] – sobre a

---

20 Gonçalves Dias (1823-1864), poeta, professor, etnólogo. Sua obra enquadrou-se na temática "americana", de incorporação dos assuntos e paisagens brasileiros na literatura nacional, fazendo-a voltar-se para a terra natal, marcando sua independência em relação a Portugal. Ao lado da natureza, recorreu aos temas em torno do indígena, o homem americano primitivo, tomado como o protótipo de brasileiro, desenvolvendo na ficção, ao lado

índole dessa gente de tez acapetada, nariz chato, higiene discutível, foi apenas um depoimento psicológico que reverte em séria acusação contra a sua inferioridade étnica e sua absoluta inadaptabilidade social". (Menotti del Picchia, "Matemos Peri!", *JC*, 23 jan 1921, p. 3)

À imagem negativa do índio e do caboclo e seu papel (ou não) na formação de uma cultura nacional se somava o que Fabris apontou como a construção de um "mito tecnizado", que apagava o passado em nome de uma modernidade futura (Fabris, 1994, p. 8): "Nosso absurdo e ingênuo amor pelo passado, que mata as aspirações de fórmulas novas – na política, na economia, na finança, na ética, na literatura – respeitou-se, reverente, essa assombração" ("Matemos Peri!"...). Peri simbolizava o passado em tudo o que ele teria de atraso, obsolescência, velharia – e que precisava ser destruído para que pudesse nascer uma arte nova e uma nova sociedade. Menotti recusava todo o passado em nome desse futuro de sucesso inconteste e não temia sacrificar "heróis" das letras e das artes nacionais, rebaixando-os a "coisas do passado":

> Matemos Peri! Peri é o academismo arcádico dos Durões[21], dos Paranapiacabas[22]; é o marca-passo político, é o ramerrão econômico, é a

---

de José de Alencar, o movimento do "Indianismo". Considerado um dos mais típicos representantes do Romantismo brasileiro, forma com Alencar, na prosa, a dupla que conferiu caráter nacional à literatura brasileira (Cf. Candido & Castello, 1980, pp. 201-15, 257).

21 Referência ao Frei José de Santa Rita Durão (1729-1789). Autor de *Caramuru. Poema Épico do Descobrimento da Bahia*, publicado em 1781. Recebida com indiferença, foi considerada posteriormente verdadeira obra de afirmação nacional, pelo seu conteúdo "nativista" (Cf. Candido, 1975, pp. 177-87).

22 Referência a João Cardoso de Meneses e Sousa, Barão de Paranapiacaba (1827-1915). Bacharel, orador e poeta, teve destacada atuação na literatura

unicultura tradicionalista, é a escultura de Aleijadinho[23], é o regionalismo estreito pseudo-nacional, é Canudos, é, numa palavra, tudo quanto é velho, obsoleto, anacrônico, ainda a atuar nas nossas letras, nas nossas artes, na nossa política, na nossa administração, na nossa indústria, no nosso comércio.

[...] Demos ao Brasil – libertando-o do incubo de Peri – a sua feição de povo moderno, vanguardista, criador e pensador, liberto e original, crisálida saída do casulo para o grande vôo no espaço e na luz. ("Matemos Peri!"...)

É importante ler essas crônicas menos para entender as posições do cronista em relação a uma "raça brasileira" – questão que está posta em seus textos –, do que para entender o contexto da criação de uma arte moderna nacional (incluída a arquitetura) a partir de São Paulo, ainda que para o intelectual essas questões estivessem fortemente ligadas em sua visão plena das teorias raciais do século 19, unindo considerações genéticas, o momento histórico e o ambiente, convergindo a uma idéia de cultura como "sintoma" ou "produto" de uma época e de um lugar geográfico (Fabris, 1994, p. 10)[24]. Mas afinal, que arte ou arquitetura nacional poderia surgir levando-se em conta essas considerações? Para Menotti, neste

---

nacional, tanto por suas obras quanto pelas traduções que fez (Cf. Candido, 1976, p. 312).

23 Aleijadinho (1730-1814), alcunha do escultor mineiro Antônio Francisco Lisboa. Suas obras são consideradas entre as mais importantes e representativas do barroco brasileiro e contribuição inconteste ao barroco mundial.

24 Seguindo as indicações de Fabris, que localiza esses argumentos de Menotti na ideologia de Hippolyte Taine (1828-1893) – filósofo, historiador e crítico francês –, sintetizada no tripé raça-meio-momento, fica mais fácil compreender as suas posições nas crônicas em que ataca a questão étnica e o indígena de maneira violenta. (Cf. Fabris, 1994).

momento Peri simbolizava o passado, tudo que devia ser deixado para trás, esquecido – sem se tocar aqui em seu preconceito latente. O cronista surpreende ao desprezar o passado de modo tão veemente, nele incluídos "mestres" da cultura oficial (uma renovação futurística?), quando se sabe de seu apreço pela cultura oficial. Para o ensaísta Vinicius Dantas, Menotti não conseguiria se livrar de preconceitos da elite da qual de certo modo dependia, apoiando-se "na propaganda oficial da raça formidável", das "promessas de país novo [...] fazendo tábula rasa do passado, sem senso de realidades culturais, tomando o presente paulista como marco-zero, num progressismo deslumbrado que enxerga[va] o Brasil real como anacronismo, velharia e ignorância, logo resvalando no patriotismo ornamental e na apologética colonialista" (Dantas, 2000, p. 18)[25].

Entretanto, como entender que a mesma "arte indígena" que servira de manancial estético para a arte nacional meses antes pudesse ser arrasada com tamanha violência pouco depois? Como entender essas variações de posição e argumentos – vale lembrar que dali a alguns anos

---

25 O crítico cita essa crônica para analisar um texto-resposta de Mario de Andrade, "Curemos Peri", que seria a seu ver a peça-chave que faria aflorar neste escritor – e pela primeira vez no Modernismo em geral – um na-cionalismo antiufanista e a visão de uma modernização em que "as formas de barbárie poderiam ser refreadas", em contraposição ao que ele chama de "futurismo desastrado de Helios", apenas repetidoras das posições ideológicas mais conservadoras (Dantas, 2000, pp. 18-9). Essa análise, pertinente para o intuito do autor, não dá conta do espectro das posições que Menotti adota (nem é esse seu objetivo). Não se trata aqui de discordar da análise de Dantas, antes matizá-la, na medida em que, colocados em perspectiva, os textos de Menotti apontam uma enorme flutuação de idéias a que ele estava submetido, possivelmente por não ser um teórico, nem mesmo ter pretensões tão claras na criação da arte nacional, como terá Mario cada vez mais. As crônicas de Menotti, como dissemos, têm importância na medida em que revelam os termos do debate da época, mostrando as posições que deviam estar em jogo nesta arena.

Menotti se ligaria a movimentos e intelectuais que vão ter justamente no índio seu símbolo máximo[26]. Como compreender tamanha alternância de pontos de vista, afinal?[27]

---

26   O Grupo Anta (1929), derivação do grupo Verdamarelo (1924) – de que Menotti participou –, elege o tupi e a anta como símbolo. Em seu manifesto, afirmava, entre outras coisas, que: "O grupo 'verdamarelo', cuja regra é a liberdade plena de cada um ser brasileiro como quiser e puder; cuja condição é cada um interpretar o seu país e o seu povo através de si mesmo, da própria determinação instintiva; o grupo 'verdamarelo', à tirania das sistematizações ideológicas, responde com a sua alforria e a amplitude sem obstáculo de sua ação brasileira [...]. Aceitamos todas as instituições conservadoras, pois é dentro delas mesmo que faremos a inevitável renovação do Brasil, como o fez, através de quatro séculos, a alma da nossa gente, através de todas as expressões históricas. Nosso nacionalismo é 'verdamarelo' e tupi" (Cf. Helios, "Manifesto Nhengaçu ou da Escola da Anta", *CP*, 17 mai 1929, p. 3).

27   Questão, aliás, que parece ter incomodado também seus contemporâneos. O jornalista Mario Guastini (1884-1949), por exemplo, escreveria no *Jornal do Comércio* na década de 1920: "a literatura, a poesia e o jornalismo de Menotti nem sempre são sinceros. Abusando de seu poderoso talento, o esfuziante cronista de *Pão de Moloch* muda de idéias, de estilo e de escolas com incrível facilidade... é passadista, se o passadismo estiver na moda, é futurista, se o futurismo estiver dominando... Será adepto entusiasta da escola do Silêncio, se o silêncio for adotado como escola literária... [...] Essas mudanças bruscas, por muitos consideradas frutos de evolução, são, ao contrário, filhas da insinseridade" (Guastini apud Martins, 1873, p. 220). Fabris nota essa "contradição" de Menotti, a respeito da análise da obra de Brecheret: "se lembrarmos a visão negativa que o escritor tinha do índio em sua tentativa de constituição da 'épica paulista', como interpretar a exaltação primitivista em Brecheret? Como um fato meramente formal, diríamos nós, posto que o que o escritor realça é, antes de mais nada, um fato exterior, fisionômico da esculturas. [...] O índio, enquanto ser físico, não enquanto cultura, é um motivo, não fonte de renovação, de revisão dos conceitos estéticos como acontecia na Europa" (Fabris, 1994, p. 55). Essa parece ser uma resposta possível à questão.

Sigamos com os desdobramentos que ocorrem para tentar entender. A crônica "Matemos Peri" suscita em Mario de Andrade um artigo-resposta, publicado no *Jornal de Debates* (*JD*), em defesa da arte nacional pregressa atacada, respondendo ponto a ponto ao texto de Menotti, rebatendo cada uma das afirmações negativas do amigo[28]. Em seguida, sai uma tréplica de Menotti no *CP*, publicada na sua coluna diária. Nesta nova crônica, o escritor retoma os pontos do primeiro texto e reafirma as suas convicções, apontando que a sua "patriótica campanha" tinha motivações, a saber, "novos e complexos problemas [que] clamam por novas soluções", quando não se pod[e] nem se dev[e] mais se voltar para o passado a fim de buscar as mesmas" (Helios, "Peri", *CP*, 2 fev 1921, p. 2). O cronista não parecia levar em conta as ponderações de Mario, que "desculpara" o amigo do pretenso assassinato de Peri por crer sua crônica ter sido escrita num momento de "desmazelo neurastênico" (Andrade, "Curemos Peri", *JD*, 31 jan 1921). Segundo Fabris, outros intelectuais compartilhariam das posições de Menotti neste momento (Fabris,

---

28 "[...] Não temos literatura brasileira porque o Peri sincero que foram os Vicentes do Salvador, os Gonçalves Dias, os Machados e os Ruys foram assassinados pelos que sofrem, no Brasil luminoso e tempestuoso, doçuras silenciais de lagos de Como e outonos mórbidos de Paris. Não temos escultura nacional porque ao invés de estudarmos os imaginários baianos, os trabalhos sublimes do Aleijadinho (que o amigo insultou horrivelmente), as obras de Valentim, de Chagas e de tantos outros, transplantando para o Brasil os esforços que glorificavam Mestrovic reproduzido as obras do passado pátrio [etc etc]. A música [etc etc]. [...] E em todos os ramos da nossa atividade o que se dá é mais ou menos isso. Devemos, é certo, conhecer o movimento atual de todo o mundo, para com ele nos alargarmos, nos universalizarmos; sem porém jogarmos à bancarrota a riqueza hereditária que nos legaram nossas avós. A doença de Peri é curável" (Andrade, "Curemos Peri", *JD*, 31 jan 1921, apud Dantas, 2000, pp. 33-6).

1994, p. 7), o que leva a crer que as opiniões polêmicas do cronista não exibiam uma posição isolada, antes publicizavam, como sempre parece ter feito, a posição de um grupo.

No ano do Centenário, em pleno dia 7 de setembro, o escritor publica na primeira página do jornal um texto que explicita sua preocupação maior: a questão estética, "face o problema étnico paulista". Vê-se o intelectual Menotti del Picchia expor suas idéias, não deixando mais espaço para dúvidas. Sua aposta é na imigração, e é dela que vê surgir uma raça forte e nova. E de onde se deve esperar a criação de uma arte nova. Dos elementos anteriores que compuseram a raça brasileira (negros nunca seriam citados), os indígenas eram desprezados com todas as letras e os portugueses eram os brasileiros nativos, que se mesclavam ao imigrante. Custa a crer ser o mesmo Menotti que no começo da década propunha o aproveitamento dos "elementos primitivos", ainda que apenas "como motivos ornamentais", para a criação de uma arte original. De fato, os temas flutuavam, mostrando por onde ia o debate. Por isso agora, quando o "elemento autóctone" passava a ser visto "apenas uma quase memória" caminhando para "tornar-se uma vaga e literária mitologia", o que se esperava era que a nova imigração – a partir do contato com os trópicos – desse a sua contribuição (Menotti del Picchia, "O problema estético em face do fenômeno étnico paulista", *CP*, 7 set 1922, p. 1):

> O caboclo molengo e nostálgico substituiu o índio selvagem e épico. 'Jeca Tatu' desbancou Peri e seus demais irmãos de cocar e tacape. [...]
> Pois bem, Jeca também agoniza. Sob as últimas taperas que desmoronam, pulverizam-se os últimos resquícios dos emboabas e dos mamelucos. *A infiltração cosmopolita, tangida pelo moderno espírito industrialista e prático, afugenta e esmaga esses restos de sedimentos raciais numa vitória rápida e definitiva.* ("O problema estético"..., grifo meu)

Com a imigração avassaladora "o sangue aborígine" não tinha mais nenhum papel "como ingrediente químico necessário à fixação do tipo étnico nosso", que se tornava um "complexo fruto de uma amálgama de raças" ("O problema estético"...), mistura de raças que se dava nesse

> entrecruzar de tipos humanos – que são geralmente sinergéticos – que plasma o expoente novo, isto é, o brasileiro atual, [não é] nada parecido com o índio prognata e arisco, nem com o caboclo bronzeado e vadio. Ativo, inteligente, belo, o brasileiro atual é, etnicamente, um dos mais expressivos e complexos representantes de hodierna raça vitoriosa. ("O problema estético"...)

Definida a nova raça, estaria definida como conseqüência natural a arte nova. O indígena – como bem ensinara Lobato – não contribuíra com nada, pelo simples fato de nada ter feito:

> Se assim é que se resolve nosso problema étnico, *é claro que as influências estéticas de que nos ressentimos devem ser procuradas nas tradições artísticas das raças emigradas.*
>
> A atuação artística do aborígine é nula, por um simples fato: nunca existiu. [...] O índio, errante e guerreiro, jamais se preocupou com motivos ornamentais e decorativos [...].
>
> A nossa arte é, pois, logicamente, uma representação da cultura ocidental mais aprimorada, trazida integralmente nos navios que zarpam do continente europeu, representando as finuras e os requintes do seu pensamento. ("O problema estético"..., grifo meu)

No reconhecimento de uma herança européia (não portuguesa, é necessário frisar) como influência definidora da arte nacional, o escritor, que criticava a cópia em várias oportunidades, aqui justificaria o modelo em outros termos:

> É um *erro vulgar o acreditar-se que somos tributários servis* da arte francesa, alemã ou italiana, porquanto mesmo essas manifestações culturais que acusam o sabor dessas origens *são frutos espontâneos da nossa raça*, feita de um promíscuo xadrez de raças emigradas. É possível entretanto a elaboração de uma estética nacional, feita do que há de mais cristalino nessa cultura, modificada e remoçada pela atuação dos motivos ambientes. A alma européia, transplantada para os trópicos, sentirá e realizará com a força poderosa de sua sensibilidade atávica, mas há de fatalmente coar essas emoções através dos influxos do clima e da paisagem. Essa enfim será a "verdadeira arte nacional". ("O problema estético"..., grifo meu)

Menotti não via o procedimento como reprodução, antes amálgama e mescla, assim como via a cidade *yankee* não pelo viés da cópia, mas como referência. Contradizendo suas crônicas em defesa de uma literatura nacional, nas quais condenava a influência européia em nome de um caminho próprio[29] – mesmo que não o seguisse totalmente –, recomendava em relação à arquitetura a busca de influências nas raças imigradas.

Também é importante dizer que esse intelectual modernista, preocupado com a construção da arte nacional, se apoiava nas teorias de "raças superiores" vigentes no século 19, localizando nas elites (nesse caso, artísticas) a chance do desenvolvimento das artes nacionais. Segundo Mônica Velloso, "Menotti del Picchia defende a idéia de que o intelectual deve se portar como um mestre em relação às multidões, que necessitam ser educadas, assim como crianças. E é esta relação que vai assegurar o progresso e a cultura". A historiadora notaria influências do poeta Olavo Bilac

---

29 Ou ainda os textos em que fazia a defesa de uma língua nacional.

– que voltara em 1916 da Europa associando a nação com a mobilização militar – no discurso de Menotti, que propunha como tarefa ao poeta, além de ser um "mestre", o "papel de soldado a serviço da pátria, defendendo-a das invasões alienígenas" (Velloso, 1983, p. 89). Pode-se entender a posição de Menotti em relação à assimilação do imigrante no sentido de que este se transformava no "novo nacional" – como o próprio Menotti se transformara – e suas influências como contribuições à arte nacional, não imitações, cópias ou invasões.

Vejamos seu discurso na própria Semana de 1922, pronunciado no Municipal e publicado no dia seguinte no *CP*. Será que suas opiniões são diferentes quando o assunto é "apenas" a renovação artística?

> A nossa estética é de reação. Como tal, é guerreira. O termo *futurista*, com que erradamente a etiquetaram, aceitamo-lo porque era um cartel de desafio. [...] Não somos nem nunca fomos "futuristas". Eu pessoalmente abomino o dogmatismo e a liturgia da escola de Marinetti. [...]
>
> No século das descobertas, que foi o passado, o gênio insone das reformas, trabalhava na obra de Cézanne, Rodin, Rimbaud e Wagner[30]. No século da construção e aproveitamento dessas descobertas, encartamo-nos no formidável movimento de fixação basilar de uma nova estética, no qual, seremos, futuramente, os neoclássicos. (Menotti del Picchia, "Arte Moderna. A conferência do dr. Menotti del Picchia no Municipal", *CP*, 17 fev 1922, p. 2)

---

30   O pintor francês Paul Cézanne (1839-1906), o escultor francês Auguste Rodin (1840-1917), o poeta francês Arthur Rimbaud (1854-1891) e o compositor alemão Richard Wagner (1813-1883) têm em comum o fato serem artistas do século 19 considerados precursores da arte moderna em suas áreas.

Após continuar descrevendo a poesia do passado e seus dramas passadistas, proclamando-os mortos e enterrados e após condenar "as musas" – afinal no século 20 a "Eva" deveria ser "ativa, bela", mas também "prática [e] útil [tanto] no lar [como] na rua, dançando o tango e datilografando uma conta corrente; aplaudindo uma noitada futurista e vaiando os tremelicantes e ridículos poetaços, inçados de termos raros como o porco-espinho de cerdas" –, proclamava em alto e bom som: "morra a mulher tuberculosa e lírica!", pois

> no acampamento da nossa civilização pragmatista [e aqui uma imagem cara ao poeta: a civilização de acampamento, ainda em fase de acomodação] a mulher é a colaboradora inteligente e solerte da batalha diuturna e voa no aeroplano, que reafirma a vitória brasileira de Santos Dumont, e cria o mecânico de amanhã, que descobrirá o aparelho destinado à conquista dos astros! ("Arte Moderna"...)

Se esse era o papel da mulher contemporânea, contribuir com o novo homem no lar e na vida, qual a arte nacional atual? Parado diante "da tragédia hodierna", via a "cidade tentacular [que] radica[va] seus gânglios numa área territorial que abriga 600.000 almas". Na "angústia" e na "luta cotidiana" dessa "imensa urbe" notava "odisséias mais formidáveis que as que cant[ara] o aedo cego[31]" ("Arte Moderna"...), estas sim, verdadeiras formas de arte:

> a do operário reivindicando seus direitos; a do burguês defendendo sua arca; a dos funcionários deslizando nos trilhos dos regulamentos; a do industrial combatendo o combate da concorrência; a do aristocrata exibindo seu fausto; a do político assegurando a sua escalada; a da mulher

---

31 Referência a Homero, o mais antigo e respeitado poeta da Grécia Antiga, vinculado há mais de 2.500 anos à *Ilíada* e à *Odisséia*.

quebrando as algemas da escravidão secular nos guníceos eventrados pelas idéias libertárias *post-bellum*... Tudo isso – o automóvel, os fios elétricos, as isomas, os aeroplanos, a arte – *tudo isso forma os nossos elementos da estética moderna*, fragmentos de pedra em que construiremos, dia-a-dia, a Babel do nosso sonho, do nosso desespero de exilados de um céu que fulge lá em cima, para o qual galgamos na ânsia devoradora de tocar com as mãos as estrelas! ("Arte Moderna"..., grifo meu)

Nota-se como os temas da cidade discutidos anteriormente aparecem condensados nesse artigo: a cidade que crescia, atraía e criava novas sociabilidades a partir das novas tecnologias e dos novos modos de vida, assimilando a todos. A estética moderna deveria portanto derivar dos tempos atuais, onde as influências eram as "modernidades" do século 20. O poeta finalizava sua fala no Municipal convidando ao palco os outros "avanguardistas" que mostrariam "a força da arte nova" ("Arte Moderna"...)[32].

Sua fala não difere muito do artigo publicado no dia do Centenário – não apenas como um "renovador" das artes, mas como representante da elite paulista ligada ao PRP escrevendo na primeira página do jornal. Pois se a arte nova devia ser pensada a partir dos elementos da cultura européia e das lutas e disputas que estavam em jogo na Babel paulista, forçando um pouco a

---

32 A Menotti se segue a leitura de poesias e trechos de prosa por Oswald de Andrade (1890-1954), Luís Aranha (1901-1987), Sergio Milliet (1898-1966), Tácito de Almeida (1899-1940), Ribeiro Couto (1898-1963), Mario de Andrade (1893-1945), Plínio Salgado (1895-1975), Agenor Barbosa, a apresentação de dança de Yvonne Daumerie e um concerto de piano de Guiomar Novaes (1869-1979), conforme o "Programa do Segundo Festival da Semana de Arte Moderna", 15 fev 1922, Teatro Municipal, São Paulo (Schwartz, 2003).

mão, de fato, era a partir das raças imigradas que se poderia criar essa nova arte, afinal os imigrantes é que compunham a Babel. Pode-se também reconhecer em seu discurso ecos das vanguardas européias, sobretudo dos futuristas italianos, que pregavam a destruição do passado em nome do novo, do atual etc. Com efeito, se aqui nada houvesse que valesse a pena preservar, esse discurso caía como uma luva. Todavia, reconhece-se também o discurso de segmentos das elites apagando um determinado passado em nome de uma civilização do futuro (Velloso, 1993). Só restava o futuro. E esse futuro, para Menotti, estava nas mãos da "nova raça" que se formava em São Paulo.

Também na crônica do dia 7 de setembro de 1922 Menotti deixa claro que de fato caberia somente à São Paulo os destinos da pátria, não apenas nas artes. Se "muita coisa mudou na velha Piratininga", se "tudo se transformou", "desde o espírito da raça à topografia da urbe, menos as garoas, é claro", se São Paulo se transformara num "formidável centro de trabalho, de atividade prática, utilitarista, inteligente, interessante" e ainda, se a "a construção de um grande povo [era] feita com trabalho, emulação, luta e sacrifício", nada a poderia deter, pois havia "no estado, mais de três milhões de homens que colabora[va]m incessantemente na sua grandeza". Menotti volta ao seu "tema predileto", reafirmando que na Babel tropical

> a confluência de povos de todas as raças de criaturas de todas as partes do mundo, que aqui se caldea[ra]m e transubstancia[ra]m na estirpe nova, trouxe[ram] consigo o ardor desesperado do movimento, da deslocação, da conquista, formando-se pouco e pouco, com os frutos resultantes dessa atividade, o período plutocrático do nosso povo. (Helios, "S. Paulo de hoje", *CP*, 7 set 1922, p. 3)

Para o cronista, era visível o progresso que esse povo "operoso" alcançava, do interior ao "coração da urbe" e do centro aos bairros distantes. Essa transformação física também seria narrada como uma epopéia de progresso e civilização que tomava conta da cidade, transformando-a na cidade moderna por excelência:

> De todo o *hinterland*, convergindo para o coração da urbe, hão de maravilhar-se as filas dos comboios, enquanto nas estradas vicinais autos e caminhões deslizam a secundar essa imensa obra de deslocação das nossas riquezas.
>
> O Braz, bairro fetulento até ontem, liga-se ao centro por maravilhosos jardins que florescem sobre a antiga lama da várzea do Carmo[33]. E lá, com as chaminés das fábricas empavesadas de bulcões de fumaça, encontrarás uma vida colossal, nova, febricitante. E nos ventres das oficinas, como em forjas arfantes e mágicas, a obra inteligente da nossa indústria prospera e acresce nossa estupenda riqueza. Sentirás vertigem ao ver o mar grosso de cabeças dos bairros operários, onde a população pulula, se alastra. Terás orgulho em ver essa gente operosa e sadia, irrequieta e produtiva, fabricando tudo o que, até ontem, humilhados, importávamos. ("S. Paulo de hoje"...)

Tanto progresso transformara até os "imundos e feios" bairros operários em símbolos da grandeza de um povo. E finalmente lembrava de seu protagonismo no campo cultural, que também mere-

---

33 Tratava-se dos jardins do Parque Dom Pedro II (projeto do urbanista francês Joseph-Antoine Bouvard), recém inaugurados na alagadiça Várzea do Carmo, em fins da gestão de Firminiano Pinto na prefeitura paulistana (1920-25) (Cf. Campos, 2000, p. 256).

cia ser ressaltado: "Culturalmente, é a Atenas da Pátria, a moderna Leipzig do Brasil" ("S. Paulo de hoje"...).

Desta forma, pode-se afirmar que a posição de Menotti no início da década de 1920 em relação à criação de uma arte nacional tende a se consolidar na visão de uma raça nova formada do amálgama do imigrante com o bandeirante, apta a criar uma arte própria a partir das suas características mais primitivas de povo bravo e adaptado, que crescera e se desenvolvera suplantando sua origem inicial apoiada nas três raças fundadoras. A São Paulo caberia o papel de condutora desse processo, justamente como o berço da nova raça. O elemento nacional, "mais fraco", seria totalmente superado pelo elemento imigratório que, ao adaptar-se às condições locais se tornaria o verdadeiro nacional. Os temas que surgem são temas que compõem a imagem da cidade de São Paulo a partir da década de 1920: a São Paulo do trabalho, o trabalho que constrói a cidade e o país, e a elite que se consolida como a condutora dos destinos nacionais, incluindo as artes.

A militância de Menotti se estende para outros campos da cultura além da literatura: as artes plásticas, o cinema, o teatro, a música e a arquitetura. O cronista não poderia antecipar-se aos fatos, antes acompanhava interessado o que se passava e, numa crônica anterior à realização da Semana de Arte Moderna, sobre o jovem arquiteto Antonio Moya[34], afirmava que, embora "re-

---

34 Antonio Garcia Moya (1891-1949) nasceu na Espanha e mudou-se aos 4 anos para o Brasil. Estudou no Liceu de Artes e Ofícios em São Paulo (Cf. Amaral, 1988, p. 243). Um dos participantes da exposição de projetos de arquitetura na Semana de 1922, "Moya expôs desenhos de mausoléus, templos e casas de inspiração maia e asteca, confundíveis também com influências da arquitetura popular mediterrânea [...] sem dúvida estranhos aos cânones da Beaux

presentante mais puro das novas correntes estéticas", o arquiteto podia sentir-se "admiravelmente bem dentro de todas as escolas, ressuscitando o estilo manuelino com originalidade e graça, reproduzindo o clássico com uma profunda compreensão de suas massas harmônicas". Felicitava o surgimento em São Paulo – estado "*leader* mental da nação" onde a "geração nova [...] promete coisas titânicas" – desse "arquiteto bizarro, original, cheio de talento, sonhando e realizando coisas enormes" (Helios, "Um arquiteto", *CP*, 20 jul 1921, p. 3). Aqui deixaria de lado a definição do estilo nacional para ressaltar a versatilidade desse jovem expoente das artes nacionais, elogiando o que saísse de sua prancheta, não importando o estilo.

No entanto, a questão de se buscar, criar ou propor um estilo nacional para as artes estava na ordem do dia. Se a discussão vinha desde meados da década anterior, provocando debates e tomadas de posições, os anos iniciais da década de 1920, como se disse, seriam dominados por essa temática no campo intelectual[35]. Com efeito, parece ter sido esse o tema principal discutido por Menotti em seus textos e se suas posições variavam com o passar dos meses. Aqui apenas se nota essa "volatilidade", tentando-se ancorar suas posições nas discussões que animavam o debate intelectual naqueles anos.

Arts", juntamente a Georg Przyrembel (1885-1956), "arquiteto polonês que trabalhou com o neogótico e o neorománico em igrejas, colégios e conventos, [apresentando] no Teatro Municipal sua interpretação do neocolonial aplicada em casa de praia" (Segawa, 1998, p. 43).

[35] Vale lembrar que esse sentimento de nacionalidade aflorava com força em todos os países da América Latina, que então comemoravam o centenário das suas independências e das proclamações das Repúblicas (Gorelik, 1999), e portanto a discussão de estilos nacionais, seja na arquitetura, seja nas artes em geral, estava presente também nesses países.

A vitória dessa arte é irresistível
A arquitetura moderna e a cidade real

A discussão da arquitetura volta a aparecer nas crônicas de Menotti no final da década, quando chega ao Brasil o arquiteto franco-suíço Le Corbusier. Não custa lembrar que havia sido justamente no jornal *CP* que o arquiteto moderno Gregori Warchavchik protagonizara um debate com o arquiteto acadêmico Dacio Aguiar de Moraes, defendendo novos parâmetros para a arquitetura.

Em 1928, logo após terminar a construção de sua casa na rua Santa Cruz – obra que procurava responder aos preceitos do movimento moderno –, Warchavchik dá uma entrevista ao *CP*, retratando a casa como expressão da arquitetura nova que vinha ganhando adeptos em diversos países europeus[36]. A partir dessa entrevista, inicia-se uma longa polêmica entre os arquitetos, sob o título "A Arquitetura Moderna em São Paulo". Dacio de Moraes escreve cerca de doze rodapés no jornal, com o intuito de rechaçar a "legião de seguidores de Le Corbusier" – artigos que são intercalados pelas respostas de Warchavchik defendendo e explicando a orientação modernista na arquitetura[37]. Importa notar aqui que é o jornal dirigido por Menotti que abriga essas manifestações, o que talvez explique o fato de alguns meses antes da chegada de Corbusier a São Paulo o cronista publicar uma crônica na qual se mostra familiarizado com conceitos desenvolvidos por este arquiteto, tal como "casa-máquina". Menotti parece dominar o repertório e se apresenta como divulgador das novas idéias ao leitor do jornal:

---

36 Entrevista publicada sob o título "A primeira realização da arquitetura moderna em São Paulo. Gregori Warchavchik, a quem cabe as honras da iniciativa, fala ao *Correio Paulistano*" (*CP*, 8 jul 1928).

37 Análises da "polêmica" estão em Segawa, 1998, pp. 44-6 e Souza, 2004, pp. 13-17 ss.

O conceito moderno de residência é todo diferente e prático. A idéia de "conforto" para um interior doméstico é antiga. Mas já andamos muito no caminho da praticidade e do utilitarismo: alcançamos a idéia da utilização da moradia como um critério tão exato e sábio que a casa moderna é concebida como uma "máquina de morar".

Corbusier e Mallet-Stevens[38] já expuseram longa e genialmente este conceito.

Ele não seduz apenas: persuade. É assim que do campo da teoria já há muitos anos passou-se à prática. Somente arquitetos mal informados ou retardatários ainda insistem em encher as fachadas de irritantes penduricalhos e enfeiar os interiores das casas com ornamentos horríveis e inúteis.

A arquitetura hodierna é um modelo de simplicidade, de praticidade e de graça. Nada inútil se faz num prédio moderno e o que nele se faz de útil torna-se por isso mesmo, espontâneo motivo ornamental. O critério de uma utilização máxima do material, do esforço da luz, preside ao equilíbrio de todas as coisas.

O gosto está na adaptação e na utilização de todos os objetos necessários a um máximo de comodidade para o inquilino da máquina de morar. (Helios, "Casa-máquina", *CP*, 5 jan 1929, p. 5)

Surge ali o tema da "atualização". Pautado provavelmente pelas idéias de Warchavchik, que num de seus artigos de 1928 condenava a busca do "estilo do futuro" no passado, anunciando "que todos aqueles

---

38 Robert Mallet-Stevens (1886-1945), arquiteto e designer francês. É citado por Corbusier na sua conferência sobre arquitetura no Rio de Janeiro, em fins de 1929: "Em 1923, no Salão de Outono, [...] Mallet-Stevens me dizia: 'Nós devemos patentear nossas idéias, ao menos protegê-las com uma marca convencional'", para depois ponderar que "a idéia é fluída [...] O próprio das idéias é pertencer a todos" – dizia isso em relação a Agache, que se encontrava no Rio, e que ele, Corbusier, poderia "dar-lhe idéias" a respeito das intervenções na capital da República (Cf. Santos et alii., 1997, p. 89).

espíritos jovens, tanto europeus como americanos, [...] estão hoje, numa quase unanimidade de ideais, trabalhando de idêntica forma, respeitando quase os mesmo princípios, adotando quase os mesmo critérios" de modo que a "arte que hoje parece dever ser definitivamente a da primeira metade do século 20, começe a ser a expressão da coletividade universal" (Warchavchik apud Farias, anexo I) – Menotti não discute mais a questão de um "estilo nacional". Trata-se agora de buscar o que é mais atual para aplicá-lo. Em seguida confirma a fonte de suas idéias:

> Vi há dias, na rua Mello Alves, uma casa construída pelo engenheiro Warchavchik[39] obedecendo seu plano. É uma pequena maravilha. Sua fachada geométrica é de uma *eloqüente beleza dentro da rigorosa e absoluta simplicidade das suas linhas*. Suas acomodações interiores são esplêndidas. A impressão que dá é de higiene, conforto e bom gosto.
>
> Nada ali é demais, só há o necessário e o que há harmoniza-se por tal forma com o ambiente que este cria uma alma singular de esplendor e beleza.
>
> A vitória dessa arte é irresistível. ("Casa-máquina"..., grifo meu)

Warchavchik e sua obra se fazem presentes: está claro que Menotti acompanha as discussões a respeito do tema e se distancia do Menotti/Aristophanes que imaginava como tarefa do arquiteto no sentido de criar a arquitetura nacional a estilização de modelos de nosso passado primitivo, arranjados num "ecletismo inteligente"[40].

---

[39] Trata-se da residência construída para Max Graf entre 1928-29 na rua Mello Alves, no mesmo período da casa da rua Santa Cruz (Cf. Farias, 1990, p. 206).

[40] Mas cumpre notar que talvez nem tanto do Menotti/Helios que previa a incorporação dos temas e influências europeus para a criação de uma arte nacional – se considerarmos que Menotti encarasse o "modernismo" como um estilo, o estilo daquele momento.

Trata-se aqui de estar atualizado com a vanguarda internacional, de "ser cidadão do nosso tempo" de querer "a alma do nosso século", pois "não somos sonâmbulos românticos vivendo a vida espectral de um passado morto: somos espíritos da época e queremos viver nosso instante lógico sobre o sol..." ("Casa-máquina"...).

Recorrendo-se ao texto-manifesto "Acerca da arquitetura moderna", publicado no jornal carioca *Correio da Manhã* em novembro de 1925, vê-se as bases do discurso de Warchavchik sobre arquitetura[41] que informam seus textos dali para frente, inclusive os da polêmica no *CP*. Para esse arquiteto, "a nossa compreensão de beleza, as nossas exigências quanto à mesma, fazem parte da ideologia humana e evoluem incessantemente com ela, o que faz com que cada época histórica tenha sua lógica de beleza" (Warchavchik apud Xavier, 2003, p. 35). Desta perspectiva, não faria sentido buscar no passado a inspiração para a arquitetura do presente, assim como a nova arquitetura só poderia ser pensada de acordo com novos princípios e necessidades do "espírito do tempo". O arquiteto definia a beleza e a arquitetura de seu tempo como a beleza da máquina, da indústria, da objetividade, da racionalidade, da simplicidade e da economia – exatamente os termos usados por Menotti no elogio da nova arquitetura, exemplificadas na obra do próprio Warchavchik. Se a nova concepção exigia uma nova forma de pensar e definir a arquitetura – que não mais devia se guiar pela noção de estilo e sim pelo que a definia de fato, a estrutura, técnicas e materiais construtivos –, o arquiteto afirmava que

> para que nossa arquitetura tenha seu cunho original, como o têm as nossas máquinas, o arquiteto moderno deve não somente deixar de copiar os velhos estilos, como também deixar de pensar no estilo [...]. A nossa

---

[41] Publicado originalmente em italiano no jornal da colônia italiana de São Paulo *Il Piccolo,* em junho de 1925, sob o título "Futurismo!?".

arquitetura deve ser apenas racional, deve basear-se apenas na lógica, e esta lógica devemos opô-la aos que estão procurando por força imitar na construção algum estilo. (Warchavchik apud Xavier, 2003, p. 37)

Ao entender o "estilo" como a materialização de coisas passadas, Warchavchik declarava que "a beleza da fachada tem que resultar da racionalidade do plano da disposição interior, como a forma da máquina é determinada pelo mecanismo que é a sua alma" (Warchavchik apud Xavier, 2003, p. 37). Acreditando na racionalidade da arquitetura, Warchavchik não pensaria mais o edifício a partir de suas funções simbólicas, como faziam os profissionais até então comprometidos com o ecletismo, mas sim como "um organismo construtivo"[42] – deixando para trás a discussão do estilo do tempo.

Menotti incorpora em parte os argumentos do arquiteto. Claramente influenciado, chega a achar "um monstro", um "pudim arquitetônico ao qual não faltavam sequer os confeitos dourado" um edifício que estava sendo construído na "fidalga av. Angélica": a loja da "Brasserie ou da Confeitaria Fasolli". E reclama que, "enquanto eruditos, fumegantes, pontificais, nossos arquitetos passadistas e futuristas brigam nas colunas dos jornais, vão-se consumindo em São Paulo horripilantes sacrilégios arquitetônicos": edifícios de mau gosto surgem aos borbotões. Assim não se podia continuar, "nossos arquitetos deveriam brigar menos e estudar mais" (Helios, "De arquitetura", *CP*, 22 mai 1929, p. 6), pois

---

42 "Inspirado pelas idéias de Le Corbusier, o que aparecia como inquietações centrais de Warchavchik eram as questões do desenvolvimento industrial com vistas na racionalização e economia na construção em massa da habitação operária, principal problema da nova sociedade industrial e de suas cidades" (Cf. Mello e Castro, 2004).

cada casa ruim é um insulto de pedra atirado contra os olhos honrados do público. Cada edifício de mau gosto que se ergue nas nossas ruas, é um berro de tijolos, um grito de caliça, uma blasfêmia de caibros e de telhas enxovalhando a nossa cultura, nosso senso artístico, a harmonia das convenções da inteligência. ("De arquitetura"...)

Para evitar que os arquitetos fizessem coisas tão horrendas, chega a sugerir que "as casas, como as obras de arte", fossem assinadas. Dessa forma, "cada arquiteto precisaria assumir a pública responsabilidade do que faz, para merecer ou louvor ou a condenação dois transeuntes" ("De arquitetura"...). E a pregação continua:

Morar num lar horrível é uma espécie de exílio moral.
O lar é a pátria individual do espírito. Ele espelha uma mentalidade. 'Dizei-me onde moras e eu te direis quem és'. Os homens são física e espiritualmente parecidos com as próprias habitações. O edifício é o hábito humano feito de pedra. A vida exterior do grego – veja Splenger[43] – está em harmonia com sua casa. O castelo roqueiro é o paladino medieval couraçado. A choça do índio é o nomadismo arquitetônico. A tapera do Jeca é o desastrado desalento de sua ruína psicológica e racial. ("De arquitetura"...)

É o determinismo racial de Splengler que aparece novamente para lembrar a pouca ou nenhuma contribuição dos "nativos" para a arquitetura nacional. Em pleno século 20, cercado das teorias de vanguarda, o determinismo racial e mesológico é mobilizado na crítica às construções locais, de novo podendo-se notar como a

---

43 Oswald Splenger (1880-1936), filósofo. Escreveu o ensaio "A queda do Ocidente" (1917-1922), na qual propunha uma visão da história a partir do determinismo biológico.

construção do modernismo não se fez da noite para o dia, antes tateando entre avanços e recuos, passado e futuro. Ao arquiteto caberia regular a cidade:

> Nas grandes urbes, porém, os hábitos se impõem. É mister socializar os bons costumes. Fazer uma casa feia, complicada, absurda, sem nexo e sem lógica, é consumar um ato anti-social. A função do arquiteto é duplamente educativa: higiênica e esteticamente. Faltar a essa função é demonstrar incapacidade profissional. É ser indigno da grave investidura de ser o homem destinado a dar casas aos homens. ("De arquitetura"...)

A afirmação do local, do próprio, agora se dava através da atualização com o internacional. É nessa tarefa que se completava a função do arquiteto, conforme sugerira o próprio Warchavchik. Numa crônica publicada meses antes, Menotti afirma:

> Podem gritar a vontade os teóricos da arquitetura, mas Le Corbusier tem razão. Não que sua razão decorra de uma tese inédita e pessoal, criada pelo eminente arquiteto e tratadista. Origina-se no próprio e vitorioso estado de espírito que ela revela. (Helios, "Sejamos do nosso século", *CP*, 9 mar 1929, p. 9)

Para Menotti, nem Corbusier, nem Tony Garnier[44], nem seus companheiros "não descobriram nada: revelaram uma verdade ar-

---

44 Tony Garnier (1869-1948), arquiteto francês de Lyon, é autor de *Cidade Industrial*, obra fundamental da história do urbanismo moderno, publicada em 1917. Graças a seus esforços, Lyon se afirma como a cidade do urbanismo moderno, sediando a Primeira Exposição Urbana Internacional, sob seu comando, em 1914 (Cf. Argan, 1988, p. 187).

quitetônica incontestável" e a tese venceria simplesmente porque "é a forma geométrica e imperativa do atual instante universal". O cronista, para comprovar a veracidade de seus argumentos, sugere que "não há conflito maior entre a sóbria e elegante linha de um bonde da Light – os denominados camarões – e um palácio Luís XVI ou de qualquer outro estilo complicado e fútil" e, apontando toda a beleza que há em um "vagão moderno da Sorocabana ou da Paulista", que com suas "linhas retas e sóbrias" também revelam o "espírito do tempo", conclui: "não se toleram mais os retorcimentos ornamentais fictícios do ócio, das vidas propositadamente complicadas". O "automóvel, o bonde, a locomotiva elétrica" são os verdadeiros "modelos de elegância e sobriedade". Estamos no "turbilhão do século mecânico e das descobertas" e a "arquitetura não é divertimento. É uma das fórmulas mais imediatas dos processos da vida de um povo, pois é regulada pelas suas necessidades e pelas suas utilidades" – portanto, não caberia mais repetir o passado, com seus estilos que nada mais simbolizavam na vida moderna: "na vertigem moderna, a linha reta é o símbolo imperativo da simplificação" ("Sejamos do nosso século"...).

O cronista sinaliza ter aprendido a lição e parece não se deixar mais seduzir por qualquer ecletismo, nem mesmo o que buscasse como tema elementos nacionais. O tempo é outro, as necessidades também e a realização da arquitetura desse novo tempo precisaria refleti-lo, conforme lhe ensinara Warchavchik através de seus textos no *CP*.

Mas qual seria a realização plena da arquitetura moderna e atual para o cronista? As construções de Warchavchik parecem se realizar satisfatoriamente nos edifícios unifamiliares. No entanto, na crônica em que se detém na análise de um edifício público definido como exemplar da nova arquitetura, Menotti revela em que ponto se estava nessa discussão. "O projeto do Instituto Biológico aprovado pelo governo do estado[45], foi uma grande conquista de praticidade e de inteligência, que honra a cultura e o espírito do governo que o proferiu" ("Sejamos do nosso século"...). Essa a obra moderna que expressava o novo tempo, um edifício *art déco* ou proto-moderno que iria ser construído na distante Vila Mariana. Tal edifício, alvo de extensa reportagem do *CP*, ganhava notoriedade pelo fato de representar uma suposta afinidade dos governantes paulistas com os movimentos de vanguarda – afinal o novo edifício público já não era mais de estilo eclético. De fato, quando o próprio Corbusier chega a São Paulo[46], diz estar espantado por ver sua obra conhecida até mesmo pelo "futuro presidente do Brasil"[47]. Há, portanto, uma vontade de se atualizar – de resto, vontade sempre manifesta num país "atrasado" que parecia sempre precisar se atualizar – de se mostrar afinado com o que de mais avançado se discutia na Europa e mais recentemente nos Estados Unidos. Menotti não nos dá mais elementos para aprofundar a discussão. Apenas aponta alguns indícios para se entender como a "arquitetura moderna" era encarada por um intelectual modernista atuante no debate.

45 Tratava-se do Instituto de Pesquisa Agrícola e Animal da Secretaria de Agricultura, rebatizado de Instituto Biológico. Projetado por Mario Whately & Cia Engenheiros Arquitetos Civis e Industriais no estilo *art déco* em 1928 (Cf. Campos, 1996, pp. 249-53).

46 Depois de acertar sua vinda através do contato com Paulo Prado, intermediado pelo seu conterrâneo, o poeta Blaise Cendrars, Le Corbusier é recebido com todas as honras em cerimônia na Câmara de São Paulo, na qual estão presentes até mesmo o presidente do estado, Julio Prestes (recém eleito presidente da República para assumir no lugar de Washington Luís), e o prefeito Pires do Rio, entre outras autoridades. O arquiteto faz duas conferências a convite do grêmio Politécnico, patrocinadas pela Prefeitura (Cf. Santos et alii., 1997).

47 Le Corbusier dirá no "Prólogo americano": "O futuro presidente do Brasil, Sr. Julio Prestes, está a par de toda a cronologia de nossos esforços; às vés

Quando se inaugura a exposição da "casa modernista" de Warchavchik na rua Itápolis, o cronista faz questão de saudá-la a altura: a "exposição mais original que é dada a ver aos paulistas nestes últimos tempos"[48]:

> É uma casa-Warchavchik, isto é, uma confortável e elegantíssima casa moderna.
> Pacaembu, local fidalgo e magnífico. Panorama de beleza descontente. Ar puríssimo, bairro fidalgo. Ruas originais, feitas de curvas elegantes. Heteroclismo arquitetônico. São Paulo é o bazar da arquitetura do mundo. Até telhados corta-neve há nas suas habitações. Colonial, florentino, árabe, Luís XV, todos os mais arrepiantes arranjos de barroco, todas as loucuras da decadência. (Helios, "Casa Warchavchik", *CP*, 26 mar 1930, p. 4)

No "bazar da arquitetura do mundo" surge afinal a "casa moderna" – o bairro ainda pecava pelo ecletismo, mas finalmente começava a se atualizar. Mais uma vez Menotti valorizaria a simplicidade e a sobriedade da "arquitetura do nosso tempo":

> peras de sua posse, preocupa-se já com as grandes operações de urbanismo que serão necessárias realizar, procurará manifestar através da arquitetura a nova época que pressente." (Cf. Santos et alii., 1987, p. 73).

48 A exposição é divulgada em sete pequenas "matérias" no *CP*, algumas vezes com clichês de um ambiente, como o "quarto do filho" ou a "sala de jantar". Não custa lembrar que Menotti participa da exposição com uma "obra": uma escultura – que consta do catálogo ao lado das obras de Segall, Graz etc. Menos que seu talento de escultor, o fato ressalta a proximidade do jornalista com Warchavchik. Segundo Agnaldo Farias, "o epíteto 'casa modernista' deveu-se ao alarde que se seguiu a sua inauguração – Warchavchik organizou uma exposição verdadeiramente capaz de chamar a atenção do público, que por sua vez afluiu em grande número. Os jornais da época registram a marca de 20 mil visitantes" (Cf. Farias, 1990, p. 206).

> A casa Warchavichik é a casa moderna. A utilização técnica do espaço e a ciência da construção posta ao serviço do conforto. Inteligência século XX, utilizada em sentido de tornar a vida cômoda. Achei prática, magnífica, utilíssima e ultra-elegante essa habitação. Domina-a o sentimento arquitetônico, vivendo este da harmonia simplíssima de um lógico e rigoroso jogo geométrico. A escultura – sóbria, não rococó, incrusta-se nesse equilíbrio de volumes que a luz destaca e valoriza, vivendo por si, autônoma, sem a denúncia pueril do ornamento. ("Casa Warchavchik"...)

É o início do ano de 1930 e Corbusier havia dado suas conferências recentemente. Seus ensinamentos seriam mais uma vez mobilizados pelo cronista para estabelecer a importância de tal realização em São Paulo:

> Corbusier, um dos revolucionários geniais da arquitetura, definiu com alto senso de intuição a finalidade da casa moderna, dentro desta etapa técnica da humanidade: é ela uma máquina de morar. Máquina higiênica e máquina de conforto. Warchavchik resolveu, dentro desse pensamento, o importante problema. Como conforto é deliciosa. Como higiene é perfeita. Como arquitetura, seus grandes planos, suas sábias linhas, tornam-se uma jóia. O espírito nosso repousa na visão serena e forte da sua estruturação. Na paisagem sua junta ressalta equilibrada e forte, pondo uma nota de bom gosto e de firmeza no jardim que a cerca. ("Casa Warchavchik"...)[49]

---

49 O cronista termina dizendo: "Muita coisa há a dizer dessa exposição magnífica. Vou voltar lá e dar ao leitor meu relatório espiritual". Entretanto não foi achada nova crônica a respeito da exposição ou da casa. Talvez tal crônica jamais tenha sido escrita, talvez tal intento tenha sido atropelado pelos acontecimentos: o jornal vai ser empastelado em outubro, com a chegada de Getúlio Vargas ao poder após a Revolução de 1930.

Menotti ressalta o conforto, a higiene e a forma da arquitetura, além do jardim criado por Mina Klabin. O pensamento de Corbusier é utilizado para corroborar as opções do arquiteto no projeto. Para os autores do livro *Le Corbusier e o Brasil*, a força da penetração das idéias do arquiteto franco-suíço no país vem do fato dele definir o "ser brasileiro" junto a um projeto social novo – novo país, novo continente, tudo por fazer etc. – e apontam que, ao se olhar retrospectivamente, suas idéias pareceriam "entre autoritárias e ingênuas". Pode-se notar alguma identificação nos discursos de Corbusier e de Menotti, no que diz respeito à construção do país novo. A partir da sugestão da "fala entre autoritária e ingênua", nota-se no "Prólogo americano" de Corbusier alguns pontos de interesse para o argumento:

> A história dos povos nada mais é que a expressão de um ideal contemporâneo, uma fabricação espiritual, que é como uma doutrina, uma descrição de si mesmo. A história não existe, ela é feita. É assim que vemos surgir a ficção da "raça". Viajantes, em Buenos Aires ou em São Paulo, vocês riem quando um patriota muito confiante entoa diante de vocês esta cantilena da raça. Vocês estão errados. Na América, tornamo-nos americanos embora sejamos imigrantes de todas as partes do mundo (Le Corbusier apud Santos et alii, 1987, p. 83).

Não há como não perceber a convergência de idéias. Não se trata de "cantilena da raça", mas da construção de uma nova "raça", onde os "imigrantes" se tornam os "americanos" – assim como Menotti repete em tantas oportunidades que em São Paulo se constituía uma "nova raça", a partir da "amálgama" de todas as "raças" que aportavam no país.

Lendo suas anotações para as conferências no Brasil e também os textos escritos após as mesmas, vê-se que Corbusier privilegiou a divulgação das idéias relativas ao crescimento das cidades, às conseqüências desse desenvolvimento e ao papel do Estado na regulamentação de uma urbanização acelerada, além das formas possíveis de intervenção na cidade, do que propriamente a sua obra arquitetônica (Santos et alii, 1987, p.15 passim)[50]. Na visita ao prefeito de São Paulo, o arquiteto faz uma análise precisa da situação vivida pela metrópole nascente. Após examinar com curiosidade o mapa da cidade, onde vê "ruas sinuosas [que] passam sobre as outras, construídas em forma de viadutos", pergunta: "vocês estão, disse eu ao prefeito, numa instância de crise de circulação?". Nota que a cidade se desenvolvera "subitamente, em alguns anos", e que "vertiginosamente e, quase de uma só vez, o diâmetro da cidade se estende[ra] por 45 quilômetros" – com isso, o "centro geográfico [...] eis que não circula mais". O arquiteto ressalta em sua análise que "como de hábito, os escritórios invadiram as casas, [...] demoliram as casas para construírem prédios, até mesmo um arranha-céu". E a cidade é "um somatório de montes", o planejador "traça ruas, viadutos e uma rede cada vez mais embaraçada, de vísceras vermiculadas", tornando a crise real, pois não "se podia ligar rapidamente uma cidade com quarenta e cinco quilômetros de diâmetro construindo ruelas neste dédalo". Conclui então: "diagnóstico indiscutível da doença de crescimento do centro da cidade" (Le Corbusier apud Santos et alii., 1987, pp. 92-3).

O prefeito Pires do Rio (1926-30) então encampava uma série de obras para resolver os problemas de circulação, além da proposta de retificação do Tietê. Corbusier chega a propor uma solução geral, o famoso projeto dos "arranha-terras". Menotti, se viu as con-

---

50 O arquiteto chega a manifestar de modo claro, em algumas oportunidades, a intenção de fazer parte da construção desse mundo novo, de dar a sua contribuição e dessa forma "ser americano". Parece perceber aqui ser o lugar onde ele poderia finalmente passar da teoria à prática. Desde 1926 o Brasil surge para Corbusier como uma possibilidade de trabalho (Cf. cartas de Corbusier a Blaise Cendrars, apud Santos et alii., 1987).

ferências, delas não falou – mas de qualquer forma, o que se nota é que o cronista parece se interessar menos pelas questões urbanas discutidas pelo arquiteto, mesmo que esteja todo o tempo falando da cidade. Não há referências à discussão do urbanismo empreendida por Corbusier, o que leva a crer que as idéias corbusianas entraram nos temas de Menotti preferencialmente via Warchavchik, através da discussão da casa, como se viu.

Numa crônica que trata da "remodelação da cidade", Menotti aponta as grandes intervenções urbanas como índice do imenso progresso tecnológico de São Paulo:

> Vi, anteontem, os planos ciclópicos dessa remodelação. Vi o Tietê no seu estojo de cimento armado, como um prisioneiro pacífico e domado, incapaz da rebeldia das inundações, pavor das populações ribeirinhas do famoso rio das Monções [...]. [E reconhece que] dentro de um plano amplo e magistral, o programa de remodelação de São Paulo soluciona os demais preocupantes problemas da cidade. (Helios, "Remodelação da cidade", *CP*, 4 mai 1929, p. 12)

Todavia, ainda parece caber aos edifícios novos que comporão essa remodelação a encenação da cidade moderna. E é no conjunto arquitetônico composto pelos edifícios de Ramos de Azevedo que Menotti veria a verdadeira face moderna de São Paulo. Ou seja, os mesmos desejos de monumentalidade expressos anos antes:

> [Observando o plano da Prefeitura vi] a ligação e harmonização do grupo de prédios monumentais constantes da Catedral, Palácio do Governo, Secretaria de Estado, Paço da Justiça, a grande avenida anular do centro, rodando o cerne da cidade com uma via circular, larguíssima

e arborizada, atingindo a rua dos Timbiras[51]. Vi ainda o projeto de remodelação da Praça da República, do Anhangabaú. Tive uma impressão deslumbradora e aos meus olhos surgiu São Paulo que eu idealizo para tornar-se a capital digna dos 6 milhões de paulistanos que, nas lavouras, nas pequenas cidades, nas indústrias, no comércio, nas artes, nas artes liberais e nos mais nobres setores da cultura, constroem o mais belo poema do trabalho de todo o continente sul-americano.

Essas coisas grandiosas, eu as vi dentro de outra coisa grandiosa: o suntuoso prédio do Mercado Municipal[52] atualmente em adiantado estado de construção. ("Remodelação da cidade"...)

O "moderno", portanto, é entendido como mais um estilo, possível e desejável sobretudo nas casas. A lição de Warchavchik e Corbusier talvez não tivesse sido tão bem compreendida, pois quando se tratava de construir os edifícios simbólicos na cidade o cronista não conseguia se livrar da idéia de suntuosidade e grandiosidade, que seria dada pelos edifícios ecléticos – acompanhando a tendência mais geral na escolha dos projetos oficiais e fazendo do edifício do Instituto Biológico ainda uma exceção. Retomando a análise de Alfredo Bosi para a literatura de Menotti, pode-se dizer que também em suas crônicas o escritor responde às expectativas de um público "divorciado do modernismo", num momento em

---

51 Referência ao projeto do "perímetro de irradiação" do arquiteto Ulhôa Cintra (1887-1944), que depois seria retomado por Prestes Maia (1896-1965) em seu Plano de Avenidas (Cf. Campos, 2002).

52 Segundo Carlos Lemos, em 1923 toma corpo a idéia de um novo mercado para a capital paulista e em 1924-5 o arquiteto Felisberto Ranzinni, do Escritório Técnico Ramos de Azevedo, elabora o projeto, sendo importada da Alemanha a estrutura de uma planta modulada. Seria inaugurado em 1933 (Lemos, 1993, p. 96).

que este ainda não sabe ou não consegue refletir as "as tendências e os gostos de uma classe média em crescimento, incapaz de maior refinamento artístico" (Bosi, 1997, p. 417) – acrescenta-se: não apenas da classe média, mas de parte da elite governante, que ainda levaria alguns anos para assumir a arquitetura moderna como uma estética possível para as construções oficiais.

Assim, parece que o debate em torno da fisionomia da cidade de São Paulo e, com isso, a discussão de um estilo arquitetônico nacional, próprio, parece ter ganho corpo na primeira metade da década de 1920, sendo atropelado pela discussão da arquitetura moderna, que chega com Warchavchik e seu manifesto, e toma conta de corações e mentes de intelectuais modernistas.

No entanto, ao se analisar as crônicas de Menotti dentro de uma perspectiva mais ampla, nota-se como, ao fim e ao cabo, parece ter sido a discussão do estilo que levaria a melhor. Se entendermos as suas idéias no início dos anos 1920 como a busca de um estilo que bebesse nas fontes primitivas, podemos lê-lo como um "ecletismo de temas indígenas"[53]. Quando fala da incorporação do estrangeiro na criação de uma arte nova, o intelectual acaba não avançando na discussão estética propriamente, perdendo-se na discussão da amálgama de raças que fatalmente criaria uma arte própria. E mesmo ao final da década, com todo o apoio e a divulgação que Menotti dá à arquitetura moderna, através da crítica e do comentário das obras de Warchavchik, vê-se que quando se tratava de propor uma imagem à cidade, era o ecletismo século 19 que parecia servir melhor aos seus anseios de grandiosidade e progresso exibidos nos textos. O moderno, encarado como mais um estilo, ficava reservado às manifestações particulares.

---

53 Traduzido no "estilo marajoara", que moldaria alguns edifícios do período.

Capítulo 3:
Caderno de imagens

Comemoração do Centenário da Independência em 1922

1. A falta de moradia na década de 1920 contrastava com os investimentos nos "cenários" das comemorações do Centenário da Independência, como o conjunto urbanístico do Ipiranga: o estilo classicizante garantia a monumentalidade.

2. O estilo neocolonial também dava o tom das comemorações do Centenário em São Paulo: monumentos na descida da Serra de Santos, projeto de Victor Dubugras, encomendados por Washington Luís.

Modos de vida e estilos arquitetônicos na cidade

3. A casa colonial "simples e maciça" dos "antepassados" contrastava com a "barafunda de estilos" que compunha a cidade: renascimento francês, art nouveau, risorgimento italiano etc.

Disputa de modelos e identidades

4. Boulevares parisienses e arranha-céus nova-iorquinos: dois modelos de urbanização e estilo de vida que na década de 1920 disputavam a atenção dos paulistas.

Outra face da cidade: os bairros operários

5. Vista do Brás na década de 1920: fábricas, chaminés e fumaça faziam parte da imagem da "cidade do trabalho" que se firmava durante a década de 1920.

6. Vista do Parque Dom Pedro II, inaugurado em 1925, tomada do Brás. Ao fundo, o centro dessa cidade que parecia se "civiliza", transformando a várzea em jardim.

O "estilo" moderno

7. Convite para a exposição da Casa modernista de Gregori Warchavchik inaugurada em 1929: "prática", "magnifica", "utilissíma" e "ultra-elegante". No "bazar da arquitetura do mundo" surge finalmente uma "casa moderna".

8. Desenhos de Le Corbusier – mestre dos modernos – em São Paulo em 1929: abaixo o centro, provavelmente visto do vale do Saracura, com o Martinelli ao fundo e, à direita, o projeto dos "arranha-terras", para ligar as colinas e organizar a expansão urbana desordenada.

A verdadeira face modernizada da cidade

9. Vista do Largo do Palácio na década de 1920 (o Pátio do Colégio hoje), a face da "cidade oficial": edifícios ecléticos de feição classicizante e monumentos acadêmicos, num arranjo para lá de datado.

Considerações finais

Este trabalho pretendeu discutir as imagens da cidade moderna através das crônicas de Menotti del Picchia. Entendendo suas crônicas como expressão e ao mesmo tempo construção dessas imagens, busquei problematizar a compreensão de um momento específico da história da cidade de São Paulo, a década de 1920 – quando tomavam corpo no país os debates em torno da "cidade moderna", seja como realidade, seja como mito. Embora as crônicas sejam a expressão de um escritor comprometido com ideais sociais e políticos de grupos precisos, elas extrapolam as intenções e desejos de seu autor, e fornecem um material capaz de sugerir os tensionamentos particulares daquela época. Ao mostrar como o discurso do progresso e da civilização, supostamente inexoráveis, era permeado por imagens ambivalentes e mesmo conflitantes, as crônicas revelam os embates existentes entre mundos que conviviam lado a lado na cidade.

Ao trabalhar com as crônicas diárias escritas para um jornal que era porta-voz de um segmento da oligarquia cafeeira ligado ao Partido Republicano Paulista – força política dominante ainda na última década da República Velha –, flagrei questões que tomavam conta da cidade àqueles anos: das disputas entre frações de classe à discussão de uma arte nacional e paulista, passando pelo lugar que os imigrantes tinham na metrópole nascente e ainda pelo papel que cabia à capital paulista em um jogo de forças políticas que começava a se alterar no país por conta de transformações econômicas e urbanas. Vale lembrar que tais discussões estavam apoiadas na construção de uma cultura e identidade paulistas. As crônicas mostram assim a flutuação de idéias, as idas e vindas de um debate em andamento e as disputas no interior de um dos grupos que comandavam o país e, para além dele, nos grupos que emergiam da própria modernização.

Se o cronista trabalhou para a construção de uma imagem de cidade moderna, nota-se que os seus esforços para a construção dessa imagem não impediram o surgimento de outras imagens, dando conta de uma cidade mais diversificada e conflituosa onde conviviam (nem sempre harmonicamente) universos e tempos sociais distintos, perceptíveis nas brechas de seu discurso. Nesse sentido, parece interessante frisar que Menotti del Picchia, embora trabalhando na perspectiva do modernismo literário e artístico – identificado, portanto, aos movimentos de vanguarda –, lança mão de conceitos e noções forjados nos ideais do século 19 para tratar de questões novas. Ao utilizar uma mentalidade "antiga" para abordar questões que surgiam naquele momento – e para as quais, portanto, não havia ainda opiniões firmadas –, Menotti se mostra afinado com seu tempo, formulando respostas a partir dos elementos em jogo na época. Um exemplo disso são suas propostas de assimilação do imigrante, que surge em sua fala como o "novo paulista", responsável pelo desenvolvimento da cidade. Num momento em que muitos ainda se debatiam com idéias de identidade apoiadas em tradições passadas e mitos fundadores (Cf. Saliba, 2004; Ferreira, 1991), o escritor busca uma saída distinta, que combinava referências do passado a um presente transformado.

Outra questão importante que se nota a partir dessas crônicas é como a cidade, descrita como desenvolvida, avançada e *americana*, aparece povoada por tipos rurais, caipiras, matutos e caboclos. Ainda que tratados na maioria das vezes com desprezo, a presença recorrente desses personagens revela como o "desenvolvimento" e a "modernização", supostamente incontornáveis e implacáveis, carregam consigo outra sociedade, e outra cidade, dado que estes tipos, longe de serem remanescentes de outro tempo, eram protagonistas daquele processo.

O mesmo pode ser dito em relação ao debate estético, flagrado em plena disputa através das crônicas. Vê-se que ao longo daquela década o modernismo é entendido como um estilo entre outros, dado que a discussão de qualquer modelo ou procedimento artístico passa necessariamente pela discussão da nação; e a questão é saber se esse "estilo" reflete a nação que se quer forjar. Também a afirmação da hegemonia paulista pode ser vista nos textos, em sua gênese através do debate sobre a identidade cultural do país.

Se é possível afirmar que Menotti incorpora a função de ideólogo – seja das elites do Partido Republicano Paulista (PRP), seja das elites intelectuais do período –, é também desse lugar que o cronista ajuda a trazer para os dias de hoje as discussões e as posições em jogo àqueles anos. Menotti del Picchia uniu o elogio da "tradição bandeirante" e o elogio do progresso e da modernização da cidade – representada sobretudo pelo imigrante –, tornando-se uma espécie de mediador entre a estratégia de afirmação da elite paulista e a incorporação de elementos novos na vida cultural da cidade, o que faz dele um personagem interessante para a compreensão do período. Se sua trajetória revela as tensões e os mundos que conviviam na década de 1920, entender as crônicas como expressão disso foi o que busquei fazer ao longo do trabalho. Tentei problematizar a idéia de um mundo que desapareceria frente à modernização, dando lugar a *outro* totalmente distinto.

O meu intuito foi contribuir para uma reflexão sobre a cidade dos anos 1920, seja através da discussão da modernização e do modernismo, seja por meio de suas implicações para as imagens da cidade que então se forjavam. Busquei ampliar o conceito de "cidade moderna", contrapondo-me a uma oposição estrita entre os pares "antigo" e "novo", "arcaico" e "moderno", "tradicional" e "atual", tentando apontar para a convivência entre eles – não apagando conflitos e tensões, antes os entendendo como parte de um mesmo processo de modernização, enquanto elementos necessários e expressivos do que ocorria na cidade àqueles anos e que viriam a ser uma característica decisiva da modernização brasileira pós-1930.

Bibliografia

Fontes primárias

Coleção microfilmada do jornal *Correio Paulistano*, anos 1919 e 1923-1930, pertencente ao Arquivo do Estado de São Paulo.
"O jornalismo de Menotti del Picchia: São Paulo, 1920-22." Pesquisa de Yoshie Sakiyana Barreirinhas, São Paulo, 1978-80 sob orientação da Profa. Telê Porto Ancona Lopez/ Literatura Brasileira. Caixas 1 e 2, Arquivo do Instituto de Estudos Brasileiros da USP.

Textos de Menotti del Picchia

MANDATTO, Jácomo (Org., apresent., resumo biográfico e notas). *A semana revolucionária. Conferências, artigos e crônicas de Menotti del Picchia sobre a Semana de Arte Moderna e as principais figuras do Movimento Modernista no Brasil*. Campinas: Pontes, 1992.
PICCHIA, Menotti del. *Juca Mulato*. (1917). São Paulo: Livraria Martins Editora, 1972.
_____. *O pão de Moloch: crônicas e fantasias*. São Paulo: Tipographia Piratininga, 1921.
_____. *Nariz de Cleópatra: fantasias e crônicas*. São Paulo: Monteiro Lobato Editores, 1923.
_____. *Poesias (1907-1946)*. São Paulo: Livraria Martins Editora, 1978.

_____. *Menotti del Picchia, o gedeão do modernismo. 1920-22*. (Introd., seleção e org. Yoshie Barreirinhas). São Paulo: Civilização Brasileira, 1983.

Textos sobre Menotti del Picchia

BARREIRINHAS, Yoshie Sakiyama. "O gedeão do modernismo: Menotti del Picchia no *Correio Paulistano*: 1920-1922". Dissertação de mestrado, FFLCH USP, 1980.

_____. "Menotti del Picchia Gedeão" in *Menotti del Picchia, o gedeão do modernismo. 1920-22*. (Introd., seleção e org. Yoshie Barreirinhas). São Paulo: Civilização Brasileira, 1983.

BOSI, Alfredo. "Menotti del Picchia" in *História concisa da literatura brasileira*. São Paulo: Cultrix, 1988.

CORVACHO, Suely. "A presença de Salomé no Brasil. O caso Menotti del Picchia" Dissertação de mestrado, FFLCH USP, 1999.

HOMENAGEM *aos 90 anos : Menotti Del Picchia*. São Paulo: Centro Cultural Francisco Matarazzo Sobrinho, 1982.

MARTINS, Wilson. "Menotti del Picchia" in *O Modernismo. A literatura brasileira. Vol. VI*. São Paulo: Cultrix, 1973.

MANDATTO, Jácomo. "Apresentação" in *A semana revolucionária*. Campinas: Pontes, 1992.

MENOTTI *del Picchia: pequena bio-bibliografia comemorativa do 80º. aniversário do escritor. Homenagem da Livraria São José*. Rio de Janeiro: Livraria São José, 1972.

REALE, Miguel (introd.). *Menotti del Picchia* (Biografia e pesq. iconográfica Ebe Reale). Rio de Janeiro: Ac&M, 1988.

REMINISCÊNCIAS *do Modernismo: Menotti del Picchia*. São Paulo: Secretaria de Estado da Cultura, 1980.

Referências Bibliográficas

ABUD, Kátia. "A idéia de São Paulo como formador do Brasil" in FERREIRA, DE LUCA e IOKOI (Orgs.). *Encontros com a História*. *Percursos históricos e historiográficos de São Paulo*. São Paulo: Ed. Unesp, 1999.

ALCÂNTARA MACHADO, Antônio de. *Novelas Paulistanas (Brás, Bixiga e Barra Funda, Laranja da China, Mana Maria, Contos Avulsos)*. Belo Horizonte/ São Paulo: Itatiaia/Edusp, 1988.

_____. *Pathé-Baby*. (1925) (Comentários e notas Cecília de Lara). São Paulo: IMESP/DAESP, 1982.

ALENCAR, José de. *Ao correr da pena*. (Org. e preparação João Roberto Faria). São Paulo: Martins Fontes, 2004.

ALONSO, Angela. *Idéias em movimento. A geração de 1870 na crise do Brasil império*. São Paulo: Paz e Terra, 2002.

ALMEIDA, Guilherme de. *Cosmópolis (São Paulo/29). Oito Reportagens*. São Paulo: Cia. Editora Nacional, 1962.

ALMEIDA, Paulo Mendes. *De Anita ao Museu*. São Paulo: Perspectiva, 1976.

AMARAL, Aracy. *Blaise Cendrars no Brasil e os modernistas*. São Paulo: Martins: 1968.

_____. *Artes plásticas na semana de 22*. (1970) São Paulo: Ed. 34, 1998.

_____. *Tarsila, sua obra e seu tempo*. (1975) São Paulo: Ed. 34, 2003.

AMARAL, Amadeu. *Memorial de um passageiro de bonde*. São Paulo: Hucitec/ Secretaria da Cultura, Ciência e Tecnologia do Estado de São Paulo, 1976.

AMERICANO, Jorge. *São Paulo naquele tempo (1895-1915)*. São Paulo: Melhoramentos, 1962a.

_____. *São Paulo nesse tempo (1915-1935)*. São Paulo: Melhoramentos, 1962b.

ANDRADE, Luciana Teixeira. *A Belo Horizonte dos modernistas: Representações ambivalentes da cidade moderna*. Belo Horizonte: Ed. PUC Minas/ C/Arte, 2004.

ANDRADE, Mario. *O movimento modernista*. Rio de Janeiro: Edição Casa do Estudante, 1942.

_____. *Poesias Completas*. São Paulo: Círculo do Livro, 1972.

_____.*Táxi e Crônicas no Diário Nacional* (Estabelecimento de texto, introd. e notas Telê Porto Ancona Lopez). São Paulo: Duas Cidades, 1976.

_____. *O turista aprendiz*. São Paulo: Duas Cidades, 1983.

_____. "Arquitetura Colonial", *Diário Nacional*, 23 a 26 ago 1928 in *Arte em Revista* (Arquitetura Nova), São Paulo: CEAC, nº 4, ago 1980.

_____. *A lição do amigo. Cartas de Mario de Andrade a Carlos Drummond de Andrade*. Rio de Janeiro: Record, 1988.

_____. *Cartas de Mario de Andrade a Luís da Câmara Cascudo*. (Intr. e notas Veríssimo de Melo). Belo Horizonte: Vila Rica, 1991.

ANDRADE, Oswald. *Pau-Brasil* (1925). São Paulo: Globo/SEC, 1990.

_____. *Um homem sem profissão – Sob as ordens de mamãe*. Rio de Janeiro: Civilização Brasileira, 1974.

_____. *Telefonema*. (Introd. e estabelecimento de texto Vera Chalmers). Rio de Janeiro: Civilização Brasileira, 1974b.

ARANTES, Paulo."Providências de um crítico literário na periferia do capitalismo" in ARANTES, Otilia e ARANTES, Paulo. *Sentido da Formação. Três estudos sobre Antonio Candido, Gilda de Mello e Souza e Lúcio Costa*. Rio de Janeiro: Paz e Terra, 1997.

ARGAN, Giulio Carlo."El revival" in *El Passado en el Presente: el revival en las artes plásticas, la arquitectura, el cine y el teatro*. Barcelona: Editorial Gustavo Gili, 1977.

_____. *Arte moderna. Do Iluminismo aos movimentos contemporâneos*. São Paulo: Cia das Letras, 1993.

ARRIGUCCI JR., Davi. "Fragmentos sobre a crônica" in *Enigma e comentário. Ensaios sobre literatura e experiência*. (1987) São Paulo: Cia. das Letras, 2001.

AZEVEDO, Carmem, CAMARGOS, Márcia e SACHETTA, Vladimir. *Monteiro Lobato. Furacão na Botocúndia*. São Paulo: Senac, 1988.

AZEVEDO, Fernando de. *História de minha vida*. Rio de Janeiro: José Olympio, 1971.

AZEVEDO, Militão Augusto de. *Álbum comemorativo da cidade de São Paulo 1862-1887* (Orgs. Benedito Lima de Toledo, Boris Kossoy e Carlos Lemos). São Paulo: PMSP/ SMC, 1981.

BANDEIRA, Manuel. *Itinerário de Pasárgada*. Rio de Janeiro: Nova Fronteira, 1984.

BARRETO, Paulo. *Crônicas efêmeras. João do Rio na* Revista da Semana. (Pesq. e apresent. Níobe Abreu Peixoto). São Paulo: Ateliê Editorial, 2001.

BARROS, Maria Paes de. *No tempo de Dantes*. (1946) São Paulo: Editora Paz e Terra, 1998.

BARONE, Ana & SILVA, Joana. "São Paulo, metrópole moderna: a cidade na década de 20 segundo o *Correio Paulistano*". Relatório final de pesquisa. São Paulo: FAU USP, 1996.

BATISTA, Marta Rossetti; ANCONA LOPEZ, Telê Porto e LIMA, Yone Soares. *Brasil 1º. Tempo modernista – 1917/1929. Documentação*. São Paulo: IEB USP, 1972.

BENCHIMOL, Jaime. *Pereira Passos. Um Haussmann tropical. A renovação urbana do Rio de Janeiro no início do século XX*. Rio de Janeiro: Secretaria Municipal de Cultura, Turismo e Esportes, 1990.

BECCARI, Vera D'Horta. *Lasar Segall e o modernismo paulista*. São Paulo: Brasiliense, 1984.

BENEVOLO, Leonardo. *A cidade na história da Europa*. Lisboa: Presença, 1995.

BEIGUELMAN, Paula. *A formação do povo no complexo cafeeiro*. São Paulo: Pioneira, 1978.

BELLUZZO, Ana Maria Moraes (Org.). *Modernidade: vanguardas artísticas na América Latina*. São Paulo: Ed. Unesp, 1990.

BRADBURY, Malcolm. "As cidades do modernismo" in BRADBURY, Malcolm e McFARLANE, James (Orgs.). *Modernismo. Guia geral. 1890-1930*. São Paulo: Cia das Letras, 1989.

BRESCIANI, Maria Stella. *Londres e Paris no século XIX: o espetáculo da pobreza*. São Paulo: Brasiliense, 1987.

_____. "Forjar a identidade brasileira nos anos 1920-1940" in HARDMAN, Francisco Foot (Org.). *Morte e progresso: cultura brasileira como apagamento de rastros*. São Paulo: Ed. Unesp, 1998.

_____ (Org.) *Palavras da Cidade*. Porto Alegre: Ed. da UFRS, 2001.

BRITO, Mario da Silva. *História do Modernismo Brasileiro. Antecedentes da Semana de Arte Moderna*. (1958). São Paulo: Saraiva, 1974.

BRUNO, Ernani da Silva. *História e tradições da cidade de São Paulo*. São Paulo: Hucitec 1984.

_____. *Memória da cidade de São Paulo. Depoimentos de moradores e visitantes. 1553-1958*. São Paulo: Departamento de Patrimônio Histórico, 1977.

BOAVENTURA, M. Eugênia. *O Salão e a selva. Uma biografia ilustrada de Oswald de Andrade*. Campinas: Ex Libris/ Ed. Unicamp, 1995.

_____. (Org.). *22 por 22. A semana de Arte Moderna vista pelos seus contemporâneos*. São Paulo: Edusp, 2000.

BOPP, Raul. *Movimentos Modernistas no Brasil, 1922-1928*. Rio de Janeiro: Livraria São José, 1966.

BORGES, Vavy Pacheco. *Getúlio Vargas e a oligarquia paulista. História de uma esperança e muitos desenganos através dos jornais da oligarquia: 1926-1932*. São Paulo: Brasiliense, 1979.

BOSI, Alfredo. "As letras na Primeira República" in FAUSTO, Boris (Org). *História Geral da Civilização Brasileira. Vol. III - O Brasil Republicano, Sociedade e Instituições (1889-1930)*. Rio de Janeiro: Difel, 1977.

_____. *História concisa da literatura brasileira*. São Paulo: Cultrix, 1988.

_____. "Moderno e Modernismo na Literatura Brasileira" e "Mario de Andrade crítico do Modernismo" in *Céu, Inferno. Ensaio de crítica literária e ideologia*. São Paulo: Duas Cidades/ Ed. 34, 2003.

BOURDIEU, Pierre. *As regras da arte. Gênese e estrutura do campo literário* (Introdução e Parte 1). São Paulo: Cia das Letras, 1996.

CAMARGOS, Marcia. *Villa Kyrial – Crônica da Belle Époque paulistana*. São Paulo: Ed. Senac, 2001.

_____. *Semana de 22. Entre vaias e aplausos*. São Paulo: Boitempo, 2002.

CAMPOS, Candido Malta. *Os rumos da cidade. Urbanismo e modernização em São Paulo*. São Paulo: Ed. Senac, 2002.

CANDIDO, Antonio. "Literatura e cultura de 1900 a 1945" (1953) in *Literatura e Sociedade*. São Paulo: T.A. Queiroz, 2000.

_____. "A literatura na evolução de uma comunidade" (1954) in *Literatura e Sociedade*. São Paulo: T.A. Queiroz, 2000.

_____. "A vida ao rés-do-chão" (1993) in *Recortes*. São Paulo: Cia das Letras, 1996.

_____. "Uma palavra instável"(1989) in *Vários Escritos*. São Paulo: Duas Cidades, 1995.

_____. "A Revolução de 1930 e a cultura" (1984) in *A educação pela noite & outros ensaios*. São Paulo: Ática, 1987.

_____."Introdução" in *Formação da literatura brasileira (Momentos decisivos)* (1959). São Paulo: Edusp/ Itatiaia, 1975.

CANDIDO, Antonio e CASTELLO, J. Aderaldo. *Das origens ao Romantismo. Presença da literatura brasileira. História e antologia* (1964). Rio de Janeiro: Difel, 1980.

_____. *Modernismo. Presença da literatura brasileira. História e antologia* (1964). Rio de Janeiro: Bertrand, 1998.

CANO, Wilson. *Raízes da concentração industrial em São Paulo.* São Paulo: Difel, 1977.

CAPELATO, M. Helena. *Os arautos do liberalismo. Imprensa paulista 1920-1945.* São Paulo: Brasiliense, 1989.

CAPELATO, M. Helena e PRADO, M. Ligia. *O bravo matutino. Imprensa e ideologia: o jornal O Estado de São Paulo.* São Paulo: AlfaÔmega, 1980.

CARNEIRO, Maria Luiza Tucci e KOSSOY, Boris (Org.). *A imprensa confiscada pelo Deops (1924-1954).* São Paulo: Imprensa Oficial/ Arquivo do Estrado/ Ateliê Editorial, 2004.

CASALECCHI, José Ênio. *O Partido Republicano Paulista. Política e Poder (1889-1926).* São Paulo: Brasiliense, 1987.

CENDRARS, Blaise. *Etc..., Etc... (um livro 100% brasileiro)* (Orgs. T. Thiériot, Alexandre Eulálio e Carlos Augusto Calil) São Paulo: Perspectiva/ Secretaria de Cultura, Ciência e Tecnologia do Estado de São Paulo, 1976.

CHALMERS, Vera Maria. *3 linhas e 4 verdades. O jornalismo de Oswald de Andrade.* São Paulo: Duas Cidades, 1976.

CHARLOT, Monica e MARX, Roland (Org.). *Londres, 1851-1901. A era vitoriana ou o triunfo das desigualdades.* Coleção Memória das Cidades. Rio de Janeiro: Jorge Zahar, 1993.

CHARTIER, Roger. *A História Cultural. Entre práticas e representações.* Lisboa/ Rio de Janeiro: Difel/ Bertrand, 1990.

CHIARELLI, Tadeu. *Um jeca nos vernissages.* São Paulo: Edusp, 1995.

CLARK, Timothy J. *A pintura da vida moderna. Paris na arte de Manet e de seus seguidores*. São Paulo: Cia das Letras, 2004.
COSTA, Emília Viotti. *Da monarquia a república: momentos decisivos*. (1979) São Paulo: Ed. Unesp, 1998.
COSTALLAT, Benjamin. *Mademoiselle Cinema. Novela de costumes do momento que passa...* (1923) (Apres. Beatriz Resende). Rio de Janeiro: Casa da Palavra, 1999.
CRÔNICA (A). *O gênero, sua fixação e suas transformações no Brasil*. Rio de Janeiro/ Campinas: Fundação Casa de Rui Barbosa/ Ed. Unicamp,1992.
CRUZ, Heloísa de Faria (Org.). *São Paulo em revista. Catálogo de publicações da imprensa cultural e de variedades paulistana, 1870-1930)*. São Paulo: Cedic PUC SP/ Arquivo do Estado, 1997.
_____. *São Paulo de papel e tinta. Periodismo e vida urbana. 1890-1915*. São Paulo: Educ/ Fapesp, 2000.
CURY, Maria Zilda Ferreira. *Horizontes modernistas. O jovem Drummond e seu grupo em papel jornal*. Belo Horizonte: Autêntica, 1998.
DANTAS, Vinicius. "Desmanchando o naturalismo. Capítulos obscuríssimos da crítica de Mario e Oswald" in *Novos Estudos Cebrap*, São Paulo, nº 57, jul 2000.
DEAN, Warren. *A industrialização de São Paulo (1880-1945)*. (1971). São Paulo: Difel/ Edusp, 1991.
DECCA, Maria Auxiliadora Guzzo. *A vida fora das fábricas*. Rio de Janeiro: Paz e Terra, 1987.
_____. *Cotidiano de trabalhadores na República: São Paulo 1889-1940*. Coleção Tudo é História. São Paulo: Brasiliense, 1989.
DELACAMPAGNE, Christian. *História da Filosofia no século XX*. Rio de Janeiro: Jorge Zahar, 1997.
DE LORENZO, Helena e COSTA, Wilma (Orgs.). *A década de vinte e as origens do Brasil moderno*. Ed. Unesp: São Paulo, 1997.

DE LUCA, Tânia R. *A Revista do Brasil: um diagnóstico para a (N) ação*. São Paulo: Ed. Unesp, 1998.

_____. "São Paulo e a construção da identidade nacional" in FERREIRA, DE LUCA & IOKOI (Orgs.). *Encontros com a História. Percursos históricos e historiográficos de São Paulo*. São Paulo: Ed. Unesp, 1999.

DIMAS, Antonio. "Ambigüidade da crônica: literatura ou jornalismo?" in *Littera*. nº 12, ano IV, Rio de Janeiro, set-dez 1974.

DUARTE, Paulo. *História da imprensa em São Paulo*. São Paulo: ECA USP, 1977.

ENCICLOPÉDIA *Digital Estadão*. São Paulo: O Estado de S. Paulo, 2005.

FABRIS, Annateresa. "O Ecletismo à Luz do Modernismo" in *Ecletismo na Arquitetura Brasileira*. São Paulo: Nobel/ Edusp, 1987.

_____. *O futurismo paulista*. São Paulo: Edusp/ Fapesp/ Perspectiva, 1994.

_____. "Modernidade e vanguarda: o caso brasileiro" in FABRIS, Annateresa (Org.). *Modernidade e modernismo no Brasil*. Campinas: Mercado de Letras, 1994b.

FARIAS, Agnaldo. "Arquitetura Eclipsada: notas sobre a história e arquitetura a propósito da obra de Gregori Warchavchik, introdutor da arquitetura moderna no Brasil". Dissertação de Mestrado, IFCH Unicamp, 1990.

FAUSTO, Boris. "O trabalhador urbano" e "Duas mobilizações" in *Trabalho urbano e conflito social, 1890-1920*. Rio de Janeiro: Difel, 1977.

_____. *História do Brasil*. São Paulo: Edusp/ FDE, 2000.

FERRAZ, Geraldo. *Depois de tudo*. Rio de Janeiro: Paz e Terra, 1983.

FERRAZ, Vera Maria de Barros (Org.). *Gaensly. Imagens de São Paulo no Acervo da Light (1899-1925)*. São Paulo: Fundação Patrimônio Histórico da Energia de São Paulo, 2001.

FERREIRA, Antonio Celso. *A epopéia bandeirante: letrados, instituições, invenção histórica (1870-1940)*. São Paulo: Ed. Unesp, 2001.

FERREIRA, Antonio; DE LUCA, Tânia e IOKOI, Zilda, *Encontros com a História. Percursos históricos e historiográficos de São Paulo*. São Paulo: Ed. Unesp, 1999.

FERREIRA, Maria Nazareth. *A imprensa operária no Brasil.1880-1920*. Petrópolis: Vozes, 1978.

FICHER, Sylvia. *Os arquitetos da Poli. Ensino e profissão em São Paulo*. São Paulo: Edusp, 2005.

FIORENTINO, Terezinha del. *Prosa de ficção em São Paulo: produção e consumo, 1890-1920*. São Paulo: Hucitec/ Secretaria de Estado da Cultura, 1982.

FLOREAL, Sylvio. *Ronda da meia-noite. Vícios, Misérias e esplendores da cidade de São Paulo* (1925). São Paulo: Paz e Terra, 2003.

FRANCO, Maria Sylvia de Carvalho. "Lula e cultura popular" in *Folha de S. Paulo*, 2 jul 2004, p. A3.

FONSECA, Maria Augusta. *Oswald de Andrade. O homem que come* (Coleção Encanto Radical). São Paulo: Brasiliense, 1982.

FURTADO, Celso. "Economia de transição para um sistema industrial (século XX)" in *Formação econômica do Brasil*, Rio de Janeiro: Fundo de Cultura SA, 1959.

GELFI, Maria Lucia Fernandes. *Novíssima: estética e ideologia na década de vinte*. São Paulo: IEB/ USP, 1987.

GLEZER, Raquel. "As transformações da cidade de São Paulo na virada do século XIX e XX" in *Cadernos de História de São Paulo (São Paulo na virada do século. Espaços públicos e privados. 1889-1930)*, n°3/4, São Paulo, Museu Paulista da USP, out-nov, ago-out 1994/5.

GOMES, Angela de Castro. *Essa gente do Rio... Modernismo e nacionalismo*. Rio de Janeiro: Ed. FGV, 1999.

GRANJA, Lúcia. *Machado de Assis, escritor em formação (à roda dos jornais)*. São Paulo: Mercado de Livros/ Fapesp, 2000.

GORELIK, Adrián. "O moderno em debate: cidade, modernidade, modernização" in MIRANDA, Wander Melo (Org.). *Narrativas da modernidade*. Belo Horizonte: Autêntica, 1999.

HARDMANN, Francisco Foot. *Nem pátria nem patrão. Vida operária e cultura anarquista no Brasil*. São Paulo: Brasiliense, 1983.

HOLANDA, Sergio Buarque de. *O Espírito e a Letra. Estudos de Crítica Literária I (1920-1947)*. (Org. Antonio Arnoni Prado). São Paulo: Cia das Letras, 1996.

HOMEM, Maria Cecília Naclério. *O Palacete paulistano*. São Paulo: Martins Fontes, 1996.

JACKSON, Luiz Carlos. *A tradição esquecida. Os Parceiros do rio Bonito e a sociologia de Antonio Candido*. Belo Horizonte/ São Paulo: Ed. UFMG/ Fapesp, 2002.

JANOVITCH. Paula, "Preso por trocadilho: a imprensa narrativa irreverente paulistana de 1900 a 1911". Tese de doutorado, FFLCH USP, 2003.

KESSEL, Carlos. *A vitrine e o espelho. O Rio de Janeiro de Carlos Sampaio*. Rio de Janeiro: PMRJ/ Secretaria da Cultura, 2001.

LAFETÁ, João Luiz. *1930: a crítica e o modernismo*. São Paulo: Duas Cidades/ Ed. 34, 2000.

_____. "Estética e ideologia: o modernismo em 1930" in *Argumento. Revista mensal de cultura*. nº 2, São Paulo: Paz e Terra, nov 1973.

LAHUERTA, Milton. "Os intelectuais e os anos 20: moderno, modernista, modernização" in LORENZO & COSTA (Orgs.). *A década de 1920 e as origens do Brasil moderno*. São Paulo: Ed. Unesp, 1998.

LAJOLO, Marisa. *Monteiro Lobato* (Coleção Encanto Radical). São Paulo: Brasiliense, 1985.

LANDERS, Vera Bonafini. *De Jeca a Macunaíma. Monteiro Lobato e o modernismo*. Rio de Janeiro: Civilização Brasileira, 1998.

LANGENBRUCH, Jurgen Richard. *A estruturação da grande São Paulo, estudo de geografia urbana*. Rio de Janeiro: IBGE, 1971.

LARA, Cecília de. *Klaxon. Terra Roxa e outras terras*. São Paulo: IEB/ USP, 1972.

LEHMANN, John. *Virginia Woolf. Vidas literárias*. Rio de Janeiro: Jorge Zahar, 1987.

LEVI, Darrel. *A família Prado*. São Paulo: Cultura 70, 1977.

LEME, Maria Cristina (Coord.). *Urbanismo no Brasil. 1895-1965*. São Paulo: Fupam/ Studio Nobel, 1999.

LEMOS, Carlos. *Alvenaria Burguesa: breve história da arquitetura residencial de tijolos em São Paulo a partir do ciclo econômico liderado pelo café*. São Paulo: Nobel, 1989.

_____. *Ramos de Azevedo e seu escritório*. São Paulo: Pini, 1993.

_____. *A República ensina a morar (melhor)*. São Paulo: Hucitec, 1999.

_____."A cidade dos fazendeiros. Quando a força do café interveio no Centro paulistano" in *O café*. Catálogo da exposição. São Paulo: Banco Real, 2000.

_____. *O álbum de Affonso. A reforma de São Paulo*. São Paulo: Edições Pinacoteca, 2001.

LIMA, Yone Soares. *A ilustração na produção literária: década de vinte*. São Paulo: IEB/ USP, 1985.

LIRA, José. "Naufrágio e Galanteio: Viagem, Cultura e Cidades em Mário de Andrade e Gilberto Freyre" in *Revista Brasileira de Ciências Sociais*, São Paulo, V. 20, nº 57, fev 2005.

LOBATO, Monteiro. *Idéias de Jeca Tatu* (1918). São Paulo: Brasiliense, 1956.

_____. *Urupês* (1923). São Paulo: Brasiliense, 1962.

LOPEZ, Telê Porto Ancona. *Mario de Andrade. Ramais e caminhos.* São Paulo: Duas Cidades, 1972.

LOPEZ, Telê Ancona (Org., introd. e notas). *De São Paulo. Cinco crônicas de Mario de Andrade. 1920-1921.* São Paulo: Ed. Senac, 2003.

LOVE, Joseph. *São Paulo na federação brasileira, 1889-1937: a locomotiva.* Rio de Janeiro: Paz e Terra, 1982.

MACHADO NETO, A. L. *Estrutura Social da República das Letras. (Sociologia da vida intelectual brasileira 1870-1930).* São Paulo: Edusp/ Grijalbo, 1973.

MARINS, Paulo César Garcez. "Habitação e vizinhança: limites da privacidade no surgimento das metrópoles brasileiras" in SEVCENKO, Nicolau (Org). *República: da Belle Époque à Era do Rádio. História da Vida Privada no Brasil (vol. 3).* São Paulo: Cia das Letras, 1998.

MARTINS, Ana Luiza. *Revistas em revista. Imprensa e práticas culturais em tempos de República, São Paulo (1890-1922).* São Paulo: Edusp/ Fapesp/ Imprensa Oficial, 2001.

MARTINS, José de Souza. "O migrante brasileiro na São Paulo estrangeira" in PORTA, Paula (Org.). *História da cidade de São Paulo.* São Paulo: Paz e Terra, 2004.

MARTINS, Sylvia Jorge de A. "A crônica brasileira" in *Stylos.* São José do Rio Preto: IBILCE-Unesp, 1980.

MARTINS, Wilson. *O Modernismo. A literatura brasileira. Vol. VI.* São Paulo: Cultrix, 1973.

_____. *História da inteligência brasileira. Vol. VI (1915-1933).* São Paulo: T.A.Queiroz, 1996.

MELLO, Joana. *Ricardo Severo: da arqueologia portuguesa à arquitetura brasileira.* São Paulo: Annablume/ Fapesp, 2007.

MELLO, Joana e CASTRO, Ana Claudia. "Entre nacionalismos e cosmopolitismos: imagens da metrópole moderna paulistana nas primeiras décadas do século 20" in *Anais do VII Seminário de História da Cidade. e do Urbanismo e* CD-ROM. Niterói: UFF, 2004.

MELLO e SOUZA, Gilda de. "Vanguarda e nacionalismo na década de vinte" in *Exercícios de leitura*. São Paulo: Duas Cidades, 1980.

MEMÓRIA *urbana. A grande São Paulo até 1940*. São Paulo: IMESP, 2001.

MEYER, Marlyse. "O folhetim em jornais paulista" in *Folhetim. Uma história*. São Paulo: Cia das Letras,1996.

MICELI, Sergio. *Poder, sexo e letras na República Velha: estudo clínico dos anatolianos*. São Paulo: Perspectiva, 1977.

_____. *Intelectuais e classe dirigente no Brasil (1920-1945)*. São Paulo: Difel, 1979.

_____. *Nacional estrangeiro. História social e cultural do modernismo artístico em São Paulo*. São Paulo: Cia das Letras/ Fapesp, 2003.

_____. "Experiência social e imaginário literário nos livros de estréia dos modernistas em São Paulo" in *Tempo Social*, São Paulo, v. 16, nº 1, jun, 2004.

MOISÉS, Massaud. "VI. A crônica" in *A criação literária. Prosa*. São Paulo: Melhoramentos, 1979.

MORAES, Marcos Antonio de (Org.). *Correspondência Mario de Andrade & Manuel Bandeira*. São Paulo: Edusp/ IEB, 2000.

MOREIRA, Silvia. *São Paulo na Primeira República* (Coleção Tudo é História). São Paulo, Brasiliense, 1988.

MOREL, Marco e BARROS, Mariana Monteiro. *Palavra, imagem e poder. O surgimento da imprensa no Brasil do século XIX*. Rio de Janeiro: DP&A, 2003.

MORSE, Richard. *Formação histórica de São Paulo, de comunidade a metrópole*. São Paulo: Difel, 1970.

MOURA, Paulo Cursino de. *São Paulo de outrora (evocações da metrópole)*. (1954). São Paulo/ Belo Horizonte: Edusp/ Itatiaia, 1980.

OLIVEIRA, Cecília Helena de Salles. "São Paulo nos fins do século passado: representações e contradições sociais" in *Cadernos de História de São Paulo* (São Paulo: novas fontes, abordagens e temáticas), nº 5, São Paulo: Museu Paulista da USP, set-nov 1996.

OLIVEIRA, Francisco. "A emergência do modo de produção de mercadorias: uma interpretação teórica da economia da República Velha no Brasil (1889-1930)" in *A economia da dependência imperfeita*. Rio de Janeiro: Graal, 1980.

_____. *Crítica à Razão Dualista. O Ornitorrinco*. São Paulo: Boitempo, 2003.

OLIVEIRA, Lucia Lippi. *A questão nacional na Primeira República*. São Paulo: Brasiliense, 1990.

_____. "Questão nacional na Primeira República" in LORENZO & COSTA (Orgs.). *A década de 1920 e as origens do Brasil moderno*. São Paulo: Ed. Unesp, 1998.

PAOLI, Maria Célia. "São Paulo operária e suas imagens. 1900-1940" in *Espaço & Debates*, nº 33, São Paulo, 1991.

PASSIANI, Enio. *Na trilha do Jeca. Monteiro Lobato e a formação do campo literário no Brasil*. Bauru: Edusc/ Anpocs, 2002.

PEIXOTO, Fernanda Arêas. "As cidades nas narrativas sobre o Brasil". FRUGOLI, Heitor ANDRADE, Luciana, PEIXOTO, Fernanda (orgs.), As cidades e seus agentes: práticas e representações, Belo Horizonte/São Paulo: Ed. PUC Minas/Edusp, 2006.

PENTEADO, Jacob. *Belenzinho, 1910 (Retrato de uma época)*. São Paulo: Carrenho Editorial/ Narrativa Um, 2003.

PERISSINOTO, Renato. *Classes dominantes e hegemonia na República Velha*. Campinas: Ed. Unicamp, 1994.

_____. "Classes dominantes, Estado e os conflitos políticos na Primeira República em São Paulo: sugestões para pensar a década de 1920" in LORENZO & COSTA (Orgs.). *A década de 1920 e as origens do Brasil moderno*. São Paulo: Ed. Unesp, 1998.

PINTO, Maria Inez Borges. "Urbes industrializada: o modernismo e a paulicéia como ícone da modernidade da brasilidade" in *Revista Brasileira de História*, São Paulo, V. 21, nº 42, 2001.

PINHEIRO. Paulo Sérgio. "O proletariado industrial na Primeira República" in FAUSTO, Boris (Org.). *História geral da civilização brasileira*. Vol III - *O Brasil Republicano, Sociedade e Instituições (1889-1930)*. Rio de Janeiro: Difel, 1977.

_____. *Política e trabalho no Brasil (dos anos vinte a 1930)*. São Paulo: Paz e Terra, 1975.

PONTES, Heloísa. "Retratos do Brasil: editores, editoras e 'Coleções Brasiliana' nas décadas de 30, 40 e 50" in MICELI, Sergio (Org.). *História das Ciências Sociais no Brasil*. São Paulo: Sumaré, 2001, V. 1 (2V).

PONTES, José Alfredo Vidigal. *São Paulo: de pouso de tropas à metrópole*. São Paulo: Ed. Terceiro Nome/ OESP, 2003.

PORTA, Paula (Org.). *História da cidade de São Paulo. A cidade na primeira metade do século XX 1890-1954*. São Paulo: Paz e Terra, 2004.

PRADO JR., Caio. *A cidade de São Paulo: geografia e história*. São Paulo: Brasiliense, 1989.

PRADO, Antônio Arnoni. *1922. Itinerário de uma falsa vanguarda: os dissidentes, a Semana e o integralismo*. São Paulo: Brasiliense, 1983.

PRADO, Maria Lígia Coelho. "A democracia ilustrada: São Paulo, 1926-1934". Tese de doutorado, FFLCH USP, 1982.

PRADO, Yan de Almeida. *A grande Semana de Arte Moderna*. São Paulo: Livraria e Editora Edart, 1976.

RAMA, Angel. *A cidade das letras*. São Paulo: Brasiliense, 1985
_____. *La ciudad letrada*. Montevideo: Arca, 1998.
_____. "La modernización literaria latinoamericana (1870-1910)" in *La crítica de la cultura en América Latina*. Caracas: Biblioteca Ayacucho, 1985.

RAMOS, Jair de Souza. "Dos males que vêm com o sangue: as representações raciais e a categoria do imigrante indesejável nas concepções sobre imigração da década de 20" in MAIO, Marcos Chor e SANTOS, Ricardo Ventura (Orgs.). *Raça, Ciência e Sociedade*. Rio de Janeiro: Ed. FioCruz/CCBB, 1996.

REIS FILHO, Nestor Goulart. *Quadro da arquitetura no Brasil*. São Paulo: Perspectiva, 1970.

_____. *São Paulo e outras cidades. Produção social e degradação dos espaços urbanos*. São Paulo, Hucitec/ Edusp, 1994.

_____. "Cultura e estratégias de desenvolvimento" in LORENZO & COSTA (Orgs.). *A década de 1920 e as origens do Brasil moderno*. São Paulo: Ed. Unesp, 1998.

_____. *Victor Dubugras. Precursor da arquitetura moderna na América Latina*. São Paulo: Edusp, 2005.

RICARDO, Cassiano. *Viagem no tempo e no espaço. Memórias*. Rio de Janeiro: José Olympio, 1970.

RICHARD, Lionel (Org.). *Berlim, 1919-1933. A encarnação extrema da modernidade*. (Coleção Memória das Cidades). Rio de Janeiro: Jorge Zahar, 1993.

RIBEIRO, Luiz e PECHMAN, Robert. *Cidade, povo e nação: Gênese do urbanismo moderno*. Rio de Janeiro: Civilização Brasileira, 1996.

RIO, João do. *A alma encantadora das ruas* (Org. Raul Antelo). São Paulo: Cia das Letras, 1999.

_____. *Histórias da gente alegre*. (Seleção, introd. e notas João Carlos Rodrigues). São Paulo: José Olympio, 1981.

ROMERO, José Luís. *América latina. As cidades e as idéias*. Rio de Janeiro: Ed. UFRJ, 2004.

ROLNIK, Raquel. "Cada um no seu lugar! São Paulo, início da industrialização, geografia do poder". Dissertação de Mestrado, FAU USP, 1991.

_____. "São Paulo, início da industrialização: o espaço e a política" in KOWARIK, Lucio (Org.). *As lutas sociais e a cidade: São Paulo passado e presente*. Rio de Janeiro: Paz e Terra, 1988.

SALIBA, Elias Thomé. *Raízes do Riso. A representação humorística na história brasileira: da Belle Époque aos primeiros tempos do rádio*. São Paulo: Cia das Letras, 2002.

_____. "Histórias, memórias, tramas e dramas da identidade paulistana" in PORTA, Paulo (Org.). *História da cidade de São Paulo. A cidade na primeira metade do século XX 1890-1954*. Volume 3. São Paulo: Paz e Terra, 2004.

SAMPAIO, Maria Ruth Amaral de. "O papel da iniciativa privada na formação da periferia paulistana" in *Espaço & Debates*, São Paulo, nº 37, V. XIV, 1994.

_____. "São Paulo, 1920/1945 – a cidade como pólo cultural". VI encontro nacional da Anpur (texto xerog.), s/d.

SANSON, Willian. *Proust. Vidas literárias*. Rio de Janeiro: Jorge Zahar, 1986.

SANTOS, Cecília; PEREIRA, Margareth; PEREIRA, Romão e SILVA, Vasco. *Le Corbusier e o Brasil*. São Paulo: Tessela e Projeto Editora, 1987.

SARLO, Beatriz. *El imperio de los sentimientos. Narraciones de circulación periódica en la Argentina (1917-1927)*. Buenos Aires: Grupo Editorial Norma, 2004.

_____. "Buenos Aires, ciudad moderna" in *Una modernidad periférica: Buenos Aires 1920 y 1930*. Buenos Aires: Nueva Vision, 2003.

_____. "Modernidad y mezcla cultural" in VÁZQUEZ-RIAL, Horacio (Dir.). *Buenos Aires 1880-1930. La capital de un imperio imaginario*. (Col. Memoria de las ciudades). Madrid: Alianza Editorial, 1996.

SCHAPOCHNIK, Nelson (Org.). *João do Rio. Um dândi na Cafelândia*. São Paulo: Boitempo, 2004.

SCHIMIDT, Affonso. *São Paulo de meus amores*. (1954). São Paulo: Paz e Terra, 2003.

SCHORSKE, Carl. "A cidade segundo o pensamento europeu, de Voltaire a Spengler" in *Espaço & Debates*, nº 27, São Paulo, 1989.

_____. *Viena Fin-de-siécle*. São Paulo: Cia das Letras, 1990.

SCHWARCZ, Lilia. *Retrato em branco e negro. Jornais, escravos e cidadãos em São Paulo no final do século XIX*. São Paulo: Cia das Letras, 2001.

_____. *O espetáculo das raças. Cientistas, instituições e questão racial no Brasil do séc. XIX*. São Paulo: Cia das Letras, 1993.

SCHWARTZ, Jorge (Org.). *Vanguardas latino-americanas. Polêmicas, manifestos e textos críticos*. São Paulo: Iluminuras/ Edusp/ Fapesp, 1995.

_____. (Org.). *Caixa Modernista*. São Paulo: Imprensa Oficial do Estado, 2003.

SCHWARZ. Roberto. "Complexo, moderno, nacional e negativo"; "A carroça, o bonde e o poeta modernista" e "Nacional por subtração" in *Que horas são? Ensaios*. São Paulo: Cia das Letras, 1997.

SEGAWA, Hugo. *Prelúdio da metrópole. Arquitetura e urbanismo em São Paulo na passagem do século XIX ao XX*. São Paulo: Ateliê Editorial, 2000.

_____. *Arquiteturas no Brasil. 1900-1990*. São Paulo: Edusp, 1998.

SEVCENKO, Nicolau. *Literatura como missão. Tensões sociais e criação social na Primeira República*. São Paulo: Brasiliense, 1999.

_____. "Fragmentação, simultaneidade, sincronização: o tempo, o espaço e a megalópole moderna." in *Espaço & Debates*, São Paulo, nº 34, 1991.

_____. *Orfeu extático na metrópole. São Paulo, sociedade e cultura nos frementes anos 20*. São Paulo: Cia das Letras, 1992.

SEVCENKO, Nicolau (Org.). *República: da Belle Époque à Era do Rádio. História da Vida Privada no Brasil (vol. 3)*. São Paulo: Cia das Letras, 1998.

SKIDMORE, Thomas E. "O ideal de 'branqueamento' depois do racismo científico", in *Preto no branco. Raça e nacionalidade no pensamento brasileiro*. Rio de Janeiro: Paz e Terra, 1976.

SIMÕES JR., José Geraldo. *Anhangabaú, história e urbanismo*. São Paulo: Senac/ Imprensa Oficial, 2005.

SOBRE *o pré-modernismo*. Rio de Janeiro: Fundação Casa de Rui Barbosa, 1988.

SODRÉ, Nelson Werneck. *História da Imprensa no Brasil*. Rio de Janeiro: Civilização Brasileira, 1966.

SOMEK, Nadia. *A cidade vertical e o urbanismo modernizador*. São Paulo: Nobel/ Edusp/ Fapesp, 1997.

SOUZA, Ricardo Forjaz Christiano de. "Mario, crítico da atualidade arquitetônica" in *Revista do Patrimônio Histórico e Artístico Nacional. Mário de Andrade*. (Org. Marta Rossetti Batista), Rio de Janeiro, nº 30, 2002.

_____. "O debate arquitetônico brasileiro 1925-36". Tese de doutorado, FFLCH USP, 2004.

SOUZA, Iara Lis Carvalho. "Sobre o tipo popular – imagens do(s) brasileiro(s) na virada do século" in SEIXAS, Jacy; BRESCIANI, M. Stella e BREPOHL, Marion (Orgs.). *Razão e paixão na política*. Brasília: Ed. da UnB, 2002.

STEPHANIDES, Menelaos, *Teseu, Perseu e outros mitos*. São Paulo: Odysseus, 2004.

SÜSSEKIND. Flora. *Cinematógrafo das letras: literatura, técnica e modernização no Brasil*. São Paulo: Cia das Letras, 1987.

_____. *As Revistas de Ano e a invenção do Rio de Janeiro*. Rio de Janeiro: Nova Fronteira/ Fundação Casa de Rui Barbosa, 1986.

TÁCITO, Hilário. *Madame Pommery* (1919). (Introd., estabelecimento do texto e notas Julio Castañon Guimarães). Campinas/ Rio de Janeiro: Ed. Unicamp/ Fundação Casa de Rui Barbosa, 1997.

TAUNAY, Affonso de E. *História da cidade de São Paulo*. São Paulo: Melhoramentos, 1954.

TELES, Gilberto Mendonça. *Vanguarda européia e modernismo brasileiro*. Petrópolis: Vozes, 1986.

TOLEDO, Benedito. *São Paulo: Três cidades em um século*. São Paulo: Duas Cidades, 1983.

_____. *Álbum iconográfico da Avenida Paulista*. São Paulo: Ed. Ex-Libris/ João Fortes Engenharia, 1987.

_____. *Prestes Maia e as origens do urbanismo moderno*. São Paulo: Empresa das Artes, 1996.

_____. *Anhangabaú*. São Paulo: Fiesp/ Ciesp, 1988.

VASCONCELLOS, Gilberto. *Ideologia Curupira. Análise do discurso integralista*. São Paulo: Brasiliense, 1979.

VÁZQUEZ-RIAL, Horacio (dir.). *Buenos Aires 1880-1930. La capital de um imperio imaginario* (Col. Memoria de las Ciudades). Madrid: Alianza Editorial, 1996.

VELLOSO, Mônica. "A brasilidade verde-amarela: nacionalismo e regionalismo paulista" in *Estudos Históricos (Os anos 20)*. Rio de Janeiro: FGV, nº 11, 1993.

WARCHAVCHIK *e as origens do urbanismo moderno no Brasil*. Cátalogo de exposição. São Paulo: Museu de Arte de São Paulo, ago 1971.

WISER, Willian. *Os anos loucos. Paris na década de 20*. Rio de Janeiro: José Olympio, 1991.

WISNIK, Guilherme. "Lucio Costa. Entre o empenho e a reserva" in *Lucio Costa*. São Paulo: Cosac & Naify, 2001.

WISSENBACH, Cristina Cortez. "Da escravidão à liberdade: dimensões de uma privacidade possível" in SEVCENKO, Nicolau

(Org.). *República: da Belle Époque à Era do Rádio. História da Vida Privada no Brasil (vol. 3)*. São Paulo: Cia das Letras, 1998.

WOLFF, Silvia F. S. *Jardim América: o primeiro bairro-jardim de São Paulo e sua arquitetura*. São Paulo: Edusp, 2001.

Créditos das imagens
Capítulo 1

1. Caçada no dia 8 de maio de 1911, na fazenda Capim de Angola, em Itapira, propriedade de José Gomes da Cunha, sogro de Menotti (Reale, 1988, p. 18).
2. Menotti del Picchia em 1917 com 25 anos (Mandatto, 1992, p. 99) e Menotti del Picchia em 1922 (Azevedo et alii, 1988, p. 174).
3. Victor Brecheret, Di Cavalcanti, Menotti del Picchia, Oswald de Andrade e Helios Seelinger, em 1920 (Mandatto, 1992, p. 101).
4. Reunião na Villa Kyrial do senador Freitas Valle (Camargos, 2002, p. 53).
5. Menotti del Picchia discursando na segunda noite da Semana de Arte Moderna (Reale, 1988, p. 23) e capa do catálogo da Semana de Arte Moderna no Teatro Municipal de São Paulo (Schwartz, 2003).
6. Oswald de Andrade em 1916 (Boaventura, 1995, p. 69) e Mario de Andrade no Conservatório Dramático e Musical, ao lado de alunas, 1917 (Boaventura,1995, p. 69).
7. "Salão Dourado" do palacete de Olívia Guedes Penteado na rua Conselheiro Nébias, Campos Elíseos, São Paulo (Sevcenko, 1998, p. 178); "Salão Modernista" decorado por Lasar Segall, na antiga cocheira da residência, 1925 (Boaventura, 1995, p. 93).
8. "Grupo dos Cinco". Desenho Tarsila do Amaral (reprodução IEB-USP).

9. Victor Brecheret e Menotti del Picchia em 1930 (Mandatto, 1992, p. 91).
10. Classe média paulista: rapazes em uma praça; casamento de descendentes de italianos; atletas no Clube Espéria, década de 1920 (arquivo pessoal).
11. Capa da primeira edição de *Juca Mulato*, 1917, desenhada por Menotti del Picchia (Reale, 1988, p. 21).
12. Anúncio do *Correio Paulistano*, 11 mar 1923, p. 3.
13. Exemplos de publicações variadas lançadas entre as décadas de 1890 e 1920 (Martins, 2001; Sevcenko, 1998; Cruz, 1997).
14. Capas do *CP*, 25 jun 1919, p. 1 e *CP*, 01 mar 1929, p. 1 e páginas diversas: 10 nov 1923, p. 3; 29 jul 1926, p. 7 e 28 out 1928, p. 5.
15. Sede do *Correio Paulistano* na rua João Brícola esquina com praça Antonio Prado; em frente, a nova sede do jornal *O Estado de S.Paulo*, no Edifício Martinico e no fim da rua, a sede do jornal italiano *Fanfulla* (Pontes, 2003, p. 89).
16. Rubricas diversas das seções do jornal *Correio Paulistano* ao longo da década de 1920.
17. Capas das *Revista do Brasil, Papel e Tinta* (Azevedo et all, 1997, pp. 109 e 129), *Klaxon* (Cruz, 1997, p. 158) e *Novíssima* (Gelfi, 1987, capa).

Capítulo 2

1. Mancha urbana em 1914 e 1930 (Campos, 2000, p. 237).
2. Assentamento dos trilhos de bondes da Light, esquina da rua Direita com rua de São Bento, 1902 (Homem, 1996, p. 42) e Largo do Tesouro, 1912 (Lemos, 2001, p. 47).
3. Panorama de Santa Cecília. Foto de Guilherme Gaensly, (Ferraz, 2001, p. 129).
4. Edifício Sampaio Moreira (com 14 andares), na paisagem

do Anhangabaú, cartão-postal da segunda metade da década de 1920 (Campos, 2000, p. 229); Edifício Martinelli, 1929 à frente, À direita, a Prefeitura, e à esquerda, o Club Comercial (Campos, 2000, p. 326).
5. Rua de São João, 1887. Foto de Militão de Azevedo (Azevedo, 1981, s/p); Boulevard São João, 1930 (Simões Jr., 2004, p. 155).
6. Parque do Anhangabaú recém concluído, cartão-postal, década de 1920 (Toledo, 1989).
7. Teatro Bijou, 1911 (Pontes, 2003, p. 168); Teatro São José, praça João Mendes, 1860 (Pontes, 2003, p. 168); Teatro Santana, 1910 (Pontes, 2003, p. 168) e Teatro Municipal, 1911 (Campos, 2000, p. 88).
8. Vista da Avenida Paulista, em direção à Consolação. Foto de Guilherme Gaensly, 1902 (Homem, 1996, p. 186).
9. Rua José Bonifácio, antiga Rua do Ouvidor, 1916 (Pontes, 2003, p.68).
10. "Terrenos a Prestações", anúncio no *CP,* 18 fev 1923, p. 3; Vista do córrego Saracura, antes da abertura da Avenida 9 de Julho, 1926 (Porta, 2004, p. 543)
11. Catadores de papel, década de 1920 (Porta, 2004, p. 82); Vendedor de vassouras e espanadores em São Paulo, foto de Vicenzo Pastore, 1914-18 (Sevcenko, 1998, p. 130).
12. Um *Jeca autêntico*, segundo a *Revista do Brasil* (Azevedo et alli, ano, p. 113); Imigrantes na cidade de São Paulo, s/d. (Sevcenko, 1998, p. 221).
13. Carro alegórico da Villa Kyrial pronto para desfilar na Avenida Paulista, s/d. (Camargos, 2001, p. 206) Página especial de Carnaval, publicada no *CP,* 2 fev 1923, p. 2; Trapeira separa botões e faz triagem de restos de tecidos em depósito em São Paulo, 1919 (Porta, 2004, p. 82).
14. Chácara do Carvalho, residência de Antônio Prado, noite de gala, s/d. (Homem, 1996, p. 132); Fábrica de tecidos Crespi, início do século (Decca, 1991, p. 35).

15. Vista aérea do bairro Jardim América em 1920, mostrando a implantação do projeto detalhado por Barry Parker (Wolff, 2001, p. 140); Avenida Higienópolis no começo do século, 1907 (Homem, 1996, p. 194).
16. Latrina abrindo-se sobre um rego d'água – Saracura Grande, s/d. (Sevcenko, 1998, p. 134); Cortiço na Moóca, s/d. (Sevcenko, 1998, p. 134).
17. Bonde para operários (Hardman, 1983, p. 152).
18. Notícia de "nova linha de bonde" (Saúde-São Caetano), *CP*, 28 mar 1923; Colhido por um bonde", notícia publicada em "Fatos diversos", *CP*, 21 jun 1923, p. 3; "Caiu de uma carroça", notícia publicada em "Fatos diversos", *CP*, 19 abr 1926, p. 5.
19. Propaganda do bairro Mirandópolis, publicada no *CP*, 15 out 1919, p.8; "Colisão de veículos", notícia publicada em "Fatos diversos", *CP*, 28 mar 1923; "Apanhada por um automóvel" na rua Jaguaribe, notícia publicada em "Fatos diversos", *CP* 17 fev 1923, p.3
20. Parque do Anhangabaú transformado em estacionamento nos anos 1920 (Campos, 2000, p. 260); Avenida Paulista, cartão-postal (Toledo, 1987, p. 161).
21. Propaganda das "Meias francesas 'Mouliné', da casa Kosmos", *CP*, 16 fev 1929, p. 3; Propaganda de "Liquidação Casa Bonilha", *CP*, 1 ago 1929, p. 6; Propaganda da "Manufactora de Chapeos Ítalo-Oriente", *CP*, 16 nov 1919, p. 3; 46. Aeropostal Correio Aéreo, propaganda publicada no *CP*, 17 abr 1930, p. 5; Página Feminina (publicada pela primeira vez), *CP*, 9 set 1923, p. 5; Propagandas: "Luxmor - absorventes íntimos. Conforto íntimo feminil", *CP*, 19 mai 1929, p. 6; "Gessy - O *leader* dos sabonetes", *CP*, 11 dez 1928, p. 4; "Melindrosa - o pó de arroz da moda", *CP*, 28 jun 1923; Coluna "As Modas", *CP*, 5 abr 1929, p. 5; *CP*, 30 set 1928, p. 7; *CP*, 13 jan 1929, p. 6; *CP*, 20 nov 1928, p. 4; *CP*, 29 dez, 1928, p. 4.

Capítulo 3

1. Cortiço na rua da Abolição, Bexiga, s/d. (Sevcenko, 1998, p. 134); Conjunto urbanístico do Parque e Museu do Ipiranga, realizado pelo governo estadual para a celebração do Centenário da Independência, 1922: avenida Dom Pedro I, Monumento da Independência, parque, jardins e fontes em frente ao museu do Ipiranga, 1890 (Campos, 2000, p. 201).
2. Pousos e monumentos da Serra de Paranapiacaba (19021-22), projeto de Victor Dubugras (Reis Filho, 2005, p. 70).
3. Casa Bandeirista em Cotia (Reis Filho, 2005, p. 69); Palacete Elias Chaves, na avenida Rio Branco, construído entre 1893 e 1899, projeto do alemão Matheus Haussler no estilo renascimento francês (Homem, 1996, p. 139); Vila Horácio Sabino, na avenida Paulista, esquina com a rua Augusta, construída em 1903 em estilo art nouveau por Victor Dubugras (Homem, 1996, p. 202); Palacete de Olívia Guedes Penteado, na rua Conselheiro Nébias, construído em estilo risorgimento italiano, em 1895 (Homem, 1996, p. 153); Palacete de Egídio Pinotti Gamba, na avenida Paulista esquina com a avenida Brig. Luís Antônio, projetado em 1905 por Eduardo Loschi (Homem, 1996, p. 243).
4. Champs Elisées, ao fundo, Arco do Triunfo (Paris, década de 1920), cartão-postal (acervo pessoal); Nova York, 1920 (acervo pessoal).
5. Vista do Brás e suas chaminés. Foto de Gustavo Prugner, 1925 (Porta, 2004, p. 237).
6. Panorama do Parque Dom Pedro II tomado do Brás, rumo ao centro histórico (Reis Filho, 1996, pp. 102-3).
7. Convite da Exposição da Casa Modernista de Warchavchik (Souza, 2002, p. 37); Cena do filme da exposição da "casa modernista" da rua Itápolis (Souza, 2002, p. 25).

8. Proposta de Le Corbusier para São Paulo (1929), desenhada após um circuito de avião sobre a cidade (Campos, 2000, p. 359); Desenho de Le Corbusier retratando São Paulo, centro visto a partir do vale do Saracura, destaca-se o Martinelli, 1929 (Campos, 2000, p. 362).
9. O Largo do Palácio, atual Pátio do Colégio, em 1925. Foto de Preising (Porta, 2004, p. 383).

Agradecimentos

Este livro é uma versão da dissertação de mestrado, defendida em dezembro de 2005, no programa de pós-graduação da Faculdade de Arquitetura e Urbanismo da Universidade de São Paulo. Agradeço à minha orientadora, professora Ana Lúcia Duarte Lanna, pelas críticas, sugestões e intuições, e aos membros da banca, as professoras Cibele Saliba Rizek e Fernanda Fernandes. Também aos professores José Tavares Correia de Lira e Maria Lígia Prado, presentes no exame de qualificação. A todos, pelos comentários generosos. Suas considerações foram incorporadas na medida do possível.

Agradeço também aos funcionários do Arquivo do Estado.

À Fapesp, que viabilizou a pesquisa e agora a sua publicação, e ao meu parecerista, que compartilhou minhas aflições e contribuiu para saná-las.

Agradeço aos amigos novos e antigos Zé Lira, Laura Sokolowicz, Caio Santo Amore, Joana Barros, André Mota, Adrián Gorelik, Joana Monteleone, presentes neste percurso acadêmico em momentos diversos. À Fernanda Peixoto, pelo apoio e exemplo. Agradeço especialmente à Joana Mello, companheira nesta viagem, e à Raquel Imanishi, presença fundamental. A José e à Yvonne, por muitas coisas. A vocês, este trabalho é dedicado.

Este livro foi impresso em são paulo pela gráfica vida e consciência na primavera de 2008. no texto da obra, foi utilizada a fonte minion, em corpo 10,5, com entrelinha 14,5.